ちくま学芸文庫

古代ギリシア哲学講義

生きるヒントを求めて

三嶋輝夫

JN165983

筑摩書房

はじめに

この本の主役とも言うべきソクラテスの言葉に、「いちばん大切なのは、単に生きることではなく、よく生きることだ」というものがあります。それは死刑判決を受け獄中で刑の執行を待っていたソクラテスが、脱獄を勧めにやって来た友人のクリトンに対して語った言葉ですが、われわれのだれしもが、多かれ少なかれ「よく生きる」ことを願っているのではないでしょうか。ただその内容については、人によって違いがあるかもしれません。

アリストテレスも倫理学に関する講義のなかで、すべての人が幸福を求めると述べながら、同時に何を幸福と考えるかについては見解の相違があるとしています。

ソクラテス自身は、「よく」生きるということを「美しく」「正しく」生きることと同じと考え、それに反する生き方、つまり「醜く」「不正に」生きることを批判しています。そして、彼は脱獄することは不正にほかならないとして拒否し、そのまま獄中に留まって刑吏の差し出す毒杯を仰いで死に赴いたのでした。こうしたソクラテスの生き方は立派ではあっても、少し厳しすぎるように感じられるかもしれません。

一般人の考える「よく生きること」とは、別に進んで不正を犯そうとは思わないものの、職と住む家があり、たまには家族や友人と旅行をしたり、おいしいものを飲んだり食べたりするだけのお金のゆとりのある生活、要するにあまり気張らずに人生を適度に楽しみながら生きるといったところではないでしょうか。私もそう考える一人なのですが、実は一見堅物《かたぶつ》のように見えるソクラテスも決して禁欲主義者であったわけではなく、お酒から恋まで、大いに人生をエンジョイしていたのです。ただ問題は、「あれか、これか」という人生の決定的場面に立たされたとき、何を優先すべきかということなのです。ソクラテスは死よりも不正を恐れると述べていますが、それはなぜなのでしょうか。

他方、ソクラテスの最初の言葉では、「よく生きること」と「単に生きること」とが対比されていますが、実は「単に生きること」だけでもそう簡単なことではないかもしれません。最近の内外の情勢を見てもわかるように、安易に殺したり殺されたり、「いかに生きるべきか」を考える以前に、生きる可能性そのものを奪われてしまうケースも少なくありません。かつて、わが国において「人を殺してなぜ悪いのか」という問いに対してどう答えるかが話題になったことがありましたが、私は無実の人を殺すのがまちがっているのは、可能性を剝奪《はくだつ》すること、極端に言えば、死を選ぶ自由すら奪うところにあると考えます。しかし、もし人間が生まれつき物騒な存在であり、放っておけばお互いに危害を加え合うのが避けられないとすれば、どのようにすればよいのでしょうか。また個人どうしではなく、国のような集団どうしの関係についてはどう考えたらよいのでしょうか。国際間でものを言うのは正義ではなく、力だけなのでしょうか。いや、そもそも普遍的な正義などあるのでしょうか。

あるいは「平凡な生活」ということが言われますが、ある日突然、オイディプスのように、お酒に酔っぱらった客から、「お前は両親の実の子ではない」などと言われたらどうなるでしょうか。それまでの平穏な生活は一気に崩れ去ることでしょう。それはまさにオイディプス王の運命を変えた一言だったのです。そして生殖技術が革命的に進歩した現代において、このオイディプスの運命は、今まで以上にわれわれにも現実味を帯びてきているとも言えます。「単に生きること」も、よく考えてみると、そう簡単なことではないのかもしれないのです。

このような現代のわれわれにとっても他人事ではないさまざまな問題について、古代ギリシアの哲学と文学の代表作を手引きとして深く掘り下げること、――それがこの小著の狙いです。そうは言っても、決して堅苦しく考える必要はありません。もちろん、「温故知新」、古人の知恵を現代に生かすことも必要ですが、それ以上に、これからご紹介する古典の数々を大いに楽しんでいただきたいと思います。

目次

古代ギリシア哲学講義　生きるヒントを求めて

凡例

一、翻訳については、註では訳者、出版社名のみを記した。なお本書においては入手しやすさを優先し、引用は文庫本に収められているものを主として採用した。

一、プラトンからの引用箇所の数字とアルファベットは、一五七八年のステファヌス版『プラトン全集』の頁付けと段落を表す。

一、引用の訳および仮名づかいは一部改めた部分がある。

一、引用の出典中、とくに訳者名のないものは筆者（三嶋）訳による。

一、人名、地名に含まれる母音の長短の表記については、発音のしやすさを優先した。

第1講　ソクラテスと「無知の自覚」

悩めるソクラテス

ソクラテス（前四六九〜前三九九）と言えば、哲学者の代名詞のような存在であり、「太った豚」に対して「痩せたソクラテス」が精神性の象徴として対比されることもあります。実際のソクラテスは別に痩せていたわけではなかったようですが、そんなに立派な人物だったはずのソクラテスが悩んだり迷ったりするなんて、とても考えられないように思われるかもしれません。ところが、どうもそうではないようなのです。われわれがソクラテスを知るうえで、今なお最も重要な資料の一つであるプラトン（前四二七〜前三四七）の『ソクラテスの弁明』によれば、ソクラテスは悩まないどころか、悩みに悩んだあげくに、やっとのことで、かの有名な「無知の自覚」――世に言う「無知の知」――にたどり着いたのです。しかしそもそも、いったいどういうわけで、ソクラテスはそれほどまでに思い悩むことになったのでしょうか。ここであらためて『ソクラテスの弁明』を手に取ってみることにしましょう。

危険人物、ソクラテス

この『ソクラテスの弁明』という本はとても有名で、わが国でこれまでに最もよく売れた文庫本の一つだとも言われています。しかし本は買ったけれど、途中で投げだしてしまった、あるいは何とか最後まで頑張って読み通したけれど、内容はすっかり忘れてしまったという方も少なくないかもしれません。そこでこれから、この古典中の古典とも言うべき作品と、じっくりつき合ってみることにしましょう。

まずこの本は、メレトスという名の青年に訴えられたソクラテスが、裁判の場で自分の潔白を主張するという設定になっています。しかし、よりにもよって、ほかならぬソクラテスが訴えられるというのは、どういうわけなのでしょう。その告発理由は一言で言えば、若者たちに悪い影響を与えているということでした。ではいったい、どういう悪影響を及ぼしているというのでしょう。ここで、その訴状を見てみることにしましょう。

> ソクラテスは、地下ならびに天空の事物を探求するとともに、劣った議論を優勢にし、またそれと同じことを他の者たちにも教えるなど余計なことを行い、不正を犯している。
>
> （プラトン『ソクラテスの弁明』[1] 19b～c）

というわけです。要するに、この訴状で言われているのは、ソクラテスが当時芽生えつつあった自然科学的探究や弁論術にみずから耽《ふけ》るだけでなく、おまけにそれを他の人たち、とくに若者たちに教えているのは大いにけしからん、ということです。

皆さんは、そもそもなぜ、そうしたことについて研究したり教えたりすることがけしからぬことなのか、不思議に思われるかもしれません。そこで、その点について少し補足しますと、自然科学的探究、つまり、太陽や月といった天体や大地についてその成り立ちを研究することは、保守的な立場に立つ人びとの目には、伝統的に神的な存在と見なされていた対象からその神聖性を剝奪する行為、つまり、無神論に導く企てにほかならないと映ったのです。たとえば、この本の一節においても哲学者アナクサゴラス（前五〇〇ころ～前四二八ころ）の名が挙げられ、ソクラテスは自分の見解がアナクサゴラスのそれと混同されていることを指摘しています。アナクサゴラスは太陽を燃える石、月を土の塊と主張したと伝えられています。また伝承によれば、アナクサゴラスの本は「有害図書」として焼かれ、アナクサゴラス本人もアテナイ（今日のアテネ）から追放されたとされます。

ソクラテス像　ローマ国立美術館蔵

さて、もう一つの弁論術のほうですが、これはどのようにすれば議論で相手を言い負かすことができるか、そのテクニックについて研究するもので、今日のディベート（討論）の元祖とも言うべき学問です。そしてこの技術は、民主主義が発展し、家柄よりもその人の能力がものを言うようになってくるにつれて、多くの若者を惹《ひ》きつけるようになったのです。とくに当時のアテナイにおいては、民衆の集まる集会で自分の主張する政策を通したり、あるいは今と違い弁護士というもののなかった法廷で自分の身を守るためには、弁論術は不可欠とも言えるものでした。しかし、それは事の真実や正義は二の次にして、ただひたすら議論に勝つことだけを至上目的とする似非《えせ》技術として、プラトンの厳しい批判を浴びることになります。しかし、この点についてはまたのちにとり上げることにして、話を元に戻すことにしましょう。

さて、みずからこのような研究にいそしむとともに、他の人にもそれを教えることによって、「ソクラテスは若者を堕落させ、また国家が崇《あが》めるところの神々を崇めずに別の新奇な神格を崇めることによって不正を犯している」（24c）とメレトスは主張します。はたしてソクラテスは、このような非難に対して、どのように答えているのでしょうか。

デルフォイの神託

ソクラテスは、以上の非難がまったくの誤解にもとづく、見当違いの言いがかりであることを主張します。彼はまず、そもそもどうして、そのような誤解が生じるに至ったのかについて説明します。その説明のなかで語られるのが、デルフォイの神託にまつわるセンセーショナルな出来事です。

　デルフォイという土地は、今日のアテネから西北に百八十キロ、バスで約四時間ぐらいの距離の、アポロンの神殿のあったところで、冬には雪をいただくパルナッソス山の中腹にあります。今日でも多くの観光客が訪れ、ギリシア観光の定番メニューの一つになっています。実は、かくいう私も今から四十年以上も前に一度訪れたことがあります。ツアー用の観光バスに乗るお金が無かったのでアテネから路線バスを乗り継いでやっとたどり着いたのですが、有名な観光地でありながら、依然としてその地に漂う一種おごそかな雰囲気に感動を覚えました。かつて、自分の大学の学生諸君と紀州の熊野権現《ゆやごんげん》を訪れたことがありますが、靄《もや》に包まれた昔の熊野権現跡に立ったとき、ふと、デルフォイの地で味わった雰囲気あるいは霊気に似たものを感じ、興味ぶかく思ったことがあります。また、デルフォイの思い出としては、宿賃を安く上げるために泊まったユースホステル兼用の安宿で出された、くり抜いたトマトに挽肉《ひきにく》とお米の混ぜご飯を詰めて焼いた料理イェミスタが予想外においしかったのを覚えています。

　ちょっと脱線してしまいましたが、ソクラテスによれば、彼の熱狂的な崇拝者であったカイレフォンという名の青年が、あるときわざわざデルフォイまで出かけて神様——この場合の神様は、予言の神であるアポロンのことですが——、そのアポロンにお伺いを立てたのです。なんとカイレフォン君は、大胆にも、この世にソクラテスよりも知恵のある人間がいるか、と訊《たず》ねたのです（当時、デルフォイの神殿で与えるアポロンの神託は古代ギリシア人の生活を規定するほど有力であったとされます）。

これに対する神託の答えは、ノーでした。つまり、この世にソクラテスよりも知恵のある人間はいない、ということになります。普通の人間であれば、自分よりも知恵のある者はいないというお墨付きを神様からもらえば、すっかり有頂天になってしまうところかもしれませんが、そこはひねくれ者のソクラテス、逆に悩んでしまったのです。それはソクラテスが自分自身について抱いていた考えと神のお告げとの間に、大きな隔たりがあったからです。つまり、ソクラテス自身は自分が知者であるとは全然思ってもみたことがないのに、神託によれば、ソクラテスが一番の知者であることになってしまうからです。しかも同時に、ソクラテスは神様が嘘をつくことはありえないと考えていましたので、神様が嘘もしくは冗談を言ってソクラテスをからかっているのだと解釈することもできなかったのです。そんなわけで、この「矛盾」をどう解決したらよいのかについて、ソクラテスは大いに悩むことになったのです。

しかし、ここで注目すべき点があります。それは、そもそもソクラテスが神託を伝え聞いて悩んだという事実そのものです。なぜなら、ソクラテスはまったく悩まないでも済ますことができたはずだからです。というのも、もしソクラテスが幼子《おさなご》のように素直であったとすれば、自分が自分についてそれまで抱いていた評価のほうを変えることもできたか

デルフォイのアポロン神殿跡

らです。つまり神託を聞いたときに、ソクラテスが次のように言うことも可能だったからです。

「僕は、これまで自分に知恵があるなんて夢にも思わなかったけれど、ほんとうは僕がこの世で一番の知者だったんだ。だって、神様がそうおっしゃるんだから」

　こう考えていれば、ソクラテスはきわめてハッピーな気分でその後の人生を送ることができたかもしれません。しかし、ここがソクラテスのソクラテスたる所以《ゆえん》でしょうか。彼は自分自身についての評価を、そうあっさりと覆すことはできなかったのです。そして、この出来事をきっかけとして、ソクラテスの「難行《なんぎょう》」が始まったのです。

知者探しと「無知の自覚」

ソクラテスは自分の難行を、ギリシア神話の英雄ヘラクレスのそれにたとえていますが、彼が目指したのは、自分よりも知恵のある人を探しだすことでした。というのは、一人でも自分よりも知恵のある人が見つかれば、デルフォイの神託は真実ではなかったということになるからです。しかし、その場合はその場合で、神様は嘘をつかないはずなのにどうして自分に関しては嘘をついたのか、という新たな悩みの種《たね》が生まれそうに思われます。幸いにして、当時のギリシアの一般的慣習としては、神託の意味がよく分からない場合には、納得のいく答えが得られるまで、何度もお伺いを立てるべきものと考えられていたようです。

というわけで、ソクラテスは知者探しの難行に取りかかるのですが、彼が最初に出かけたのは、自分でも人並み優れた知恵があると思い、他人からもそう思われていた政治的有力者のところでした。なぜなら、このような人物に会って話をすれば、自分よりもその人のほうが知恵があるということが直ちに判明するに違いないとソクラテスは考えたからです。ところがソクラテスの読みは、まったくはずれてしまいました。ソクラテスは言います。

その人物は知恵があるものと他の多くの人間に思われ、また、とりわけ本人がそう思い込んではいるものの、しかし実はそうではないと私には思われたのです。（21c）

これだけで終われば、相手もそれほどソクラテスを憎むことはなかったと思うのですが、やはりソクラテスは普通の人とは違います。

それから私は、彼が知者であると思ってはいるけれども、実はそうではないのだということを彼にはっきり分からせようと試みたのです。（同前）

こうなると、ただでは済みません。

それが因《もと》で、彼はもとより、その場に居合わせた多くの人びとに憎まれるに至ったのです。（21d）

ということになってしまったのです。なんとなくソクラテスに論駁《ろんぱく》された相手の気持ちも分かるような気がしますが、この体験を通してソクラテスは、有名な「無知の自覚」に到達するのです。

しかし、彼らと別れて自分だけになったとき、少なくともその人物よりは自分のほうが知恵があると考えたのです。というのも、われわれのうちのいずれも美にして善なることについては何ひとつ知らないようなのですが、しかし、彼は知らないくせに何か知っていると思っているのに対して、私のほうは、実際、知らないとおりそのままに、知っていると思ってもいないからです。（21ｄ）

この「知らないから知らないと思っている」という心のあり方こそ、無知の自覚にほかなりません。さて、ソクラテスの難行はこれで終わりではありません。そう簡単に諦めないのがソクラテスです。ソクラテスの次の相手は作家たちでした。しかし、彼らもまたソクラテスの試験に合格することはできませんでした。ソクラテスの採点はこうです。

そういう次第で、私は短時間のうちに、作家たちについても次のこと、つまり彼らがその作品を創作するのは知識によるのではなく、ある種の生まれ持った資質によるのであり、ちょうど神託を告げる者や予言者がそうであるように、神憑《かみがか》りの状態で創作することを悟ったのです。（中略）と同時にまた私は、彼ら作家たちがその創作活動のゆえに、他の事柄に関しても、自分たちが人間たちのなかで最も知恵があるのだ

と――実際にはそうでないのに――思い込んでいることに気づいたのです。（22b～c）

ここでソクラテスは二つのことを言おうとしているように思われます。その一つは、作家たちは知識にもとづいて作品をつくるのではなく、予言者のように神憑り、つまり、インスピレーションによって創作するのだということ。もう一つは、作家たちは自分が優れた作品をつくることができるという理由から、他の事柄に関しても知恵があると錯覚しているということです。われわれから見れば、最初の点についてはとくに問題ないように思われます。というのも、文学に限らず優れた芸術作品というものが、単なる理論的知識や技術だけから生まれるものではなく、芸術家の天分とインスピレーションの両方を必要とすることは、周知の事実だと思われるからです。しかし、問題は第二の点です。

ソクラテスが指摘するように、ある人がある事柄に関して優れているということから、それ以外の事柄に関しても他の人より優れているように錯覚することは、とかく人間にありがちな傾向であるだけでなく、往々にして悪い結果をもたらすことが多いように思われます。

こうして作家たちにも失望したソクラテスは、最後の期待を胸に、こんどは手で物をつくる職人たちのところへ出かけます。はたしてこんどは、彼の探し求める知者に出会えたのでしょうか。

結論から言えば、一方では期待どおり、他方では期待はずれということになります。なるほどソクラテスは、職人たちが自分よりもじょうずに物をつくる術を身につけていることは確認できたのですが、残念ながら、彼らもまた作家たちと同じ誤りを犯していることに気づいたのです。つまり彼らもまた、自分たちが上手に物をつくることができるということから、他の重要な事柄についても、自分たちのほうがよく分かっているという自惚《うぬぼ》れに陥っていたのです。

このようにして、ソクラテスの知者探しの企ては失敗に終わるのですが、そのときソクラテスの頭に、逆転の発想とでも言うべき一つのアイディアが浮かびます。ソクラテスは神託のメッセージを次のように解釈し直したのです。

アテナイ人諸君、事実は以下のような次第であるように思われます。すなわち、神こそが真に知者なのであり、そしてその神託においても次のこと、つまり人間の知恵というものはごくわずかの価値をもつにすぎないか、何ら価値のあるものではないということを言おうとされているらしいのです。そして神は私を一つの例として用いるために、このソクラテスを指して、私の名前を引き合いに出されているように思われるのですが、それはあたかも次のように言おうとされているかのようなのです。「人間たちよ、ちょうどソクラテスのように、知恵に関してはほんとうのところ、自分は何の価値もない者なのだということを悟った者、まさにその者こそがおまえたちのなかで最も知恵のある者なのだ」と。（23a〜b）

こう解釈すれば、ソクラテスはまさにその知的謙虚さのゆえに、神によって最も知恵ある人間とされたことになり、最初の「矛盾」は解消します。つまり、神が嘘をついていたわけでもなければ、ソクラテスの自己評価がまちがっていたわけでもなかったことになるのです。要するに「知恵がある」ということの真の意味は、特定の知識とか技術に秀《ひい》でているという意味ではなく、自分の知識の限界をわきまえている、ということだったのです。

使命としての哲学

この神託事件をきっかけとして、ソクラテスは本格的に哲学活動を開始します。彼にとって哲学とは、徳をそなえることの重要性を訴えるとともに、問答を通じて人びとに徳の内実についての無知・無関心を自覚させ、謙虚に徳を探求することへと向かわせることでした。ソクラテスはこう人びとに訴えたのです。

君は知恵と力にかけては最大にして最も誉れある国、アテナイの国民でありながら、どうすればできるだけ多くの金が自分のものになるか、金のことばかり気にかけていて恥ずかしくはないのか。名声と名誉については気にしながら、思慮と真実について、また魂について、どのようにすれば、それが最も優れたものとなるかを気にかけることもなければ、思案することもないとは。（29d〜e）

そしてソクラテスは、もし自分はとっくにそうしていると答える人間がいた場合には、ほんとうにその人の言うとおりなのかどうか徹底的に調べ上げるのが、神に命じられた自分の任務だと述べています。しかし、そもそもどうして人はお金よりも徳を求めなければいけないのでしょう。それは、

財産から徳が生じるのではなく、徳にもとづいてこそ財産およびそれ以外のものの一切が、人間にとって、私的な意味でも公的な意味でも善《よ》いものとなるのだ。（30b）

とソクラテスは考えるからです。

この言葉でソクラテスが言いたいのは、お金持ちになれば自然と立派な人間になると考えるのはまちがいで、むしろ人柄が優れていてはじめて、お金も有益なものになるのだということです。確かに、仮に何かの偶然で一億円のお金が懐《ふところ》に転がり込んできたとしても、

その人が享楽的な人であれば、すぐ遊びに使ってしまうでしょうし、一度楽をしてお金を手にしたり、贅沢《ぜいたく》の味を覚えてしまうと、それが忘れられず、いわゆる「遊ぶ金欲しさ」に盗みや詐欺といった、よからぬことを考えないとも限りません。かつて、六大学野球の強打者で、プロからも誘われた好選手が巨額の契約金を蹴ってノンプロに入る理由を聞かれたときに、「若くして大金をもらうよりも、年齢相応の収入があるほうがよいと思ったから」と答えているのを新聞で読んだことがありますが、これも、そのようなお金の怖さを知った言葉であるように思われます。

神に遣《つか》わされた虻《あぶ》

このようにしてソクラテスは、自分の日ごろの活動を神から与えられた使命であると受けとめるようになったのです、そんな自分を神からアテナイにプレゼントされた虻にたとえています。このソクラテスという名の虻は、ともすると惰眠《だみん》をむさぼりがちなアテナイの民衆の目を覚まさせるために、言論の針で人びとを刺して回るために神から遣わされたのです。

ところで、皆さんは虻に刺されたことがあるでしょうか。虻なんて見たこともないという方も少なくないかもしれません。私自身は、夕暮れの河原でイワナ釣りをしていたときに刺されたことがあるのですが、蚊などとは違って刺されたときの痛みは、ずっとヘビーなものでした。このような体験が愉快なわけはありません。ソクラテスはまるで裁判の結果を見とおすかのように、次のように述べています。

もし皆さんが私の言うことを信じてくださるなら、私を大事にされることでしょう。しかし、おそらく皆さんは、ちょうど居眠りしているところを起こされた人のように気分を害し、アニュトス（前五〜前四世紀のアテナイの政治的有力者でソクラテス告発の黒幕）に従って、私をピシャリと叩いてあっさり殺してしまうことでしょう。（31a）

そして実際、ソクラテスという名の虻は叩いて殺されたのです。前三九九年、アテナイの民衆法廷は、被告ソクラテスに死刑の判決を下したのでした。

（1） 訳は三嶋輝夫・田中享英訳『ソクラテスの弁明・クリトン』（講談社学術文庫）による。一部、表記を改めた。以下の引用も同書による。ほかに翻訳としては、田中美知太郎・池田美恵訳『ソークラテースの弁明・クリトーン・パイドーン』（新潮文庫）、山本光雄訳（角川文庫）、納富信留訳（光文社古典新訳文庫）、岸見一郎訳（角川選書）、朴一功訳（京都大学学術出版会、西洋古典叢書）などがある。

参考文献

デルフォイも含め、知的なギリシア旅行案内として

川島重成『ギリシア紀行——歴史・宗教・文学』岩波現代文庫、二〇〇一年

ソクラテスおよびソクラテス裁判について

T・C・ブリックハウス・スミス『裁かれたソクラテス』（米澤茂・三嶋輝夫訳）東海大学出版会、一九九四年

イジドア・F・ストーン『ソクラテス裁判』（永田康昭訳）法政大学出版局、一九九四年

岩田靖夫『ソクラテス』勁草書房、一九九五年（ちくま学芸文庫より『増補 ソクラテス』として再刊、二〇一四年）

米澤茂『ソクラテス研究序説』東海大学出版会、二〇〇〇年

内山勝利『哲学の初源へ——ギリシア思想論集』世界思想社、二〇〇二年

加来彰俊『ソクラテスはなぜ死んだのか』岩波書店、二〇〇四年

なお、著者プラトンの全体像を俯瞰するには、

ミヒャエル・エルラー『プラトン』（三嶋輝夫・田中信司・高橋雅人・茶谷直人訳）講談社選書メチエ、二〇一五年

第2講　オイディプスと自己の深淵――自分を知ることの悲劇

前講ではソクラテスがデルフォイの神託の謎を解くための「難行」の末に、「無知の自覚」に到達したのを見ました。ところで、ギリシアにはもう一人、デルフォイの神託によってその人生を決定的に左右された人物がいます。その人の名はオイディプスです。次にわれわれは哲学から悲劇の世界へと足を踏み入れてみることにしましょう。

ここでとり上げるのはソフォクレス（前四九六ころ～前四〇六）の『オイディプス王』ですが、オイディプスという人物自体はソフォクレスが創作したものではなく、伝説上の人物としてすでに存在していたのです。その伝説の核心は、父親殺しと母親との結婚というショッキングな出来事にありますが、作者ソフォクレスはこの伝説をもとに、緊迫感に満ちたドラマをつくり上げたのです。小説でも映画でも結末が分かってしまうと、つまらないというのが普通ですが、この作品に限ってはそうではありません。何度読み返しても、そのたびごとに読者はスリリングな思いを味わうのです。そもそも今から二千五百年前に古代ギリシアの野外劇場でこの悲劇を鑑賞した民衆にとっても、オイディプス伝説は周知の事実であり、むしろ作者ソフォクレスは、観客は事の真実を知っているのにオイディプスはそれを知らないという情報ギャップを最大限に利用していると言ってもよいでしょう。われわれも観客席に腰を下ろした気分で、この名作を味わってみることとしましょう。

スフィンクスの謎

悲劇はまず、テーバイ国の王宮前に集まった嘆願者たちとその前に姿を現したオイディプス王との対話から始まります。年老いた神官の話によれば、凶作と家畜を襲った疫病のために国民は飢え苦しみ、まさに滅亡の危機に瀕《ひん》しているのです。そして神官はオイディプス王に、この窮状から国民を救ってくれるように訴えます。彼をはじめとするテーバイの国民がオイディプスに大きな期待をかけるのには、もっともな理由がありました。実は以前、テーバイの国民が怪獣スフィンクスの謎を解くことができず、その犠牲になっていったとき、その謎を解いてスフィンクスを退治し、民を救ったのは流れ者のオイディプスだったのです。それではいったい、そのスフィンクスの謎とはどのようなものだったのでしょう。

それは「朝は四本足、昼は二本足、夕方には三本足の生き物は何か」というものでした。答えは人間でした(1)。つまり、朝に相当する赤ん坊のときにはハイハイをしているので四本足。昼、すなわち壮年期には二本の足でしっかり立つことができるので二本足。やがて人生の夕暮れにさしかかると足が弱って杖が必要となり、三本足になるというわけです。

「なーんだ、そんなことか」とばかにする方もあるかもしれませんが、コロンブスの卵と一緒で、最初に思いつくのは案外むずかしいことかもしれません。それはともかく、この謎を解いたのが、ほかならぬオイディプスであるというところが重要です。なぜなら、「人間とは何か」の謎を解いたオイディプスも、「自分は何者なのか」という問いに関しては、最後の最後になってようやく知ることができたからです。しかし、それを知ったときに彼を待ち受けていたのは身の破滅だったのです。

デルフォイからの報《しら》せ

さて、民衆の嘆願を受けたオイディプスは、すでに神託を受けるために義弟のクレオンをデルフォイに送り、その帰りを今や遅しと待ちかまえているところであることを告げます。そこへちょうどクレオンが戻り、神託の内容を披露します。

われらが主、フォイボス・アポロン(2)の命じたもうところは、明らかにこうであった。この地には、一つの汚れが巣くっている。されば、これを国土より追いはらい、決してこのままその汚れを培《つちか》って、不治の病根としてしまってはならぬ、と。
（ソフォクレス『オイディプス王』(3)九六～九八行）

クレオンの報告によれば、その汚れとは流された血、つまり殺人事件のことであり、汚れを除くとは、その下手人を追放もしくは死刑に処することだとされます。そしてクレオンは、この場合の被害者は先王ライオスのことであり、神託が命じるのはその先王殺しの真犯人を見つけだして処分することだと解釈します。続けてクレオンは、ライオス殺しに関するもっと詳しい情報を求めるオイディプスに対して、ライオスが神託を伺いに国を出たまま戻って来なかったこと、唯一の生還者の情報によれば、ライオス一行は賊たちに襲われ、その者以外の人間は皆殺しにされてしまったことを明かします。ここで「賊たち」と複数形で言われていることが、のちのち重要な意味をもってきます。このような説明を受けたオイディプスは、真犯人追及のために全力を挙げることを誓います。

　さすがはフォイボス・アポロン、またそなたも、よくぞ亡き人のために、こうしてあらたに思いをいたしてくれた。されば当然わたしもまた、おんみらの味方となって、この国のため、また神のため、共に報復の戦いを進めるものと思われよ。わたしがこの汚れを払おうとするのも、決して縁《えにし》の遠い友のためではなく、われとわが身のためなのだ。　（一三三〜一三八行）

この誓いのなかで、オイディプスは「決して縁の遠い友のためではなく」と語っていますが、この言葉を口にしたとき、オイディプスの念頭にあったのは、次に狙われるのは自分の番かもしれない、だから、他人事ではないといった程度のことにすぎなかったと思われます。その時点では、殺されたライオスは縁が遠いどころか、自分の実の父親であるとは知る由《よし》もなかったのです。ここに作者の巧みな仕掛けがあり、その事実を知っている観客はこのオイディプスの言葉に潜むアイロニーを楽しむと同時に、「何も知らない」オイディプスに危うさと憐れみを覚えるのです。

テイレシアスの予言

真犯人追及のためにオイディプスが打った次の手は、「神にも匹敵する」盲目の予言者テイレシアスを呼び寄せることでした。ところがテイレシアスはやって来ると、オイディプスの問いに答えようとしないばかりか、すぐにも帰ろうとします。そんな老予言者の態度に業《ごう》を煮やしたオイディプスは、テイレシアスを罵倒《ばとう》し、ライオス殺しの陰謀の一味と決めつけます。売り言葉に買い言葉、この言葉に怒ったテイレシアスは、災いのもとになっている下手人は、ほかならぬオイディプスその人であるという驚くべき発言をします。

あなたのたずね求める先王の殺害者は、あなた自身だと申しておる。（三六二行）

さらに追い打ちをかけるように、テイレシアスはライオス殺しだけではなく、ほかにもオイディプスがただならぬ罪を犯していることを仄《ほの》めかします。

言って聞かせよう——あなたはそれと気づかずに、いちばん親《ちか》しい身内の人と、世にも醜い交わりを結び、しかも自分の置かれた運命が、どんなに恐ろしい不幸であるか、それがあなたには見えないのだ。(三六六〜三六七行)

やがて訪れるべきオイディプスの破滅がアポロンの意志にもとづくものであるというテイレシアスの言葉を聞いたオイディプスは、一連の出来事をデルフォイから戻ってきたばかりの義弟クレオンの、自分を追い出すための陰謀だと解釈します。と同時にオイディプスは返す刀で、スフィンクスの謎を解いたのが「何も知るところのなかった」オイディプス自身であって、テイレシアスではなかったと批判します。ところが、この「何も知るところのなかった」という形容句にも、実は痛烈な皮肉が隠されているのです。オイディプス自身はテーバイの国や、その殺人事件の前後の事情を知らないという意味で言っているのですが、同時にオイディプスはそれと意識せずに、自分が何者であるかを知らなかったという事実をも言い当てているのです。このより深い意味での無知をオイディプスが自覚するとき、彼の身に訪れるであろう悲劇をテイレシアスは予言して言います。

あなたはわしを盲目と申された。よろしい、しからば申し上げよう――目あきにして盲目であるとは、あなたのことだと。あなたの目には、自分がどんなに恐るべき不幸のなかにいるかも、自分の住んでいるところがどこであるかも、共に暮らしている人がだれであるかも、まったく見えないのじゃ。自分がだれから生まれたか、あなたはご存じか。（中略）あなたの父と母と、ふた親の二重の呪いが、恐るべき足どりであなたを追いかけ、いつかこの土地からあなたを追い出さずにはおかぬであろう。そのとき、今はよく見えるその目も、もはや暗闇しか見ないであろう。

（四一二～四一九行）

ここでテイレシアスは、目が見えない自分が真実を見抜き、目の見えるオイディプスにはそれが見えていないという逆説的な事態を示唆していますが、なるほど、目が見えるがゆえに欺かれるということもあるのかもしれません。

オイディプスの不安

さて、日本語ではお芝居の第一幕、第二幕といったふうに言いますが、「幕」に相当するギリシア語は「エペイソディオン」と言います。この言葉こそ今日われわれが使う「エピソード」の語源なのですが、結婚式のスピーチなどで使われる場合には、それは逸話とか「こぼれ話」の類《たぐい》を指しているようです。ところが本来のギリシア語では、むしろ本筋を意味し、悲劇の場合もコロス（合唱隊）(4)の歌と踊りの部分ではなく、ドラマの核心をなす出来事が起こる場面を指しています。そして、オイディプスとテイレシアスが激しくやり合う、先に述べた第一エペイソディオンに続いて、次の第二エペイソディオンの前半では、こんどは王位簒奪《さんだつ》の首謀者と目されたクレオンとオイディプスとの対立が描かれます。

ここでもオイディプスは激しやすい性格を丸出しにしてクレオンを非難しますが、これに対してクレオンは、王と変わらぬ権利を気楽に享受できる今の身の上を捨ててまで、王になって余計な苦労を背負い込むつもりはさらさらないことを強調します。しかし、オイディプスが聞く耳をもたないため、いよいよ二人の対立がエスカレートしたところに、妃《きさき》のイオカステが登場します。

二人の口論の原因がテイレシアスのオイディプス真犯人説にあることを聞いたイオカステは、夫オイディプスを安心させようとして、自分の経験から予言がいかに当てにならないものかを説きます。彼女自身の経験とは次のようなものでした。

以前あるとき、ライオスに一つの神託が下されたことがありました。（中略）そのお告げによりますと、私とあの方との間に子どもが生まれたならば、ライオスはその子の手にかかって、殺される運命《さだめ》にあるということでございました。ところがライオスのほうはある日、噂によれば他国の盗賊どもの手にかかって、三筋の路の合わさるところで命を落とされました。一方、子どもはといえば、生まれてまだ三日もたたぬとき、ライオスが留め金で両のくるぶしを差し貫いたうえで、人手に託して人跡《じんせき》なき山奥に捨てさせてあったのでございます。こうして神アポロンは、先のお告げにあったようなことを、何も実現させたまいませんでした。あの子が父親の殺害者となるということも、またライオスがおそれてやまなかった、自らの子の手にかかって死ぬという凶事《まがごと》も——。（七一一～七二二行）

夫を安心させるつもりで述べたイオカステのこの話が、一転してオイディプスを不安のどん底へと陥れます。「その話を聞いてたった今、妃よ、何とわが心はゆらぎ、わが胸は騒ぐことであろう」（七二六―七二七行）と。

イオカステの説明はオイディプスの記憶と符合する、あまりにも詳しい情報を含んでいたのです。「三筋の路の合わさるところ」という言葉に不安をかき立てられたオイディプスは、その場所の名と事件発生の時期、さらにはライオスの風貌体格、一行の人数を問いただしますが、イオカステの答えを聞くと、「ああ、事はすでに明らかだ！」（七五四行）と絶望して叫びます。彼は最後の望みを託して、唯一の生存者の召使いを至急呼び寄せるようにイオカステに命じると、それまでは妻にも話したことがなかったであろう身の上ばなしを始めます。その話によれば、オイディプスはコリントスの王ポリュボスを父とし、その世継ぎとして人びとにも敬われていたのですが、ある出来事をきっかけとして彼は深い悩みにとらえられたのです。その出来事とは次のようなものでした。

あるとき宴会の席上で、一人の男が、したたか酒に酔ってわしにからみ、わしを父親のほんとうの子どもではないと呼んだのだ。この言葉は、わしの心に重くのしかかった。　（七七九〜七八一行）

その日以来、一度芽生えた出生に関する疑問が、消えることなくオイディプスの心にわだかまったのでした。そこで彼は真相を究明すべく、神託を求めてデルフォイに赴いたのです。しかし彼を待ち受けていたのは、思いもかけない恐ろしい予言だったのです。

それは悲しくも恐ろしい、そして不幸なお告げであった。ほかでもない、わしは自分の母親と交わり、それによって、人びとの正視するに堪えぬ子種をなして世に示し、あまつさえ、自分を生んだ父親の殺害者となるであろう、というのだ。　（七九〇〜七九三行）

この母親との近親相姦と父親殺しというおぞましい運命を避けるため、オイディプスは故国コリントスをあとにして流浪《るろう》の旅に出たのでした。そんな旅の途上、とある三叉路《さんさろ》に彼はさしかかったのです。そのとき、彼は行く手からやって来た一行と争いになり、先に手を出してきた馬車の上の主人らしき老人を杖で打ち殺したのです。

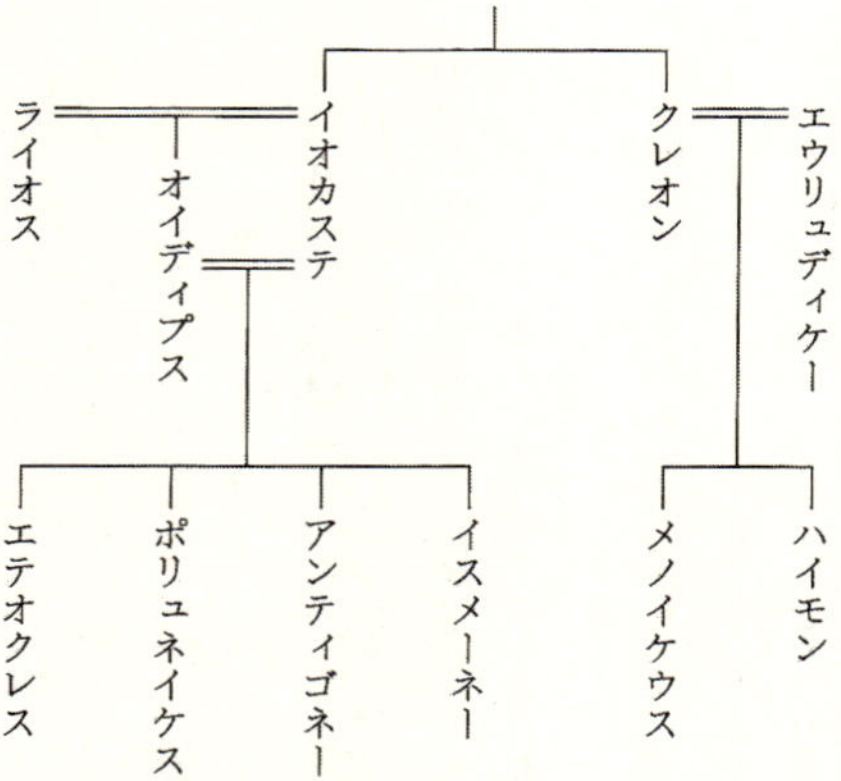

テーバイ王家の系譜図
（『ギリシア悲劇全集　別巻』による）

このやりとりのなかで、オイディプス自身は「三叉路」のみにこだわって、「くるぶし」のことにはまったく触れていませんが、実はイオカステによってなされたくるぶしへの言及のほうが彼にとっては、より衝撃的だったかもしれません。なぜなら「オイディプス」という名前は「腫《は》れたくるぶし」を意味し、その肉体の秘密を他のだれよりもよく知っていたのは、オイディプスその人だったはずだからです。

このようにして心理的に追いつめられたオイディプスは、その最後の望みを、ライオス殺しの犯人は複数だったとの唯一の生存者によってもたらされた情報に託すことになります。確かにどれほど状況証拠はそろっていても、肝心の犯人が一人でなかったなら、ライオスを殺したのはオイディプスではないことになるからです。

コリントスからの使者

オイディプスがその最後の望みを唯一の生存者の証言にかけているとき、コリントスからの使者がやって来ます。彼はポリュボス王逝去《せいきょ》の報《しら》せをもたらしたのでした。これを聞いたイオカステは、神託に対する侮蔑《ぶべつ》もあらわに叫びます。

おお、神々のお告げとやらは、どうなったのでしょう。あのお方こそは、長い間オイディプスが、もしやみずからの手であやめはせぬかと、恐れて遠ざかっていらっしゃった方。その人は今や、自然の運によってお亡くなりになったのです。オイディプスが一指も触れぬままに——。（九四六〜九四九行）

他方、イオカステから話を聞いたオイディプスは父親殺しの予言については一安心しますが、神託のもう一つの部分、つまり母親との近親相姦に関しては、まだその可能性が残っていることを心配します。これに対して、イオカステは次のような人生観を披瀝《ひれき》します。

恐れてみたとて人間の身に、何をどうすることができましょう。人間には、運命の支配がすべて。先のことなど何ひとつ、はっきりと見とおせるものではありません。できるだけその時々の、成り行きに任せて生きるのが、最上の分別と申すもの。あなたも、母君との婚姻のことで、恐れてはなりませぬ。世にはこれまで、夢のなかで母親と枕を交《か》わした人びとも、たくさんいることでございます。けれども、そうしたことを何ひとつ、気にもとめない人こそが、この世の生をいちばん安らかに、送る人だと申さねばなりませぬ。（九七七〜九八三行）

この見事なまでに虚無的かつ刹那《せつな》的な人生観を、皆さんはどう受けとめられたでしょうか。今日のテレビドラマの主人公のOLがつぶやいたとしても不思議ではないほどの、不気味なまでに現代的な響きがあるのではないでしょうか。

さて、オイディプスとイオカステのやりとりを不審に思ったコリントスからの使者はそのわけを訊《たず》ねますが、オイディプスの心配の内容を知ると、その心配がまったくの杞憂《きゆう》にすぎないことを告げて驚くべき事実を明かします。「ポリュボスさまはあなたにとって、何の血のつながりもないお方でした」（一〇一六行）と。

続けて使者は、その昔、ライオス王に仕える顔なじみの別の羊飼いから赤子を受け取ったこと、その赤子はライオス王の子どもで、両足が留め金で貫かれていたことを物語ります。愕然《がくぜん》としたオイディプスは、その羊飼いが何者であるかを問いただしますが、コロスの長によれば、その羊飼いこそ、以前から呼びにやっていた唯一の生存者にほかならないのでした。オイディプスにこのことの確認を求められたイオカステは、すでにすべてを覚って、それ以上の探索の打ち切りを懇願します。しかし、それが聞き入れられないのを知ると、「ああ、不幸なお方！　ご自分がだれであるかを、どうか決して、お知りになることのありませぬように！」（一〇六八行）と言い残して姿を消します。

二十一世紀のオイディプス

ソフォクレスの作品では、このあと、唯一の生存者である例の羊飼いが呼びだされ、最初はオイディプスを守るためにとぼけようとしますが、そのオイディプス自身に脅《おど》されて、ついに口を割り、すべてはコリントスからの使者の言うとおりであることを認めます。今や錯乱状態になったオイディプスは、刀を手にイオカステの姿を追い求めますが、彼女がすでに自害しているのを見いだすと、わが身を呪いつつ、彼女が身につけていた黄金の留め金で、みずからの両目を突き刺します。かつてテイレシアスを嘲笑したオイディプス自身が、「自分とは何者か」を知ったとき、もはや目を開けてはいられなかったのです。その後、今は盲目となったオイディプスが、クレオンにあとの処置をゆだねるところで、この凄惨《せいさん》な悲劇は幕を閉じます。

以上、ギリシア悲劇の最高傑作とも言われる『オイディプス王』のあらすじを追ってきたのですが、この作品から、われわれはどのような教訓を得ることができるのでしょうか。いやそもそも、そのように距離をとって冷静に考えることすら不可能にするほどの恐ろしさがこの作品にはあるように思われます。この恐ろしさは何に由来するものなのでしょうか。

その一つは、登場人物のすべてが「よかれ」と思ってやることがことごとく裏目に出て真相が暴露され、文字どおり悲劇的事態に終わるということにあるかもしれません。善意から善が帰結するのであれば話は単純なのですが、このドラマのなかでは、むしろその逆なのです。そして、あまり認めたくないこの倫理的不整合という生の事実を非情なまでにわれわれに突きつけて来るところに、この作品の恐ろしさの一つがあるかもしれません。またイオカステの言葉にもあるように、われわれの人生をもてあそび支配する運命の力――それは「必然的偶然」とでも呼ぶほかはないものなのですが――にも脅《おび》えるのかもしれません。

しかし何にもまして恐ろしいのは、自己のアイデンティティー（自我同一性）をめぐる恐怖ではないでしょうか。「おまえは父親のほんとうの子どもではない」という宴席での酔客のもらした一言が、その後の悲劇の引き金となったのでした。この事実は、人間のアイデンティティーにとって、「だれから生まれたのか」という問いが決定的な重みをもつことを教えているように思えます。

中国残留孤児の場合にも見られたように、どんなに優しい「育ての親」があっても、やはり人は「生みの親」を知りたいと願うもののようです。今日の生殖医療において、非配偶者間の人工受精や体外授精、代理母などの技術が実用化されていますが、その実施にあたっては、子どもが欲しいという夫婦の気持ちだけではなく、生まれてくる子どものアイデンティティーに対しても十分に配慮することが必要なのではないでしょうか。われわれは安易に「二十一世紀のオイディプス」を生みだしてはならないのです。

オイディプスは流浪の果てに、はからずもその失われた自己を見いだすことができました。しかし、やっとのことで見いだしたその自分に彼は耐えることができなかったのです。彼にとって決定的だったのは出生の問題ですが、それに限らず、容姿、性格、能力を含め、自分の真の姿を知ることがわれわれにとって幸福なことなのかどうかという問題もあります。幸か不幸か、われわれは自分の姿を鏡に映すことはできても、直接その顔を見ることはできません。われわれにとって自分は自分にとって最も近いがゆえに、最も遠い存在でもあるのです。しかし、それだからこそ、われわれは生きていられるのかもしれません。ソクラテスには叱られそうですが、われわれが生きていくためには、遺憾ながら、ちょっとした自惚《うぬぼ》れも必要のようです。

（1）正解をオイディプス自身ととる解釈については、川島重成『「オイディプース王」を読む』講談社学術文庫、四五～四九頁参照。
（2）フォイボス（phoibos）はアポロン神の枕詞で、「光り輝く」の意。
（3）訳は、藤沢令夫訳『オイディプス王』（岩波文庫）による。以下の引用も同書による。
（4）悲劇の構成も含め、ギリシア悲劇全体への詳しい案内としては、『ギリシア悲劇全集　別巻』（岩波書店）がある。

参考文献

ギリシア文学全般への案内として

松本仁助・岡道男・中務哲郎編『ギリシア文学を学ぶ人のために』世界思想社、一九九一年

川島重成・高田康成編『ムーサよ、語れ――古代ギリシア文学への招待』三陸書房、二〇〇三年

ギリシア悲劇への案内として

中村善也『ギリシア悲劇入門』岩波新書、一九七四年（岩波同時代ライブラリー、一九九四年）

丹下和彦『ギリシア悲劇研究序説』東海大学出版会、一九九六年

川島重成『ギリシア悲劇――神々と人間、愛《エロース》と死《ハーデース》』講談社学術文庫、一九九九年

『オイディプス王』について

川島重成『「オイディプース王」を読む』講談社学術文庫、一九九六年

第3講　個人と社会Ⅰ——『アンティゴネー』における人の法と神々の掟

これまでソクラテスとオイディプスについて見てきたのですが、歴史上の人物と伝説上の人物という違いはあるものの、両者に共通する要素も少なくないことに気づきます。まず、真実の解明を最優先し自分の安全は省みなかったこと、そして、その帰結として悲劇的な結末を迎えたことが両者に共通しています。また、そのような一切の妥協を許さない果敢な試みを通してはじめて、「自分が何者であるのか」を知ることができた点も同じです。もちろん、ソクラテスの場合は自分の使命の自覚、つまり神から遣《つか》わされた「虻《あぶ》」としての自己認識に至り、他方、オイディプスの場合は自分がだれの子であるのかという出生の秘密の発見に至るという違いはありますが。しかし、このような両者がたどった軌跡の共通性以上に重要なのは、両者の人生もしくは両者を主人公とする作品が発するメッセージの共通性でしょう。

すでに見たように、ソクラテスが「虻」として人びとの間を忙しく飛び回っていたのは、対話を通じて人びとに最も大切な事柄としての徳に関する無知を自覚させるためでした。それはまた、たとえどんなに優れた人間であろうと、人間であるかぎりその知識には限界があるのであり、その限界を意識することの重要性を気づかせようとするものでした。他方、オイディプスの場合は、オイディプス自身が人間の有限性を指摘しているわけではありませんが、スフィンクスの謎を解いたオイディプスが、まさか自分が真犯人であるとは夢にも思わず犯人追及に乗りだすというその筋立ては、やはり、人知の限界を際だたせているように思われます。さらには、運命を前にした人間の無力さを強調し、流れに身を任せて気ままに生きることを説くイオカステもまた、彼女なりのしかたで人間の有限性を意識していたと言えるでしょう。

しかし、ソクラテスが生き、『オイディプス王』の作者ソフォクレスが生きた時代は、ソフィストのプロタゴラス（前四九〇ころ～前四二〇ころ）の「人間万物尺度論」（次講で詳述）に象徴されるように、ともすれば人間の有限性を忘れがちな時代でもあったのです。そして、これからとり上げるソフォクレスの『アンティゴネー』もまた、そのような時代の精神状況のなかで、改めて人間と人間を超えるものとのかかわりを問題にしていると考えてよいでしょう。

あらすじ

ここでは『オイディプス王』の場合とやり方を変え、劇の展開を順に追うのではなく、まず最初にあらすじを簡単に紹介したうえで、主要登場人物の思想と行動、また、そこから浮かび上がってくる人柄に焦点を合わせて検討してみたいと思います。

まず作品の舞台となるのは、『オイディプス王』と同じテーバイの国です。執筆されたのは『オイディプス王』よりも『アンティゴネー』のほうが先なのですが、時代設定としては『オイディプス王』よりもあと、つまり、失脚したオイディプスがすでに没したあとの話となっています。オイディプスが王位を退いたあと、息子のエテオクレスとポリュネイケスが交替で王位に就くことになるのですが、エテオクレスが王位に就いたきり交替しようとしないため、業《ごう》を煮やしたポリュネイケスがアルゴス勢の支援を受けてテーバイに攻め寄せます。ところが、二人は刺し違えて共倒れとなってしまいます。その二人の葬儀をめぐり、新たな支配者クレオン――彼はイオカステの弟、オイディプスにとっては義理の弟であると同時に叔父ということになりますが――のポリュネイケスへの埋葬禁止の布令の是非をめぐる姉妹の対話から、悲劇は始まります(⇩四一頁・テーバイ王家の系譜図)。

ここで姉妹というのは、今は亡きオイディプスの遺児、アンティゴネーとイスメーネーの二人ですが、姉のアンティゴネーはクレオンの命令に背いてでもポリュネイケスを埋葬すべきことを主張します。これに対して、妹のイスメーネーは姉の計画の無謀さを指摘し、おとなしく命令に従っているほうが身のためであることを説いて姉の怒りを買います。その後、アンティゴネーは野ざらしにされたままのポリュネイケスを単独で弔いますが、運悪く、その場に張り込んでいた番人に見つかり、クレオンのもとへ連行されます。身内の思いがけない造反に驚いたクレオンは、引っ立てられてきたアンティゴネーを尋問します。ところが、アンティゴネーが悪びれるどころか、自分の行為の正当性を公然と主張するに及んで怒り心頭、死罪を決定します。そのあとにクレオンの息子であるとともにアンティゴネーの許嫁《いいなずけ》でもあるハイモンがクレオンを訪れ、最初は穏やかに再考を促しますが、怒りに駆られたクレオンは聞く耳をもたず、最後は喧嘩別れに終わります。

アンティゴネーが山奥の洞窟に連行されたあと、われわれにもすでに『オイディプス王』でおなじみの盲目の予言者テイレシアスが登場し、占いが凶と出たことを告げ、クレオンに死者にむち打つ所行を改めるように勧めます。しかし、今や権力の座にすわったクレオンは、かつてのオイディプス同様、テイレシアスを侮辱《ぶじょく》し、怒ったテイレシアスは来るべき悲劇を予言して立ち去ります。

テイレシアスが立ち去ったあと、急に心配になったクレオンは、アンティゴネーを解放すべく現地に急行しますが、時すでに遅し、岩屋に着いたときにはアンティゴネーは首をくくって死んでしまったあとでした。さらに悪いことには一足先に現場に到着し、アンティゴネーの亡骸《なきがら》にすがって悲嘆にくれていたハイモンまでがクレオンに斬りつけたあと、自害してしまったのです。これだけでもクレオンには十分なショックだったと思われますが、館《やかた》に帰り着いた彼を待ち受けていたのは妻、エウリュディケーの死でした。彼女もまた息子ハイモンの死を知って、命を絶ったのでした。このような不幸の連鎖に打ちひしがれたクレオンが、自らを責め、呪いながら舞台を去っていくところで幕となります。

アンティゴネー対イスメーネー

次に、劇のあらすじを頭に入れたうえで、主要登場人物の言行《げんこう》と人柄について考えてみることにしましょう。まず、冒頭の姉妹の対話から明らかになるのは、姉のアンティゴネーが強い信念と意志をもった勝気な女性であるのに対して、妹のイスメーネーのほうはどちらかというと、おとなしい順応型の女性であるということです。ちょっと二人のやり取りを覗いてみましょう。

アンティゴネー「一緒に一骨折って手伝ってくれるつもりないの、考えて」
イスメーネー「どんなに危ない仕事ですの、いったい何を計画していらっしゃるの」
アンティゴネー「その亡骸を、この手と一緒に持ち上げていくつもりか、どうか」
イスメーネー「じゃあ、ほんとに、お弔いをする考え、国の掟を犯してまでも」
アンティゴネー「ええ、だって、私の、それに、否でも応でも、あなたにも兄さまですもの。裏切ったなんて、言われるの、まっぴらだわ」
イスメーネー「まあ、大それた、クレオンさまが禁じているのに」

アンティゴネー「でも、あの人たちに、私の身内を私から隔てる権利はありませんわ」
(ソフォクレス『アンティゴネー』四二〜四八行)[1]

イスメーネーは姉の計画の危険性を指摘したうえで、次のように述べます。

それよりも、よく考えなければいけませんわ。第一に自分たちが女ってこと、それで男の人と争いあうよう生まれついてはいないというのを。それから、力のもっと強い者に支配されている、ってことも。それゆえ、今のことでも、またもっと辛いことでも、服従するほかありませんわ。
(六一〜六四行)

こうした妹の忍従の哲学に腹を立てたアンティゴネーは、一人きりでポリュネイケスの遺骸を葬ることを決意しますが、そのような彼女の決意を支えていた信念とはどのようなものだったのでしょうか。それは彼女とクレオンとの対決において鮮明に浮かび上がってきます。そこで両者の直接対決の場に目を向けることとしましょう。

アンティゴネー対クレオン

ポリュネイケス埋葬禁止令に背いた犯人として自分のもとへ連れて来られたアンティゴ

ネーに対して、クレオンはほんとうに彼女がやったのかどうか、また、禁止令を承知のうえでの行動かどうかを訊《たず》ねます。これに対して、アンティゴネーは自分がやったこと、しかも禁止令を承知のうえで実行したことを明言するとともに、その理由を述べます。彼女によれば、彼女はクレオンの出した命令よりも、さらに権威のある規範に従ったにすぎないのです。

別に、お布令を出したお方がゼウスさまではなし、あの世を治める神々と一緒においでの、正義《ディケー》の女神が、そうした掟を、人間の世にお立てになったわけでもありません。またあなたのお布令に、そんな力があるとも思えませんでしたもの、書き記されてはいなくても揺るぎない神さま方がお定《き》めの掟を、人間の身で破り捨てができようなどと。

（四五〇〜四五五行）

ここでは人間が定めた法律（nomoi）と神々が定めた掟（nomima）、文字に書き記された法と不文の掟の対立が前提にされています。アンティゴネーからすれば、ポリュネイケスの埋葬を禁止する布令はクレオン一個人が出した恣《し》意的な命令にすぎないのです。これに対して死者、とりわけ身内の者を弔うのは神々によって定められた永遠不変の掟なのです。ここで彼女は、死者と家族の立場を代表していると考えてよいでしょう。それでは禁止令を出したクレオンの側の言い分はどのようなものでしょうか。クレオンは、この場面よりも少し前のところで、その布令を出した理由を次のように説明しています。

　さて、どんな人でもその精神、また心がけや知恵というのは、実際に統治とか立法とかに従事してからではなくては、到底十分知り分けるのが難しいものだ。というのも、だれにもせよ、国の上下を統《す》べるに際して、最善と見られる策を用いず、何かを怖れ、口をつぐんですますというなら、私としては今も昔も変わらずに、その男をむげに卑しい者と見なそう。また自分の祖国に替えて、身内をそれより大切にするのも、まったく取るに足りない人間だ。それというのも、私としては、万象をつねに見そなわすゼウス神も照覧あれ、かならずとも市民に対して、今までの安寧《あんねい》に替え、災いが降りかかろうとするのを見たら、決して黙って捨ててておくまい。かつまた国の敵《かたき》を自分の味方に数えもすまい。それも十分、国こそ護りの舟であり、それが無事に進むうちこそ、乗り組むわれらとて、ほんとうの味方を見つけられる、というものなのを知ってるからだ。かような筋を旨として、このクレオンは、わが国の栄えを計っていこうと思う。　（一七五～一九一行）

この施政方針演説とでもいうべきもののなかで、クレオンは、現実に存在する国家の存立と国民の安寧を最優先する立場を明確にしています。彼からすれば、国家あっての国民なのであり、いわば大きな舟としての国を転覆させようとするような者は、国家・国民の敵として厳しく処分されなければならないのです。そしてクレオンは、この原則にもとづいて国を守って戦い死んだエテオクレスは丁重に弔い、他方、国に攻め寄せてきたポリュネイケスのほうの遺体は野ざらしにすべきことを決定したのです。

さて、国の安全を最優先する考え自体は決して突飛なものではなく、それなりの説得力をもつと思われますが、問題は目下《もっか》のポリュネイケスに対する措置の妥当性です。アンティゴネーだけでなく、コロス（合唱隊）の長や、息子のハイモンなどの発言から見ても、当時の通念もしくは、少なくとも作者のソフォクレスは、たとえ敵であったとしても、死んだ者に対しては、礼を尽くして弔うべきだと考えていた可能性が高いと思われます。生前、さんざん悪口を言っておきながら、本人が死んだ途端に褒《ほ》めそやすというのもいただけませんが、死者にむち打つというのもまた、あまりいい気持ちのするものではありません。とくに肉親からすれば、本人がその罪のゆえに処罰されるのはやむをえないとしても、――この劇の場合は必ずしもポリュネイケスに罪があるとは言えないでしょうが――、せめて亡骸だけは丁重に葬ってやりたいと願うものでしょう。この点でクレオンは、いささか性急かつ独善的にすぎたようです。『オイディプス王』でも、主人公が自分自身に当てはまるとは知らずに或ることを主張するというアイロニーの例を見ましたが、実は先ほど引用したクレオンの言葉の最初の二行にも痛烈なアイロニーが含まれています。
困ったことに、人の器《うつわ》というものは、往々にしてその地位に就いて初めて分かることが少なくないようです。地位が人をつくるとも言われますが、逆に、地位と権力が人をだめにする場合も多いのではないでしょうか。クレオンのケースについて、もう少し検討してみましょう。

ハイモン対クレオン

地位と権力にはらまれる危険性は、ハイモンとクレオンのやり取りにおいて明瞭に浮かび上がってきます。息子のハイモンは、世論がクレオンの威光を怖れて口には出さないもののの、実は陰でアンティゴネーのしたことを称賛し、彼女の身の不幸に同情していることを告げて、父親に諫言《かんげん》します。

何とぞ、ただ一つの見方ばかりを固執などしてくださいますな、父上の仰せばかりが正しいもので、ほかのは皆まちがいだなどと。それというのも、自分でもって自分一人が知恵分別をもっていると思いなしたり、弁舌とか精神とかで、自分がだれよりも立ち優ろう、など考える人は、えてして、よく内《なか》まで見透かされると、空っぽなのが多いものです。　（七〇五～七〇九行）

ここでクレオンが冷静になって息子の意見に従っていれば、悲劇は避けられたのですが、残念ながら、クレオンは世の多くの父親同様、若い息子に意見されて、かっとなって言い返します。

クレオン「では、不届きな者どもを大事にするのが、よい所業《しわざ》だと言うか」
ハイモン「いや、別に、悪い奴らを大切に扱えとお勧めするのではありません」
クレオン「そんなら、あの娘は、そういった病に取っ憑《つ》かれているのではないか」
ハイモン「テーバイの都の者は、皆ひとことに、そうではないと申しています」
クレオン「では、この国が私らに、統治のしかたを指図しようとか」
ハイモン「ごらんなさい、いまの仰せは、とても若者そっくりではありませんか」
クレオン「そんなら、私は、自分でなしに、他人の意見で、この国を治めねばならないのか」
ハイモン「だって、一人の人のものならば、国とは決して申せません」
クレオン「だが、国というのは、その主権者に属するはずだ」
ハイモン「では、お立派に一人きりで、砂漠の国でもお治め（になるの）がいいでしょう」

（七三〇〜七三九行）

あらためて作者ソフォクレスの非凡さに感心せざるをえない、見事なやり取りです。

このなかでハイモンは、父親が陥っている権力者症候群とでもいったものを的確に批判しています。しかし、残念ながら――と、もう一度繰り返さざるをえませんが――クレオンにできたのは、「ええ、何という汚らわしい奴、女にも劣ろうとは」(七四六行)といった罵《ののし》りの言葉を浴びせかけることと、「決して、あの女と、(あの女が)生きてるうちは、結婚は許さないぞ」(七五〇行)と父親の権威を振りかざすことだけでした。

「人間讃歌」の意味するもの

さて最後に、この作品のなかで最も有名といってもよいコロスの歌を見てみることにしましょう。この歌は作品の展開のなかでは比較的前のほう、禁令破りの報告を受けたクレオンが、運の悪い伝令役の番人をどやしつけて追い返す場面と、その番人がアンティゴネーをつかまえて喜び勇んで再び現れる場面の間に挿入されています。もちろん、作品全体のなかでのこの歌の役割について考えることも作品解釈という観点からすれば重要ですが、ここではむしろ、この歌そのものに込められたメッセージに注目してみることとしましょう。少し長くなりますが、とても有名な歌ですので、全文を引用してみることにします。

不思議なものは数あるうちに、人間以上の不思議はない、
波白《しら》ぐ海原をさえ、吹き荒れる南風《はえ》を凌《しの》いで
渡ってゆくもの、四辺《あたり》に轟《とどろ》く高いうねりも乗り越えて。
神々のうち、わけても畏《かしこ》い、朽ちせず
たゆみを知らぬ大地まで攻め悩まして、
来る年ごとに、鋤《すき》返しては、馬のやからで耕しつける。

気も軽やかな鳥の族《やから》、または野に棲む獣《けだもの》の族、
あるいは大海《わたつみ》の潮《うしお》に住まう類《たぐい》をも、織り上げた網環《わ》にかこみ、
捉えるのも、心慧《さか》しい人間、また術策《てだて》をもってし、
広野に棲まい、あるは山路《やまじ》をい往き徘徊《もとお》る野獣を挫《ひし》ぎ、
鬣《たてがみ》を生《お》う馬さえも、項《えり》に軛《くびき》をつけて馴らすも、
疲れを知らぬ山棲みの牡牛をもまた。

あるいは言語《ことば》、あるいはまた風より早い考えごと、
国を治める分別をも自ら覚る、または野天に眠り、
大空の厳しい霜や、烈しい雨の矢の攻撃の

避けおおせようも心得てから、万事を巧みにこなし、
何事がさし迫ろうと、必ず術策をもって迎える。
ただひとつ、求め得ないのは、死を遁《のが》れる道、
難病を癒す手段は工夫しだしたが。

その方策の巧みさは、まったく思いも寄らないほど、
時には悪へ、時には善へと人を導く。
国の掟をあがめ尊び、神々に誓った正義を遵《まも》ってゆくのは、栄える国民。
また向こう見ずにも、よからぬ企《くわだ》みに与するときは、国を亡ぼす。
かようなことを働く者が決して私の仲間にないよう、その考えにも牽《ひ》かされないよう。

（三三二〜三七五行）

この歌は「人間讃歌」と呼ばれることもありますが、よく読むと、決して手放しの人間礼賛ではないことがわかります。なるほど主要部分では、自然の猛威を克服し、ほかの生き物を従えてこの世に君臨する人間の並はずれた知力が賛美されています。しかし、最後の段では一転して、その非凡な知力を有する人間が倫理的にはあまり当てにはならないことが指摘されています。そして、この知的卓越性と倫理的不安定さという人間をめぐる不

均衡、アンバランスこそ、古代ギリシアから今日に至るまで、さまざまな問題を生みだしてきた元凶なのではないでしょうか。その問題性は、核兵器やコンピュータに代表される科学技術が飛躍的に進歩した現代社会において、ますます深刻化しているように思われます。

実は冒頭「不思議な」と訳されているギリシア語「デイナ」(deina)は「驚くべき」といった賛嘆のニュアンスとともに、同時に「恐ろしい」という否定的な意味あいも併《あわ》せもった言葉なのです。この世で最も素晴らしいと同時に恐ろしい存在でもある人間、――それはわれわれ自身にほかならないわけですが、――そんな自分とわれわれは、いったい、どうつき合っていけばよいのでしょうか。次にこの点について、プラトンの『プロタゴラス』を参考に考えてみることにしましょう。

(1) 訳は、呉茂一訳『アンティゴネー』(岩波文庫)による。以下の引用も同書による。その後、中務哲郎訳も同文庫から出ている。

第4講　個人と社会Ⅱ——プロメテウスとゼウスの贈り物

前講の終わりに、ソフォクレスの『アンティゴネー』のなかの「人間讃歌」と呼ばれる歌について見ました。そこでは人間の知的卓越性と倫理的不安定さの間の不均衡が浮き彫りにされていましたが、同時にその倫理的な不安定さが国家の興亡に直結するものとして理解されている点が注目されます。つまり個人の行為のよしあしも、国家共同体という枠組みの成立にとってプラスになるかマイナスになるかで判断されているのです。そして、クレオンもまたそのような前提に立って、ポリュネイケスについての埋葬禁止令を出したと考えてよいでしょう。彼から見れば、ポリュネイケスは国家反逆者であり、禁令に反してその埋葬を敢行したアンティゴネーもまた、反逆者の一人にほかならないのです。

ただ問題は、歌のなかで「神々に誓った正義を遵《まも》ってゆくのは、栄える国民」と歌われているように、国家の存立が人間たちだけの意向によるものではなく、そのためには神々という超越者との良好な関係も欠かすことができないと考えられていることです。そしてアンティゴネーのみならず、民衆の考えによれば、敵味方を問わず、死者に礼を尽くすということは、神々に対する重要な宗教的責務の一つにほかならないのです。このことからすればクレオンの落ち度は、民意を尊重すべき立場にありながら、このような民衆の宗教的信念を無視したことと、その結果として神々への務めを怠った点にあると言ってよいでしょう。しかし、クレオンが出した布令の是非はともかくとして、為政者の定めた法律あるいは規則がまったく守られなければ国家が立ち行かないことも事実だと思われます。そこで、この個人と国家の関係について、プラトンの『プロタゴラス』に出てくる有名な「プロメテウスの物語」を材料として、さらに考えてみたいと思います。またこの問題とのかかわりで、二十世紀英国の作家ウィリアム・ゴールディング(一九一一～九三)の『蝿《はえ》の王』(1)もとり上げることにします。

プロタゴラスと「人間万物尺度論」

プラトンの『プロタゴラス』は、「人間万物尺度論」で有名なソフィストのプロタゴラスとソクラテスの対話を軸として、「徳は教えられることができるかどうか」を探求する作品です。ソフィストという名称は、もともとは単に知者といった意味だったのですが、プロタゴラスの時代には、高額の謝礼を要求する職業教師、似非《えせ》知識人といった否定的な意味あいで使われるようになっていたと考えられます。その、プロタゴラスが唱えた「人間万物尺度論」というのは、文字どおり人間が万物の尺度であることを主張する説で、プラトンの『テアイテトス』という作品のなかでは、次のように紹介されています。

万物の尺度は人間である。有るものについては、有るということの。有らぬものについては、有らぬということの。

（プラトン『テアイテトス』152 a）

この主張のなかの「人間」を各個人ととるべきか、あるいは「人類」ととるべきかについては異論がありますが、たとえば暑さ寒さなどについては、「寒がり」「暑がり」などの表現が示すように、ある程度までは個人が尺度とも言えるでしょう。しかし、学説誌家が伝える神々の存在についてのプロタゴラスの主張などを見ますと、「人類」という意味も含まれているように思われます。プロタゴラスによれば、われわれは神々の存在や姿形についいて知ることはできないとされます。

私は神々については、彼らが存在するということも知らなければ、存在しないということも知らないし、また彼らがどのような外見をしているかも知ることはできない。というのも、知ることを妨げるものが多いからである。すなわち、感覚によってはっきりとらえることができないうえに、人間の寿命は短いからである。

（ディールス・クランツ『ソクラテス以前哲学者断片集』Ⅱ 80 B 4）

この断片において、最初は「私は」知ることができないと言われながら、その理由づけとして今度は、「人間の」寿命の短さが挙げられていることからすれば、類としての人間が神々の存在に関する判断の尺度とされていると考えてもよいでしょう。いずれにしても、プロタゴラスの考えの基本には、個人から人類レベルに至るあらゆる段階で、今日言うところの相対主義的な考えがあると考えられます。また、この断片に見られるような宗教的不可知論、つまり、神々の存在については知ることができないという立場が、ほぼ同時代人であるソフォクレスなどの目に伝統的信仰を危うくするものと映ったとしても不思議はありません。われわれはソフォクレスの作品のなかに、このような懐疑主義的な時代思潮に対する批判を認めることができるでしょう。

さて『プロタゴラス』のなかでは、「人間万物尺度論」そのものは出てきませんが、相対主義的な考え方については明確に主張されています。たとえば、オリーブ油は人間の髪の毛には有益だが、動物の毛や植物、また人間でも内臓にとってははなはだ有害であるといったように、種《しゅ》や身体の部位による相対性が説かれています。そしてこのような考えが、彼の道徳や法律についての見方にも反映されていると見てよいでしょう。次に、有名な「プロメテウスの物語」に目を向けることとしましょう。

「プロメテウスの物語」

プロタゴラスによって物語られるプロメテウスの話は、こんなふうに始まります。

むかしむかし、神々だけがいて、死すべき者どもの種族はいなかった時代があった。だがやがてこの種族にも、定められた誕生のときがやって来ると、神々は大地のなかで、土と、火と、それから火と土に混合されるかぎりのものを材料にして、これらを混ぜ合わせて死すべき者どもの種族をかたちづくったのである。そしていよいよ、彼らを日の光のもとへ連れ出そうとするとき、神々はプロメテウスとエピメテウスを呼んで、これらの種族のそれぞれにふさわしい装備をととのえ、能力を分かちあたえてやるように命じた。

（プラトン『プロタゴラス』320c〜d）(2)

まるで桃太郎や浦島太郎の話を聞くような出だしですが、先ほどの神々の存在について人間は知ることができないと言っていたことと矛盾しているのではないか、と思われた方もあるかもしれません。確かにそのとおりなのですが、実は、原作ではプロタゴラス本人が聴衆に対してこの話があくまでもミュートス、つまり、「物語」あるいは「神話」であって、理論的な説明とは異なるものであることを明確にしているのです。

さて物語に戻りますと、神々の命令を聞いたエピメテウスは、自分にその仕事を任せてくれるように兄のプロメテウスに頼みます。そして兄の承諾を得ると早速その仕事に取りかかりますが、彼がいちばん配慮したのは、どの種族も滅びることがないようにということでした。そのために彼は、動物たちに暑さ寒さを防ぐための毛皮や蹄《ひづめ》を与えてやるとともに、肉食動物は子どもを少なく、逆にその餌食《えじき》になる動物には多くの子どもが生まれるようにしてやったのです。このように彼なりに工夫を凝らしたのですが、うっかり者の彼は動物たちの支度にばかり気をとられて、全部の装備を使い切ってしまったのでした。そしてふと気がつくと、なんと人間だけが裸のまま何も持たずに取り残されていたのです。エピメテウスが困っているところへ、ちょうど、お兄さんのプロメテウスが弟の仕事の出来栄えを見にやって来ました。

見ると、ほかの動物は万事が具合よくいっているのに、人間だけは、裸のままで、履くものもなく、敷くものもなく、武器もないままでいるではないか。一方、すでに定められた日も来て、人間もまた地の中から出て、日の光のもとへと行かなければならなくなっていた。（321C）

プロメテウスも困ってしまったのですが、人間のピンチを救うべく、彼は大胆にも知恵の女神アテネと、技術をつかさどる神ヘファイストスの仕事場に忍び込み、技術についての知識と火を盗みだして人間たちに与えたのです。ただここで重要なのは、さすがのプロメテウスも生活に必要な知識を盗みだすことには成功したものの、ゼウス神のもとにあった国家を形成するための知識のほうは、警戒が厳しくて盗みだせなかったとされている点です。この話にはあとで見るように、重要な示唆が含まれていると思われます。ところで、われわれ人間のために一肌脱いでくれたプロメテウスなのですが、可哀想に彼はこの行為のために、のちにゼウスによって厳しく罰せられることになります。

ゼウスから人間への贈り物

さて、プロタゴラスの物語るところによれば、火と技術についての知識を携えてこの世にデビューした人間たちは、神々を祀《まつ》ったり、言葉を発明したり、生活に必要な衣食住を調達します。このようにして文化や生活必需品は調えた人間ですが、最初はばらばらに住んでいたために野獣の餌食になることもしばしばでした。そこで一緒に暮らして身の安全を図ろうということになったのですが、あいにく、国家を形成するための知識はもっていなかったため、今度はお互いが不正を働き合って仲たがいし、結局、前と同じように離散して再び野獣の餌食になって絶滅の危機に至ったのです。

この状況を憂慮したゼウスは、伝令のヘルメスを呼んで、人間たちに二つの贈り物を届けるように命じます。その二つの贈り物とは、アイドース（aidōs）とディケー（dikē）というものでした。最初のアイドースというのは、日本語で言えば、「恥じらい」とか「羞《しゆう》恥心《ちしん》」あるいは「慎み」とも訳されますが、要するに、道徳心に相当すると言ってよいでしょう。これに対して、もう一つのディケーは、「正義」と訳されるのが普通ですが、ここではむしろ、法に相当するような行為の規則およびそれを重んじる心に当たるものと見てよいでしょう。つまりゼウスは、今日的に言えば、法と道徳なしには社会が成り立たないと考えていたのです。そしてこの贈り物に関しては、もう一つなかなか興味ぶかい点があります。それは分配のしかたです。

ヘルメスはゼウスに、このアイドースとディケーもほかの専門技術、たとえば、医術と同じように少数の人間だけに与えればよいのか、それとも全員に配るべきなのかを訊《たず》ねます。それに対するゼウスの答えは次のようなものでした。

すべての人間に与えて、だれでもがこれを分けもつようにしたほうがよい。（中略）そうしないと、もしほかの技術と同じように、彼らのうちの少数の者だけがそれを分けもつだけなら、国家は成立しえないだろうから。（322d）

さらにゼウスはこれに加えて、その二つをもつことができない人間は、国家の病根として死刑に処すべきことを申し渡します。

以上の物語全体から、われわれはどのような教訓を学びとることができるでしょうか。

まずわれわれは、『アンティゴネー』の「人間讃歌」同様、ここでも人間の技術知と倫理の不均衡、アンバランスに対する洞察を見いだすことができるでしょう。火と技術のほうが、法や道徳よりも先にやって来るのです。

現代でも、原爆からクローン技術に至るまで、まず技術革新があり、そのあとで倫理的問題について考えるというパターンが相変わらず繰り返されているように思います。同時にわれわれは、人間が放っておけば不正を働く利己的な存在であり、道徳や法といったものがなければ、食うか食われるかの野蛮な状態にいつでも転落しうる危険にさらされていることを感じるのではないでしょうか。

そしてこの点について、恐るべきリアリティーをもって迫ってくるのが、次にとり上げる『蠅の王』という小説なのです。

『蠅の王』に見る人間の本性

この『蠅の王』という耳なれない、というよりはゴミためを連想するようなタイトルの小説は、ウィリアム・ゴールディングによって第二次大戦直後に書かれた小説です。ゴールディングはのちにノーベル文学賞を受賞していますが、その主な対象となったのがこの作品だと言われています。

さてこの小説は、英国の少年合唱隊の一団を乗せた旅客機が海に墜落し、少年たちが絶海の孤島に漂着するところから始まります。と言うと、なーんだ、ジュール・ベルヌの冒険小説『十五少年漂流記』の焼き直しか、と思われる方もあるかもしれませんが、実はこちらはとても怖いお話なのです。そもそも旅客機が墜落した原因もはっきりしませんが、少年たちの話を総合すると、どうも第三次世界大戦らしきものが起こり、ミサイル攻撃を受けて墜落したらしいのです。それはともかく、子どもたちだけで、それもここでは少年たちだけで、女の子は一人もいないのですが、絶海の孤島で暮らすことになったらどういうことになるか、それがこの作品の主題です。

それでも最初のうちは、すべてがうまくいっているように見えました。少年たちは英国紳士の卵らしく、集会を開き、多数決でラーフという少年をリーダーに選びます。もう一人の候補としてジャックという少年がいたのですが、とにかくその場ではラーフに人気が集まり、ラーフが選ばれたのでした。そして、物語はこの二人の少年のリーダーシップをめぐる権力闘争を軸として展開していきます。

この二人のほかにも重要な役割を果たす少年として、ピギーとサイモンがいます。ピギーは、いわゆるいじめられっ子タイプの典型のような少年で、案の定、のちにジャック率いるグループの格好の攻撃目標になります。これに対してサイモンという少年は、年少ながら人間の内面に潜む悪を見とおす目をもった宗教的な存在として描かれます。

さて、ラーフは理性的に考え、小屋の建設、トイレの場所、捜索機や沖を通りかかる船に発見してもらうために焚《た》き火を絶《た》やさないこととそのための見張り当番など、少年たちの生活と安全を確保するために必要な措置を講じます。しかし、少年たちは遊びに夢中になって、必ずしもうまくいきません。古代ローマの警句にもあるように、民衆はパンのみならず、サーカスも求めるのです。このような娯楽と気晴らしを求める少年たちの心理と、肉食を求める生理を巧みにつかんで、徐々に権力を手中に収めていったのがジャックでした。

彼はこの二つの渇望を一挙に満たす方法として、島に生息する野生の豚を狩ることを思いついたのです。そしてそのための狩猟隊を編成し、自分が隊長になると、持ち前の攻撃性と組織力を発揮して豚を仕留め、大多数の少年たちの支持を受けます。そんな流れのなかで、サイモンとピギーはラーフの側に留まりますが、夜の海辺での焚き火を囲んでの豚肉パーティーの熱狂のなかで、怪獣とまちがわれたサイモンは殺され、ピギーもまたジャックの部下の少年が落とした岩に直撃されて、砕け散るホラ貝とともに命を落とします。

今や島の帝王となったジャックは、もはや味方もなく一人きりになってしまったラーフを捕らえるべく、人間狩りに着手します。岩陰に潜んだラーフを燻《いぶ》りだすための火が全島に燃え広がるなか、ラーフの必死の逃亡劇が始まります。

いよいよ追いつめられ、浜辺に転がり出たラーフが観念して頭上を見上げると、そこには英国海軍の士官と部下の将兵が立っていました。彼らは、皮肉なことに、島全体が燃えているのを見つけて、やって来たのでした。事情が分からない士官はラーフの説明を聞くと、「英国の少年たちなら、もっとうまくやれたんじゃないかね」と呆《あき》れてつぶやきます。

内なる悪

以上がこの小説のあらすじですが、この話の展開は、「プロメテウスの物語」とちょうど逆になっていることに気づきます。つまり、「プロメテウスの物語」では、最初に人間どうしが不正を働き合う状態――そのような万人の万人に対する闘争が繰り広げられる状態を英国の哲学者ホッブズ（一五八八～一六七九）は「自然状態」と名づけたのですが――、そうした状態が最初にあり、それを見かねたゼウスがアイドースとディケーを贈ったのでした。それは人間どうしが自制し、助け合って社会を形成することができるようになるためでした。そこにおいては、野蛮から文明へという方向に展開しています。ところが『蠅の王』のほうでは、まさに文明国のひとつと目される英国の少年たちが、最初は日ごろのルールに従って生活し始めるものの、徐々にその文明社会の拘束を捨て去り、ついには人間狩りに至ってしまう過程が描かれます。このように文明から野蛮への逆戻りの過程を描くことによって、作者のゴールディングは、われわれの道徳といったものがいかに脆《もろ》いものか、社会秩序や平和といったものがいかに簡単に崩れ去りうるものかを訴えているのではないでしょうか。そして、まことに残念ではありますが、近年の学級崩壊の蔓延《まんえん》やテロ事件の頻発《ひんぱつ》は、この作者の洞察の正しさを裏書きしているように思われます。

だいぶペシミスティック（悲観的）になってしまいましたが、それではわれわれはただ絶望するほかはないのでしょうか。そうではないと私は考えます。われわれに必要なのは、まさにわれわれ自身の内部に潜む破壊や無制限な利己心の追求といった悪への傾向を自覚し、自分自身に対する警戒心を忘れないことではないでしょうか。実は『蠅の王』という奇妙なタイトルは、『聖書』に出てくる悪魔の親分としてのベルゼブル（「蠅の王」の意）を指すと言われています。この怪物は決して外からやって来るものではなく、人間自身の内部につねに存在する悪の象徴なのであり、われわれはサイモン同様、この内なる悪を直視しなければならないのです。それはまさに「己《おのれ》を知る」ということにほかならず、その限りにおいて、ソクラテス的な精神に通じると言ってよいでしょう。

さて、先ほど学級崩壊の例を挙げたのですが、少年たちが主人公の『蠅の王』には、その点に関しても興味ぶかい示唆が含まれています。とくに注目されるのは、ジャックという少年の存在です。彼は最初こそ、より紳士的なラーフに選挙で敗れますが、持ち前の行動力と大胆さ、また鋭い心理的嗅覚《きゅうかく》で実質上のリーダーにのし上がります。彼はあくまでも小説のなかの登場人物にすぎませんが、しかし、われわれの少年時代を思い出してみても、クラスあるいは学年のなかに必ずこのようなタイプの少年がいたのではないでしょうか。ちょうど、ジャックのように、学級委員には選ばれないものの独自の指導力を発揮して、最初は何人かが子分になるだけですが、やがて勢力を増して、ついにはクラス全体を支配するといったタイプの少年が。私はこのようなタイプの少年をネガティブ・リーダー、つまり否定的な意味での指導者と呼んでいますが、学級崩壊などが起こる場合も必ずこのようなリーダーがいるように思います。またそれは少年だけの話ではなく、大人の社会でも似たようなものかもしれません。たとえば、ヒトラーなども大きなジャックと言えるでしょう。

実際にそのようなタイプの人間がいるとして、それではどうすればよいのでしょう。「プロメテウスの物語」に出てきたゼウスの指示にあったように、ラーフは早めにジャックを「国家の病根」として始末すべきだったのでしょうか。しかし、そうしていたとすれば、今度はラーフがジャックのようになってしまっていたかもしれません。むしろ必要なのは、小説のなかのジャックにしろ、われわれの学校や職場にいるジャックたちにしろ、彼らがもっている時として人並み以上の能力をポジティブな形で発揮させ、その自負心を満たしてやる方法を探ることではないでしょうか。そして、そのような努力をしてもどうしてもうまくいかないとき、そのときはじめて、われわれはなんらかの処罰が必要かどうかを検討すべきだと思うのです。

（1）翻訳としては、平井正穂訳『蝿の王』（新潮文庫）がある。

（2） 訳は、藤沢令夫訳『プロタゴラス　ソフィストたち』（岩波文庫）による。以下の引用も同書による。他に中澤務訳（光文社、古典新訳文庫）など。

参考文献

ソフィスト全般についての解説として

ジルベール・ロメイエ＝デルベ『ソフィスト列伝』（神崎繁・小野木芳伸訳）白水社文庫クセジュ、二〇〇三年

納富信留『ソフィストとは誰か？』人文書院、二〇〇六年（ちくま学芸文庫より再刊、二〇一五年）

『蝿の王』について

作者ゴールディングと作品については、日本イギリス文学・文化研究所編『イギリス文学ガイド』荒地出版社、一九九七年、二三六〜二四一頁参照。なお、ハリー・フック監督による映画『蝿の王』（一九九〇年、英国）のＤＶＤ（Castle Rock, GXBH-16194）が販売されている。

第5講　法と人間Ⅰ――アンティフォンの挑戦と目撃者の不在

前講で、プラトンの『プロタゴラス』に出てくる「プロメテウスの物語」とゴールディングの小説『蝿の王』を材料に、国家に代表される共同体が成立するためには何が必要なのか、またどうして必要なのかについて考えてみました。そこから明らかになったのは、生まれつき利己心が強く、潜在的に悪への傾向をもつ人間たちが集まって社会を形成するためには、道徳心の涵養《かんよう》と法システムの整備が不可欠であることでした。と同時に、そのようにして成立した社会が決して恒久的に安定したものではなく、つねに崩壊の可能性をはらんだものであることも見ました。その原因は人間自身の内部にあるわけですが、ここでわれわれは、アンティフォン（前四八〇ころ～前四一一）というユニークな思想家が遺した断片を通して、もう少し人間の心のなかを探ってみることにしましょう。

ノモスとフュシス――アンティフォンの法批判と自然の擁護

アンティフォンの思想の根本には、ノモス（nomos）とフュシス（physis）を対立的なものとして考える見方があります。ノモスとは、道徳や法律あるいは習慣など、人びとの行動を規制するためにつくられた人為的なシステム全体を指します。これに対してフュシスのほうは、自然とか生まれつきの素質・本性など、人間の手が加わっていないもの全般を意味しています。もともとはこの両者の関係は必ずしも対立的なものとは考えられていなかったのですが、紀元前五世紀の後半、ソフィストが活躍するころになると、ノモスか、さもなければフュシスかというように、二者択一的関係としてとらえられるようになってきます。そうしたソフィストたちのなかで、フュシス派の旗手として登場したのがアンティフォンなのです。

アンティフォンによれば、ノモスに属するものは単に人間たちの約束ごとにすぎず、あとからつけ加えられたものであって、たとえ違反したとしても実害はないとされます。他方、フュシスに属するものは必然的、生まれつきのものであって、これに背くと実害があるとされます。ここからアンティフォンは、ノモスのうえで正しいとされることをフュシスに敵対するものと見なし、次のようなアドバイスをします。

正義とは、人が所属する国の法規を侵犯しないことである。そこで人は次のようにすれば、つまり、人が見ているところでは法律を尊重し、自分だけで他のだれも見ていないところでは、フュシスに属するものを重んじるならば、最も自分に有利な仕方で正義を利用することができるだろう。

（ディールス・クランツ『ソクラテス以前哲学者断片集』Ⅱ 87B44断片A）

ノモスの内容についてはおおよそ見当がつくとして、フュシスに属するものとして考えられているのはどのようなものなのでしょうか。アンティフォンはフュシスに反するものの例として、人にひどい目に遭《あ》わされながら仕返ししないことや、自分をいじめた親に優しくすることを挙げています。このことからすると、復讐心のような衝動がまず考えられているようです。また、アンティフォンが人生全般の目標として、できるだけ多くの快楽を得て、苦痛はなるべく少なくすることを主張していることから推測すると、飲み食いから性的なものまで含めた欲望全般もまた、フュシスに属するものと見なされていると考えられます。要するにアンティフォンは、人に見つかりさえしなければ何をしてもいいのだ、と主張しているように見えます。

ノモスの多様性の認識と権威の失墜

このような彼の主張は、一見したところ、きわめて浅薄なものに思われるかもしれません。しかし、よく考えてみると、その発想にはアンティゴネー（⇩第3講）の信念に通じるものがあることに気がつきます。というのは、アンティフォンはノモスとフュシスを対立的にとらえ、できるだけノモスを無視して、フュシスに従うべきことを説いているのですが、アンティゴネーの場合も、人の法と神々の掟を対立させ、前者よりも後者に従うべきことを説いているからです。二人とも、人が定めた法律よりも、もっと上位の行為規範があると考えている点では共通しているのです。ただ二人の違いは、アンティゴネーが神々という人間を超えた存在に訴えているのに対し、アンティフォンのほうは、自然という、欲望や衝動も含めた内在的な原理に根拠を求めていることです。いずれにせよ、人間が定めたルールを軽視する点では共通していますが、それではそのような態度を生みだした原因はどこにあるのでしょうか。

そのひとつの原因として考えられるのは、戦争や貿易の拡大によって人びとの往き来が盛んになるにつれて、民族や地域による道徳や習慣の違いが明確に意識されるようになったことが挙げられます。歴史家ヘロドトス（前四八四ころ～前四二五ころ）は、その書物『歴史』において、さまざまな風習の違いをとり上げたうえで、次のように述べています。

実際、どこの国の人間にでも、世界中の慣習のなかから最も良いものを選べといえば、熟慮の末、だれもが自国の慣習を選ぶに相違ない。このようにどこの国の人間でも、自国の慣習を格段にすぐれたものと考えているのである。（『歴史』[1] 巻三 三八節）

ここで「慣習」と訳されているギリシア語は、ノモスにほかなりません。このように各民族は自分のところのノモスを絶対視しているのですが、時とすると、まったくあべこべのものが絶対視されるという事態も生じます。その典型的な例として、ヘロドトスは次のような話を紹介しています。

ダレイオス（ペルシアの王様）がその治世中、側近のギリシア人を呼んで、どれほどの金をもらったら、死んだ父親の肉を食う気になるか、と訊《たず》ねたことがあった。ギリシア人は、どれほど金をもらっても、そのようなことはせぬと言った。するとダレイオスは、今度はカッラティアイ人と呼ばれ両親の肉を食う習慣をもつインドの部族を呼び、先のギリシア人を立ち会わせ、通弁（通訳）を通じて彼らにも対話の内容が理解できるようにしておいて、どれほどの金をもらえば死んだ父親を火葬にすることを承知するか、とそのインド人に訊ねた。すると、カッラティアイ人たちは大声を上げて、王に口を慎んでもらいたいと言った。慣習の力はこのようなもので、私にはピンダロス（有名な詩人）が、「慣習（ノモス）こそ万象の王」と歌ったのは正しいと思われる。（同前）

この話は、死んだ親の弔い方をめぐるノモスの多様性を少しオーバーとも思えるしかたで示したものですが、葬儀をめぐる慣習の違いと、それをめぐるトラブルは必ずしも遠い昔の話ではありません。少し前のことになりますが、わが国においても、亡くなった外国人労働者を日本の慣習に従って火葬に付したところ、その国から抗議を受け外交問題に発展したことがあると記憶します。また習慣の影響力の強さという点では、別に葬儀のしかたのような深刻なケースに限りません。たとえば、正月の雑煮に入れる餅の形や出し汁のとり方ひとつをとってみても、わが家の、あるいはおらが国の流儀、つまりノモスが一番で、ほかのは全部だめと思い込んでいる「雑煮原理主義者」が少なくないのではないでしょうか。へたをすると、正月早々、夫婦間戦争にも発展しかねません。

少し脱線してしまいましたが、ヘロドトス自身は、このような民族や地域によるノモスの多様性を受け入れ、それぞれのノモスを尊重すべきことを説いています。そして他の国を征服したときに、その土地の習慣をばかにして反感を買った支配者を批判しています。この考え方は、今日の言葉で言えば、文化的相対主義にもとづいた寛容の立場と呼ぶことができるでしょう。そしてこれはこれで、かつての植民地支配のやり方を批判する人びとからも支持されるひとつの見識だと思われます。しかしその一方で、人がこのような立場に満足せず、あくまでも民族や文化を超えた普遍的な規範を求めようとするのも理解できます。そしておそらくは、アンティフォンやアンティゴネーの立場は、方向性は違うものの、そのような普遍妥当性をもつ規範の希求の表現と見ることができるのではないでしょうか。

ところで、ノモスの軽視を招いたもう一つの要因として、前五世紀後半のアテナイにおける不安定な政治状況の影響が指摘されることもあります。スパルタを相手にギリシア世界の覇権をかけたペロポネソス戦争（前四三一〜前四〇四）の長期化にともなう政治的混乱のなかで、アテナイにおいてもその時々の指導者の都合のよいように法律が定められたり無視されたり、あるいは日ごろの道徳が簡単に踏みにじられたりしたことを通じて、ノモスの恣意性《しいせい》があらわになったというわけです。確かにこのようなことも、ノモスに代わる普遍的な規範を求める動きを促したと考えることができるでしょう。

ギュゲスの指輪と悪への誘《いざな》い

さて、アンティフォンは以上のような考えにもとづいて、人目に触れないかぎり、ノモスではなく、フュシスの声に従うべきことを勧めるのですが、よく考えてみると、別にアンティフォンに勧められるまでもなく、人は往々にして他人の目、とくに知った人のいないところでは普段と違った振る舞いをするのかもしれません。「旅の恥はかきすて」とはよく知られたことわざですが、要するに自分の知った人のいないところでは、ふだんならしないような破廉恥《はれんち》なことをしても平気、といった意味でしょう。

最近、電車内など大勢の人前で化粧をしたりする光景を目にすることが稀《まれ》ではありませんが、これも要するに人はいても知った人はいない、文字どおり傍若無人《ぼうじゃくぶじん》の境地のなせる業《わざ》と考えられます。あるいは試験の際のカンニングや不正乗車がいつになっても無くならないところを見ると、もしわれわれが「ドラえもん」の力でも借りて思うままに自分の姿を見えないようにすることができたら、いったい世の中どういうことになってしまうのだろうとも思います。ところが、驚くことなかれ、なんと天才プラトンは、人間がそういう魔法の道具を手に入れた場合のことまで考えていたのです。その魔法の道具の名前は「ギュゲスの指輪」と言います。

その指輪の話が出てくるのは、プラトンの数ある作品のなかでも代表作との呼び声の高い『国家』という作品です。その第二巻でソクラテスの対話相手の一人であるグラウコン青年は、世の中の人びとはいやいやながら道徳や法律に従っているだけで、ほんとうは自分のしたい放題、欲望の赴くままに生きたいと願っているのだと述べます。そしてその「証拠」として話しだすのが、この物語なのです。そのあらすじは次のようなものです。

昔、リュディアの国にギュゲスという名の羊飼いがいました。ある日、大雨とともに地震が起こって地割れが生じ、大地にぽっかり大きな穴があきました。好奇心に駆られたギュゲスがその中に入っていくと、そこには青銅でできた馬がありました。馬の胴体の内部は空洞になっていて、遺体のようなものが横たわっており、その指にはきらきらと輝く金色の指輪が光っていました。そこでギュゲスは窓のようなところから手を突っ込んで指輪を抜き取って穴の外に戻ったのです。ギュゲスとしては単に綺麗なのでアクセサリーのつもりで取っただけなのでしょうが、ある日、羊飼いの集会があり、退屈したギュゲスが何の気なしに指輪の向きを変えてみると、周りの人がギュゲスがいなくなったと言っていることに気づいたのです。そしてもう一度もとの位置に戻すと、姿が見えるようになったのでした。この指輪に備わったモード切り替えの絶大な威力を知ったギュゲスは、早速、その透明人間モードを利用、いや悪用したのです。彼はまず王様に牧畜の状況を報告に行く代表団のなかに潜り込み、城に着くとすぐ王妃《おうひ》と密通します。そして妃《きさき》と一緒になって王様を殺し、自分が新しい王様になったのです。

はたして、この話が「証拠」と言えるかどうかは別として、大いにありそうな話ではあります。いや、ひょっとすると、自分にもそういう指輪があったらこんなに苦労しないのに、などと思っておられる方もいるかもしれません。

幸か不幸か、このような力をもった指輪はいまだに発見されるには至っていないようですが、しかし、インターネットの普及にともなって匿名性を利用した新たな犯罪が生まれているといった記事を見ますと、古今東西を問わず、あまり人間の本性としてのフュシスは変わっていないという気がします。このように目撃者の有無がわれわれの行動に影響を及ぼすことが少なくないとすれば、それはグラウコン青年が指摘するように、われわれが日常従っている道徳や法律、つまり、ノモスを何か外から押し付けられたものと感じているからかもしれません。これに対して、本来いちばん気にしなければいけないのは、他人の目ではなく、自分自身の目なのだと説いた人もいます。たとえば、ほぼソクラテスと同時代の人で原子論者として知られる哲学者のデモクリトス（前四六〇ころ～前三七〇ころ）は、

　醜いことを行う者は、何よりもまず自分自身に恥じなければならない。
（ディールス・クランツ　前掲書　68B84）

と述べています。ここでは行動の基準を自分の外に求めるのではなく、自分自身の内に求めるべきことが言われています。またソクラテスの弟子とされる人びとのなかでは、きわめてユニークで、異端児といってもよいアリスティッポス（前四三五ころ～前三五五ころ）という哲学者も、哲学を学ぶ効用について質問されたとき、

　法律がすべて廃止されるようなことがあっても、われわれは今と同じような生き方をするだろうということだ。

（ディオゲネス・ラエルティオス『ギリシア哲学者列伝(2)』第二巻 第八章 六八節）

と答えたそうです。もし、すべての人がこの二人が説くように自分自身のなかに確固とした原則を確立していれば、わざわざ法律や規則をつくる必要もないのでしょうが、しかし、多くの人にそこまで立派であることを期待するのが無理であるとすれば、やはり何らかの対策を講じる必要があるでしょう。それは要するに、新しいノモスをつくるということにほかならず、結局のところ、人間が人間であるかぎり、ノモスとフュシスのいたちごっこからなかなか抜けだすことはできないのかもしれません。

ノモスによる差別への批判

さて、これまでのところでは、どちらかというとアンティフォンの思想の否定的な面だけが強調されてしまったかもしれませんが、実はノモスを軽視し、フュシスを重視する彼の見解には、もう一つの重要な側面があります。それは差別に対する批判です。ある断片には、次のような主張が記されています。

われわれは近くに住んでいる者の法律・習慣（ノモス）については知識もあれば尊重しもするが、遠くに住む者たちの法律・習慣については知識もなければ尊重しもしない。その際、われわれはお互いに野蛮人のように振る舞っているのである。というのも、フュシス（生まれつき）においては、われわれは皆――ギリシア人以外の者たちもギリシア人も――あらゆる点で同じように生まれついているのであるから。

（ディールス・クランツ　前掲書　87B44b）

アンティフォンによれば、すべての人間が同等であることは、「生まれつき、すべての人間に備わるもの」、たとえば「口と鼻を通して呼吸し、手でものを食べる」といったことから知られるとされます。ここで彼は、人間の身体的・生理的共通性に注目して、人種や民族の違いによる差別を批判していると考えてよいでしょう。また引用した文章の最初の部分、つまり、人びとが自分に馴染《なじ》みのあるものについては尊重するが、馴染みのないものについては関心さえもたない事実を指摘しているところは、先に引用したヘロドトスの観察を思い起こさせます。重要なのは、少なくとも自分の国の法律・習慣は尊重すると述べられていることよりも、人びとに対して、距離の遠近といった偶然的な要素に支配されずに、もっと普遍的な要素としての生理的・身体的共通性に目を向けるように促している点でしょう。

さて、このようにフュシスの立場から、ノモスのうえでの差別を批判するという姿勢は、アンティフォン一人に限られたものではありません。たとえば、やはりソフィストの一人であるヒッピアス（前四六〇ころ〜前三八四）も、すでに見たプラトンの『プロタゴラス』の一節で次のように述べています。

満場の諸君、私は諸君のすべてが同族の間柄であり、近親であり、同市民であると考える――ただし法（ノモス）においてではなく、自然（フュシス）において。なぜならば、相似たる者は自然において互いに同族の間柄にあるのであるが、これに対して法は、人の世を支配する専制君主であって、多くの反自然的なことを強制するからである。（プラトン『プロタゴラス』[3] 337c〜d）

ヒッピアスもまたフュシスの名において、ノモスによる差別を批判しているわけですが、彼がここで考えているフュシスの中身は、各人がもって生まれた素質とか能力のことだと思われます。彼自身はオリンピアの聖域があることで有名なペロポネソス半島西部のエリスの出身で、この対話の舞台になっている富豪のカリアスの邸宅があるアテナイでは一外国人にすぎません。しかし、彼としては有能なアテナイ市民と無能なアテナイ市民が仲間である以上に、有能な自分のほうが有能なアテナイ市民の仲間と見なされるにふさわしいと考えていたのでしょう。ただ彼のように、フュシスといっても、生まれつきの能力差のようなものを強調することになると、今度は逆にそのような能力差を理由に、強者、優秀者が支配するのが自然本来の姿であるといった考え方にもつながりかねません。そして、このような考えを最もストレートに表現したのが、やはりプラトンの作品である『ゴルギアス』に登場するカリクレスという人物です。しかし、ニーチェ(一八四四〜一九〇〇)にも影響を与えたとされるカリクレスの強烈な主張について見るのは、もう少し先にして、本講はひとまず、ここで終わることにします。

(1) 訳は、ヘロドトス『歴史』上、松平千秋訳(岩波文庫)による。
(2) 訳は、加来彰俊訳『ギリシア哲学者列伝』上(岩波文庫)による。
(3) 訳は、藤沢令夫訳『プロタゴラス』(岩波文庫)による。

参考文献

ノモスとフュシスについて
F・ハイニマン『ノモスとピュシス――ギリシア思想におけるその起源と意味』(廣川洋一他訳)みすず書房、一九八三年
三嶋輝夫『規範と意味――ソクラテスと現代』東海大学出版会、二〇〇〇年

第6講　法と人間Ⅱ——ソクラテスは、なぜ脱獄しなかったのか

先の三講を通じて、法というものの存在理由とその正当性の根拠が一つの重要な問題として浮かび上がってきましたが、この問題を考えるうえで絶対に欠かせないテキストがあります。それはプラトンによって書かれた『クリトン』です。すでに第1講でソクラテスが裁判にかけられたこと、そしてその弁明もむなしく、死刑の判決を受けたことを見ました。死刑の判決を受けたソクラテスは牢屋に入れられますが、幸い、アテナイからデロス島のアポロン神殿に派遣された船が出発した直後だったため、死刑の執行は一か月近く延期されることになります。というのは、その船が宗教的な務めを果たして無事に戻ってくるまでは、血の汚れを避けるのが習わしだったからです。そしてこの作品は、ソクラテスの親友クリトンが、いよいよその船もアテナイからわずか数時間のスーニオン岬まで戻ってきているという情報を耳にし、友を助けだすラストチャンスを逃しては大変と、慌てて牢屋に駆けつけたところから始まります。本講ではまた、作品の展開を追って、順に見ていくことにしましょう。

平静なソクラテス

まず、この作品の最初の部分におけるソクラテスとクリトンのやり取りに注目してみましょう。目を覚ましたソクラテスは傍らにクリトンが座っていることに気づくと、なぜ自分をもっと早く起こさなかったのかと訊《たず》ねます。それに対してクリトンは、ソクラテスがいかにも気持ちよさそうに眠っているのを見て、とても起こす気にはならなかったのだと言います。そして、感心して言います。

「ほんとうに、これまでにもたびたび、君の一生を通じて、僕は君のことを幸福な性格の人だと言ってきたけれども、何よりもいま直面しているこの災難のなかで、いちばん、そのことを感じる。なんと容易に君はそれに耐え、平静でいられるのかと」

「だって、クリトン、この年になっているのに、いよいよ死ぬときが来たからと言って嘆くのは似合わないだろう」

「しかし、ほかにも、そういう年になって、こういう難儀に遭《あ》う者はいるけれども、だからといって彼らが、年齢のおかげで苦しみから解放され、目の前の不運を嘆かないでいられるというわけではないよ」

（プラトン『クリトン』(1) 43b～c）

この何気ないやり取りから、われわれはソクラテスが死を前にしても、取り乱すことな

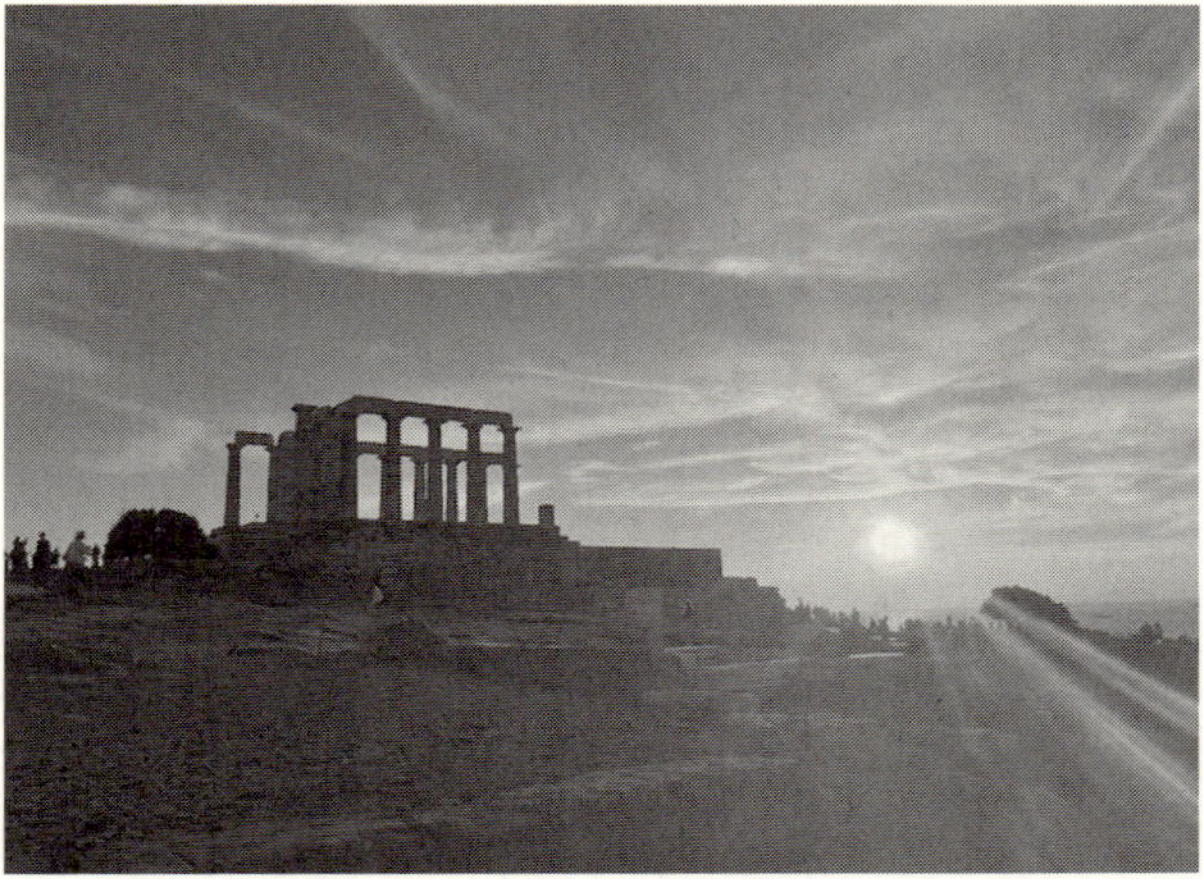
スーニオン岬の夕日とポセイドン神殿（撮影：小林直人）

く、平然としていたことを知ることができますが、その境地はのちのエピクロス派が説いた「不動心」（アタラクシア）やストア派の「何ものにも煩《わずら》わされない境地」（アパテイア）を先取りするものと言ってよいでしょう。もちろん、ソクラテスの平静さの根底には彼独自の死についての見方があるわけですが、それについての考察はまた別の機会に譲るとして、とりあえず先に進むことにしましょう。

クリトンによる説得

さて、親友のクリトンは例の船がまもなく戻ってくるという切迫した事態を受けて、なんとかソクラテスに脱獄してもらおうと、最後の説得を試みます。彼なりに一生懸命考えた説得の主な論点を整理すれば、次のようになります。

①ソクラテスの死によって自分がどれほど多くの損害を被《こうむ》るかということ。

②ソクラテスが脱獄することによってクリトンに迷惑がかかるかもしれないという心配は不必要なこと。

③ソクラテスが獄に留まって死刑に服することが倫理的に見てまちがっていること。

まず①の点についてですが、クリトンは自分が被る最大の不利益として、ソクラテスのような掛けがえのない親友を失うことを挙げています。また、お金を惜しんで親友を見殺しにしたという世間の非難を受ける心配があることを指摘し、大衆の評判も決して無視できないことを強調します。

次に②の迷惑の危険性については、お金で簡単に丸め込むことができるので心配ないこと、万が一、実際に迷惑がかかったとしても、ソクラテスを救うためであれば喜んで引き受ける覚悟であることを述べます。

以上の二つの論点は、ソクラテスが脱獄しないことで自分が被る不利益と、ソクラテスが脱獄することで自分が被るかもしれない不利益とを比較し、前者だけを考慮するようソクラテスに求めるものですが、③の論点は直接ソクラテスの行動自体の倫理的正当性を問題にしている点で異なっています。はたして、ソクラテスのどこがまちがっているとクリトンは言うのでしょうか。

その第一は、ソクラテスがせっかく助かるチャンスがあるにもかかわらず、自分で自分を見殺しにしようとしている、それはまさに敵の思うつぼなのだ、というもの。

第二は、父親として子どもを養育する義務があるのにもかかわらず、子どもをこの世に置き去りにして辛い目に遭わせようとしている、というもの。

第三は、そもそも自分たちに「男らしさ」が欠けていたから、こんなことになってしまった、というものです。

このような理由を並べてクリトンはソクラテスを批判しているのですが、このクリトンの批判の基本には、当時のギリシア人に一般的だった倫理観があります。それは要するに「友を益し、敵を害せよ」という単純明快な倫理です。

ここで「友」というのは、狭義の友人だけではなく、家族や親戚、さらには自分の国なども含まれます。そして「敵」というのは、それ以外の者を指しています。この伝統的な倫理観からすれば、敵を喜ばせるような行為も、味方を困らせるような行為も悪なのです。

また「男らしさ」と訳したギリシア語は「アンドレイア」で、文字どおり「男らしさ」という意味ですが、「勇気」と訳すことも可能です。問題はその中身ですが、少なくともここでクリトンが考えているのは、「お金でも腕力でも使えるものは使って、物事を自分もしくは味方のために有利に運ぶ手腕と度胸」とでもいうものでしょう。それは俗な言い方をすれば、「男の甲斐性《かいしょう》」のようなものに当たるでしょうか。この場合、重要なのは、脱獄することが道徳的に見て正しいか、まちがっているかという点については、ほとんど問題にされていないように見えることです。別の言葉で言えば、クリトンの説得全体が、敵と味方という区別にもとづいた党派性によって貫かれていると言ってよいでしょう。

このようなクリトンの思考の特色は、次に見るソクラテスの考え方と比べると、きわめて偏狭なものに思われます。しかし、二十一世紀の日本に住むわれわれもまた、無意識的に「ウチ」と「ソト」を区別し、「ウチ」さえよければかまわない、という発想に陥ってはいないでしょうか。たとえば、節分の豆まきの際の「福はウチ、鬼はソト」という言葉が、そのことを端的に示しているように思われるのですが。

ソクラテスによる説得

以上のクリトンの説得に対して、ソクラテスはどう答えたのでしょう。その答えの主なポイントを整理すると、次の四つにまとめることができるでしょう。

① 情に流されるのではなく、最も優れた議論に従うべきであること。
② 人びとの見解には優劣があり、専門家の意見を尊重すべきであること。

③ 単に生きながらえることよりも、「よく生きること」を最優先すべきであること。
④ どんな場合においても、不正は行わないこと。

まず①に関連してソクラテスは、友を思うクリトンの熱情はありがたいものの、重要なのは脱獄することが正しいかどうかという点であることを指摘し、その点について理論的に検討したうえで、最も優れた議論に従うべきであると述べます。ここで注目されるのは、ソクラテスがクリトンとは違って党派的な立場から物事を見るのではなく、事のよしあしそれ自体について理論的に考察すべきであるとしていることです。

次に②についてですが、素人《しろうと》の意見よりも専門家の意見を尊重すべきであるという考えは、プラトンの他の作品のなかでもたびたび出てきます。これはたとえば、お医者さんの例を考えてみれば分かりやすいでしょう。今日でも、軽い風邪《かぜ》程度なら市販の薬もしくは温かい飲み物などを飲んで早めに寝るぐらいで済ませるところですが、ちょっとこじらせた場合には専門家、つまり、お医者さんに診てもらったほうがよいということになるのが普通です。

また③のポイントは、この作品のなかでもとても有名な言葉ですが、この場合の「よく」という副詞の意味は「美しく」「正しく」という意味です。つまり、次の④と内容的に密接につながっています。またこの③の考えは、〈どれだけ〉生きるかということよりも〈どのように〉生きるかという「生の質」を優先する点で、今日、医療倫理で話題となっているQOL＝クオリティ・オブ・ライフ（生活の質）という考え方の先駆とも言えるでしょう。ただ、今日の医療で重視される生活の質のほうは、患者さんの行動が倫理にかなっているかどうかということではなく、痛みの程度とか食欲の有無や睡眠の良否といった、かなり具体的な心身の状態に関するものを指しています。

最後の④もまたソクラテスによって繰り返される主張ですが、要するに不正を行うことは相手に害を加える以上に、実は自分を害することなのであるから、仕返しも含め、決して行ってはならないという主張です。不正を行うことが、実は自分を害することになるという考えは逆説めいて聞こえますが、もしほんとうにそうであるとすれば、第5講で見たアンティフォンの、ノモスよりはフュシスを重んじよ、というアドバイスに従うのも考えものということになります。いずれにしても、十分考えるに値する問題だと言ってよいでしょう。

以上の四つのポイントを確認したうえで、ソクラテスは、はたして脱獄するのは正しいのか、正しくないのかについての具体的検討に入るのですが、その検討は一種の劇中劇として、擬人化された「法律」の口を通して行われます。

法律による説得

さて、新たに加わった「法律」もまたいくつかの論点を挙げて、説得にかかります。これも整理してみると、次のようにまとめることができるでしょう。

① 判決の権威が保たれない国は滅びる。
② 国と国民の関係は、親子のようなものである。
③ 国民は国に服従するか、国を説得するかしなければならない。
④ ソクラテスはアテナイの法律に従うことに同意している。
⑤ 仮に逃亡したとしても、ソクラテスは自分らしく生きることができない。

まず最初の点について、直接「法律」の言葉に耳を傾けてみましょう。

ソクラテスよ、言ってくれ。いったいお前は何をしようと企《たくら》んでいるのか。お前は、お前がしようとしている仕業《しわざ》によって、私たち法と、さらに国家の全体を、お前の勝手で滅ぼそうと考えているのではないのか。それとも、お前は、国家のなかでいったん正義として下された判決が少しも力をもたず、個人によって無効にされ破棄されるようになっても、なおその国家が存続し、崩壊しないでいられると思うのか。

（50a〜b）

よくソクラテスは「悪法も法なり」と語ったと言われることがありますが、少し注意して読めば分かるように、ソクラテス、いやさらに正確に言えば「法律」は決してそうは言っていません。むしろ、いったん下された判決には従うべきであり、判決の権威が否定されるところでは決して国家そのものが成り立たないと言っているのです。あえて言うとすれば、「まちがった判決も判決である」とでもすべきでしょうか。もちろん、判決が出るまでの手続きも問題になりますが、この点についてはあとで触れることにします。

この①よりも問題になるのは、②と③のほうかもしれません。

「法律」の主張によれば、ソクラテスの両親はアテナイの婚姻法に従って結婚してソクラテスを生んだだけでなく、その教育に関する規定に従って彼を養い教育したのである以上、国はソクラテスの「生みの親」であるとともに「育ての親」でもあるのだというのです。さらに「法律」は国家を両親にたとえるばかりでなく、それよりもはるかに尊い存在であることを強調して、次のように述べています。

だから、人は祖国を畏敬して、彼が機嫌を悪くしているときには、父親がそうしているときよりも、もっと譲歩して機嫌を取らなければならないのだ。そうして彼を説得して納得してもらうか、さもなければ何であろうと彼の命ずるとおりのことをしな

ければならない。（51b）

これが③に相当する部分ですが、これはちょっと封建的にすぎるのではないか、と感じられる方が少なくないかもしれません。実は、この部分をどう解釈するかに関しては、専門家の間でも意見が分かれているのです。一方の人は服従しなければならないという点を重視し、他方の人は説得しなければならないというほうを重視しています。服従の要素を強調すれば国家主義的な主張ということになりますし、説得のほうを強調すれば自由主義的な主張に近づきます。そこで問題になるのが④です。

それでは何を根拠に、「法律」はソクラテスがアテナイの法律に従うことをすでに同意していると主張できるのでしょう。「法律」によればこうです。

私たちはお前を生み、育て、教育し、また私たちが与えることができる限りのさまざまな良いものを、お前にも他のすべての国民にも分け与えてきただけではない。そのうえ、さらに、アテナイの国民のだれであれ望む者があれば、彼が成人に達して、この国で行われていることと私たち法律習慣をよく見たうえで、私たちのことが気に入らないときには、自分の財産を携えて、どこへでも望むところへ出ていく許可を与えると、私たちは明言しているのだ。（51c～d）

要するに「法律」に言わせれば、気に入らなければ出ていく自由を与えているのに、残っているのは要するに気に入っている証拠だというわけです。同時にそれは、アテナイの法律に従うという実質上の同意を与えたことに等しいというわけです。これに対して、ほんとうは出ていきたかったが、経済的もしくはその他の理由でしぶしぶ留まったというケースも考えられますが、「法律」の見るところでは、ソクラテスは一般市民と比べても出不精で、ほとんど他の国に関心を示したことがないとされます。確かにソクラテスが出不精だったのは事実だったようで、アテナイの郊外にすら、あまり出かけようとしなかったようです。もちろん、ソクラテスは『ソクラテスの弁明』のなかで自分の貧乏ぶりを強調していますが、もともとは中産階級で、それほど貧乏ではなかっただろうと言われています。

またソクラテスの場合、七十歳までアテナイに暮らしていたわけですから、短時間で判断を迫られたわけでもありません。こう考えると、どうも「法律」の言い分のほうに分《ぶ》がありそうですが、もちろん、ルールに同意するということは自分の意見を言わないということではありません。たとえば、ソクラテスは裁判の際に意地を張らずに、助かろうと思えば国外追放を申し出ることもできたのです。そして実際にそうしていれば、認められた可能性が高いのですが、そうはしなかったのです。そして「法律」はこのことも指摘して、判決に従うべきであることを主張します。

以上の議論のなかで、「法律」が自由な意思表示による同意という観点を強調していることからすれば、一見きわめて封建的に見える②の親子の比喩《ひゆ》も、決して絶対服従を強いるものではないと見てよいでしょう。その限りでは、説得という要素も重視されるべきだと思われます。しかし、説得を尽くしてもそれが受け入れられない場合には、従うべきだと考えられていると見るのが妥当でしょう。

さて、ここまでの議論ですでに実質上の結論は出ているわけですが、「法律」はさらにだめを押すように、仮に脱獄して他の国へ行ったとしても、ソクラテスにとって一つも良いことはないことを強調します。要するに、よく治められた国へ行けば、治安を脅《おびや》かす者として警戒され、かといって、クリトンの出身地のテッタリアのような享楽的な土地に行ったら行ったで、今度はソクラテスらしく生きることができないというわけです。

だが、生きて何をするのか。テッタリアでは、ご馳走でも食べるよりほかにすることがあるだろうか。それではまるで、食事のためにテッタリアへ亡命したようなものではないか。これに対して、あの、正義やそのほかの徳についての議論のほうは、いったいどこにあることになるのか、ひとつ教えてもらいたいものだ。（53e～54a）

確かに、これでは「よく食べる」ことになっても「よく生きる」ことにはならないのです。そしてソクラテスは、以上の議論に反論できないことをクリトンにも確認したうえで、従来どおり、獄に留まることにしたのでした。

(1) 訳は、三嶋輝夫・田中享英訳『ソクラテスの弁明・クリトン』(講談社学術文庫)による。以下の引用も同書による。

第7講　力と正義Ⅰ――古代ギリシア人と現実政治《リアルポリティックス》

前講ではソクラテスが「法律」による説得を受け入れ、獄中に留まったことを見ました。「法律」の説得は、判決の権威なくしては国家が存続できないこと、また、国家は国民の「生みの親」であると同時に「育ての親」でもあり、親がまちがっていると思うときにも腕力に訴えるのはもってのほか、言葉やさしく説得し、それでもだめなら従えという内容のものでした。「法律」はさらに、もしソクラテスがこうした説得に従わず、あえて脱獄するならば、幾重にも不正を犯すことになると主張しています。その正当性を認めたソクラテスは、どんな場合にも決して不正は行わないという基本原則を踏まえて「法律」の主張に従ったのです。しかし、複数の国家どうしが対立したような場合には、正義の問題はどうなるのでしょうか。その場合、それぞれの国民は自分の「生みの親」であるとともに「育ての親」でもある母国の命令に絶対服従すべきなのでしょうか。時によっては、自分の国のほうがまちがっていると思えるような場合も出てくるのではないでしょうか。あるいはまた、大国が正当な理由もないのに力にものを言わせて小国を従わせようとしたとき、小国はどのように対応すべきなのでしょうか。そもそも、国と国の間に正義などというものはなく、力がすべてなのでしょうか。

このような問いは国際間の緊張が続く今日の世界においてのみならず、国家間の激しい抗争が続いた古代ギリシアにおいても切実な問いでした。本講では、ヘロドトスと並んで歴史学の父と言われるトゥキュディデス（前四六〇ころ～前四〇〇ころ）の『戦史』（『歴史』とも称される）とプラトンの『ゴルギアス』を参考に、国家と国家のエゴがぶつかり合う国際政治の場面における「力」と「正義」の関係について考えてみることにしましょう。

人間の本性と歴史の繰り返し

トゥキュディデスの『戦史』はアテナイとスパルタの間のペロポネソス戦争の歴史を扱ったものですが、著者のトゥキュディデスは、その執筆の意図を次のように述べています。

> 私の記録からは伝説的な要素が除かれているために、これを読んで面白いと思う人は少ないかもしれない。しかしながら、やがて今後展開する歴史も、人間性の導くところ再びかつてのごとき、つまりそれと相似た過程をたどるのではないか、と思う人びとがふりかえって過去の真相を見極めようとするとき、私の歴史に価値を認めてくれればそれで充分であろう。この記述は、今日の読者に媚《こ》びて賞を得るためではなく、世々の遺産たるべく綴られた。
>
> （トゥキュディデス『戦史[1]』巻一 二二）

このなかで、著者は人間の本性が変わらないかぎり、歴史は繰り返される可能性があり、そのゆえにこそ、過去の出来事の成り行きについて知ることが意味をもつのだと言おうとしているように思えます。それでは著者は人間の本性、フュシスをどのようなものとしてとらえていたのでしょうか。それをうかがい知ることのできるいくつかの箇所を順次見ていくことにしましょう。

まず、人間の本性の恒常的特性として著者が強調しているものとして、権力欲を挙げることができるでしょう。次の一節では、アテナイの代表がスパルタ人（公式にはラケダイモーン人）を相手に次のように語っています。

諸君が武力をもって従えるか、従えられるかの瀬戸際に立たされたとき、同盟諸国に対する諸君の苛酷さは決して我らに劣るものではありえない。とすれば、われらとしても、決して人間性に反し、世人の驚きをまねくような奇怪な振る舞いをなしたことにはならぬはず、いったん委ねられた覇権を受け取り、名誉心、恐怖心、利得心という何よりも強い動機の虜となったわれらは、手にしたものを絶対に放すまいとしているにすぎない。また強者が弱者を従えるのは古来世の常、決してわれらがその先例を設けたわけではない。（中略）正義を説くのもよかろう、だが力によって獲得できる獲物が現れたとき、正邪の分別にかかずらわって侵略をひかえる人間などあろうはずがない。この人間の本性に従いながら、しかも己《おのれ》のもつ権力を抑え、道徳性によって他を支配できる人間こそ、真に賞賛に値する。（同前 七六）

このアテナイ人代表の言葉には、己の支配の貫徹のためには、事の善悪など問題にならないという非情な政治的リアリズムが、露骨なまでにはっきりと表明されています。また相手に対して偉そうなことを言うな、自分たちだって同じじゃないか、とも言っています。そして、この弱肉強食の論理を文字どおり実践した例として、名高い、というよりは悪名高いのが、エーゲ海の小国、メロス島に対してアテナイがとった措置なのです。

メロス島の会談——強者の論理と弱者の論理

今日、ギリシア観光の花形というと、エーゲ海に浮かんだ美しい島々を船で訪れるエーゲ海クルージングが思い浮かびます。紺碧《こんぺき》の海をバックに、降り注ぐ日の光を受けて白く輝く家々の壁、そんな小島の海辺のカフェでよく冷えた白ワインのグラスを傾ける、——想像しただけで「気分はギリシア」になってしまいそうですが、実はこの島々は苛酷な権力闘争の場でもあったのです。

メロス島もまたエーゲ海に浮かぶ無数の島々の一つですが、トゥキュディデスの記述によれば、ペロポネソス戦争勃発《ぼっぱつ》以来、どちらの陣営にも参加せず中立を保とうとしていたのでした。これに対して、アテナイは執拗に自分たちの陣営に加わることを求め、これを拒否するメロス側と鋭く対立したのです。それは力と正義の対立でもあったのです。

前四一六年の夏、メロス島に侵攻したアテナイ軍は、まず交渉を要求しますが、交渉といっても、それは一方的に相手に譲歩を求めるものでした。アテナイ軍の代表は最初から、高圧的な態度で相手を威嚇《いかく》します。

もし諸君がメロスの浮沈を議するに際して、未来の可能性を論拠にするとか、それに類する思惑だけを頼りに、現実を度外視し、目前の事実に目をふさぐ、という態度でここに集まっておられるなら、この議論を打ち切りたい。現実的解決を求めておられるなら、続けてもよい。（同前　巻五　八七）

続けて彼は道徳的な装いを一笑に付すとともに、その強者の論理を展開します。

もとより我々も言辞を飾って、ペルシアを破ってわれわれの得た支配権を正当化したり、侵されたがゆえに報復の兵を進めるなどと言い張って、だれも信用しない話を長々とする気持ちは毛頭ない。（中略）われら双方は各々の胸にある現実的なわきまえをもとに、可能な解決策をとるよう努力すべきだ。諸君も承知、われらも知っているように、この世で通ずる理屈によれば正義か否かは彼我の勢力伯仲のとき定めがつくもの。強者と弱者の間では、強きがいかに大をなし得、弱きがいかに小なる譲歩をもって脱し得るか、その可能性しか問題となりえないのだ。（同前　八九）

一切の偽善的言辞を排し、強者も弱者も打算に徹すべきことを説いている点で、シニシズム（冷笑主義）の典型ともいうべき発言ですが、このように徹底した政治的リアリズムをとる相手を目の前にしながら、メロス側はなお相手の理解と寛容を求めようとします。

人が死地に陥ったときには、情状に訴え、正義に訴えることを許し、たとえその釈明が厳正な基尺に欠けるところがあろうとも、一部の理を認め見逃してやるべきではないか。（同前　九〇）

さらに相手の冷ややかな返答にもかかわらず、依然として中立政策に固執して嘆願します。

われらを敵ではなく、味方と見なし、平和と中立を維持させる、という条件は受け

入れてもらえないものであろうか。　（同前　九四）

客観的に見れば、メロス側の願いは正当なものと言えるでしょうが、もともと正・不正を度外視するアテナイ側がこの願いを受け入れるはずもなく、会談は平行線をたどります。そして、ついに屈服よりも戦うことを選んだメロス側は、勝負は時の運と、次のように述べます。

ともあれ、われらにも心得があること、勝敗の帰趨《きすう》は敵味方の数の多寡《たか》どおりには定まらず、往々にして彼我公平に偶然の左右するところとなる。さればわれらにとって、いま降伏することは、いま絶望を自白するに等しい、だが、戦えば戦っている間だけでも勝ち抜く希望が残されている。　（同前　一〇二）

これに対するアテナイ側の答えは、これまで以上に冷笑的なものでした。

希望とは死地の慰め、それも余力を残しながら希望にすがる者ならば、損をしても破滅にまで落ちることはない。だが、手の中にあるものを最後の一物まで希望にかける者たちは（希望は金を喰うものだ）、夢破れてから希望の何たるかを知るが、いったんその本性を悟ったうえでなお用心しようとても、もはや希望はどこにもない。諸君は微力、あまつさえ機会は一度しかないのだから、そのような愚かな目にあおうとせぬがよい。（同前　一〇三）

まったく取りつく島もないほどクールな認識ですが、しかし、なるほど言われてみれば、いわゆる「希望的観測」によって災いがもたらされることも少なくありません。「何とかなるさ」で試験に臨んで、やっぱりできなかったり、あるいは国の場合でも無謀な戦争を始めて無条件降伏に至ったり、とかく希望には状況認識を甘くする働きがあるのではないでしょうか。どちらかと言えば、つねに最悪のシナリオを想定して、事に臨んだほうが無難なようです。

確かにアテナイ勢みずからそれを公言するように、圧倒的な軍事力を背景に一方的に小国の意思を踏みにじろうとするアテナイに何の大義名分もないことは明らかですが、神々の加護とスパルタの支援のあることだけを頼りに事態の重大性を過小評価しているように見えるメロス側も、決して賢明とは言えないように思われます。その限りにおいて、メロス側に向けられたアテナイ軍代表の辛辣《しんらつ》な最後の言葉も、傾聴に値するでしょう。

それではいよいよ諸君は、その決議から察するところ、未来は現実よりも確実であると判断し、眼前になき物事もただ望みさえすれば、はや実現するかのごとくに見える、という希有《けう》な立場に立っているらしい。そしてラケダイモーン人や、運や希望を信じて何もかも賭けて疑わぬとあれば、何もかも失ってしまうのもやむをえまい。

（同前　一一三）

この言葉とともにアテナイ軍は交渉を打ち切ると、戦闘準備を整えて島を封鎖し、その半年後の冬、ついにメロスを攻略、成年男子全員を処刑するとともに、婦女子は奴隷としたのでした。ここにメロスの希望はあえなく潰《つい》えたのです。

カリクレスと「自然の正義」

このようにアテナイ軍は、みずからの主張を証明するかのように弱肉強食を実践して見せたわけですが、われわれはこの弱肉強食の正当化の理論的表現を、プラトンの『ゴルギアス』のなかに見いだすことができます。この作品は、数あるプラトンの作品のなかでも、最も今日的な内容をもつ作品として高く評価されていますが、そのなかに登場するカリクレスは、ノモスとフュシスの背反を前提として、ノモス、つまり法律習慣のうえで正しいとされている不正の禁止や平等の尊重を弱者の自己正当化にすぎないとして一蹴《いっしゅう》します。

僕の思うに、法律（ノモス）の制定者というのは、そういう力の弱い者たち、すなわち、世の大多数を占める人間どもなのである。だから彼らは、自分たちのこと、自分たちの利益のことを考えにおいて、法律を制定しているのであり、またそれにもとづいて賞賛したり、非難したりしているわけだ。つまり彼らは、人間たちのなかでもより力の強い人たち、そしてより多くもつ能力のある人たちをおどして、自分たちよりも多くもつことがないようにするために、余計に取ることは醜いことで、不正なことであると言い、また不正を行うとは、そのこと、つまり他の人よりも多くもとうと努めることだ、と言っているのだ。というのは、思うに、彼らは、自分たちが劣っているものだから、平等に持ちさえすれば、それで満足するだろうからである。

（プラトン『ゴルギアス』[2] 483b〜483c）

要するにカリクレスに言わせれば、平等を賛美し、不平等を非難するのは、人よりも余計に取る力が自分にないことを隠すと同時に、人にも余計に取らせないための陰険な方策なのです。あるいは、のちのニーチェの術語を借りて言えば、弱者のルサンチマン（怨《えん》恨《こん》）の現れにほかならないというわけです。そして、カリクレスはこのような弱者の論理に対して、強者の論理を対置します。

かくて、以上のような理由で、法律習慣のうえでは、世の大多数の者たちよりも多くもとうと努めるのが不正なことであり、醜いことであると言われているのであり、またそうすることを、人びとは不正行為と呼んでいるのだ。だが、僕の思うに、自然（フュシス）そのものが直接に明らかにしているのは、優秀な者は劣悪な者よりも、また有能な者は無能な者よりも、多くもつのが正しいということである。そして、それがそのとおりであるということは、自然はいたるところでこれを明示しているのだが、つまり、それは他の動物の場合でもそうだけれども、とくにまた人間の場合においても、これを国家と国家の間とか、種族と種族の間とかいう、全体の立場で考えてみるなら、そのとおりなのである。すなわち、正義とは、強者が弱者を支配し、そして弱者よりも多くもつことであるというふうに、すでに決定されてしまっているのだ。（483c〜d）

この言葉のなかで重要なのは、カリクレスが強者の論理を正当化するにあたって、動物の例と並んで、国家と国家、民族と民族が争う国際政治の現実を挙げていることでしょう。確かに先に見たメロスに対するアテナイ軍代表の発言と実際の行動に照らしても、いや、われわれが現に生きている現在の世界におけるさまざまな国際紛争を見ても、そのような現実があることは否定できないように思われます。ただ問題は、そのような現実をそのまま受け入れてよいものかどうか、ということです。カリクレス自身は、あるがままの国際政治の現実が、実はあるべき姿でもあるのであり、国際政治のみならず、国内においても実現されるべきだと主張します。彼はそのような「自然の正義」の実現を一種のスーパーマンの出現に期待します。

われわれはその法律なるものによって、自分たちのなかの最も優れた者たちや最も力の強い者たちを、子どものときから手もとに引き取り、彼らの性格を型通りにつくり上げて、ちょうど獅子を飼いならすときのように、呪文を唱えたり、魔法にかけたりしながら、彼らをすっかり奴隷にしているわけだ。平等にもつべきであり、そしてそれこそが美しいこと、正しいことだというふうに語りきかせてだね。しかしながら、僕の思うに、もしかして、だれか十分な素質（フュシス）をもった男が生まれてきたなら、その男は、これらの束縛をすべてすっかり振るい落とし、ずたずたに引き裂き、くぐり抜けて、われわれが定めておいた規則も術策も呪文も、また自然に反する法律や習慣のいっさいをも、これを足下に踏みにじって、このわれわれが奴隷としていた男は、われわれに反抗して立ち上がり、今度は逆に、われわれの主人として現れてくることになるだろう。そしてそのときこそ、「自然の正義」は燦然《さんぜん》と輝きだすことになるのだ。（483e～484b）

何かドストエフスキー（一八二一～八一）が小説『カラマーゾフの兄弟』のなかで、イワン・カラマーゾフに「大審問官の物語」を語らせるときにも似て、まるで作者自身が登場人物に乗り移ったような熱っぽさを帯びた語り口です。ひょっとするとカリクレスという人物、あるいは彼によって表明される思考と感情は、プラトン自身のもう一人の自分だったのかもしれません。この言葉には、そう思いたくなるほどの異様な熱気と迫力が感じられます。

さて作品のなかでは、このカリクレスの一大演説を受けてソクラテスによる吟味が開始され、真の「強者」「優者」とはいったいだれのことなのか、が問われていきます。そしてソクラテスは、欲望を抑制し、自分で自分を支配できる人間こそが真の支配者、優者であることを説きます。さらにソクラテスは自然を引き合いに出すカリクレスに対して、天体の規則的な運行をはじめとする宇宙全体の秩序に目を向けるように促していますが、ここでは少し『ゴルギアス』を離れて、国際政治における力と正義の関係について考えてみたいと思います。

国際政治における力と正義

前にも述べたように、国際政治の場面では昔も今も大が小を、強者が弱者を従えるという側面が厳然たる事実としてあり、必ずしも道義的に優れたほうが勝つとは限らないのが現実のようです。しかし考えてみれば、今やかつてのアテナイもスパルタも同じギリシアの国であり、わが国においても豊臣も徳川もないことを思えば、国境あるいは国家というものも、決して固定的なものではないことに気づきます。すでに通貨統合を実施したEU諸国などはその好例ではないでしょうか。もちろん、ばらばらでは超大国に経済的にも政治的にもかなわないので、結束して自己利益を守るということが大きな動機となっているのは確かでしょう。しかし、ヨーロッパ統合が多少の揺り戻しは伴いながらも、長期的には国民意識の統合を推進する可能性が高いように思われます。われわれがヨーロッパを訪れ、フランやマルクやリラの代わりにユーロを手にするとき、国家間の壁がまた一段と低くなったことを実感します。そして、これに似たかたちで、国家という枠組み自体の相対性の認識が広まっていくことは、長い目で見れば、偏狭な愛国主義の拠《よ》って立つ基盤そのものを掘り崩すことにつながるのではないでしょうか。

他方、われわれはここでもう一度、「プロメテウスの物語」の教訓に学ぶこともできるでしょう。あの物語のなかでは、最初は「万人の万人に対する闘争」状態にあった人間たちがアイドースとディケー、つまり道徳心と法を獲得することによって野蛮状態に終止符を打ち、国家を形成することができたのでした。だとすれば、各個人に相当する各国がアイドースとディケーを身につけるならば、国際政治の場における「万国の万国に対する争い」にも改善をもたらす余地があるのではないでしょうか。

ただあの物語のなかで、ルールを守れない者に対する罰則の必要性が言及されていたことも忘れてはならないでしょう。このことは正義が同時に力を伴わなければならないことを示唆しています。有名なカント（一七二四～一八〇四）の表現(3)――内容なき思考は空虚であり、概念なき直観は盲目である――を真似た言い方をすれば、「力なき正義は空虚であり、正義なき力は盲目である」と言うことができるかもしれません。もちろん、正義自体も独善的なものであってはならず、合意にもとづいたものでなければなりません。さらにまた『蝿の王』が示唆するように、力と正義が相まって、かろうじてもたらされた平和もきわめて脆《もろ》いものであり、それを維持するための不断の努力と幸運に恵まれてのみ維持されうるものであることも事実でしょう。しかし、それでも希望はあるように思います。甘すぎるはたして、ここにあのアテナイ軍の代表がいたとしたら、何と言うでしょうか。甘すぎると言われてしまうでしょうか。

（1）訳は、久保正彰訳『戦史』上・中（岩波文庫）による。他に、藤縄謙三・城江良和訳『歴史1・2』（京都大学学術出版会、西洋古典叢書）。

（2）訳は、加来彰俊訳『ゴルギアス』（岩波文庫）による。他に、中澤務訳（光文社古典新訳文庫）、三嶋輝夫訳（講談社学術文庫）など。

(3) カント『純粋理性批判』「先験的原理論」第二部、「先験的論理学」緒言〔一〕参照。

参考文献

トゥキュディデスについて

久保正彰『ギリシア・ラテン文学研究――叙述技法を中心に』第二部「ツキジデス『戦史』における叙述技法の諸相」、岩波書店、一九九二年

第8講　力と正義Ⅱ──ソフォクレス『フィロクテテス』と大政治のなかの個人

国際政治の苛酷な現実のなかにおける力と正義のかかわりが前講のテーマでしたが、ここでは、ソフォクレスの最晩年の作品とされる『フィロクテテス』をとり上げて、政治と倫理、目的と手段、組織と個人の関係について考えてみたいと思います。まず最初に、作品のあらすじを見ておくことにしましょう。

あらすじ

この作品はオデュッセウスとネオプトレモスの二人が、絶海の孤島レムノスに住む弓の名手フィロクテテスを連れ戻しにやって来るところから始まります。オデュッセウスは、ホメロス（前八世紀ころ）の叙事詩『オデュッセイア』の主人公として有名なあのオデュッセウスですが、この作品のなかではどちらかと言えば、悪役として描かれていると言ってよいでしょう。これに対して、ネオプトレモスは英雄アキレウスの息子で、純粋な若者として設定されています。フィロクテテスは弓の名手として知られる人物ですが、実は十年前、トロイア遠征途上のギリシア軍によって、その島にたった一人置き去りにされたのでした。その理由は、フィロクテテスが遠征途上で立ち寄った、レムノス島の近くのクリユセー島の神殿を守る毒蛇に足をかまれ、化膿した傷が放つ悪臭と彼のうめき声に同僚の兵士たちが耐えられなかったからです。いったんは足手まといとして見捨てたフィロクテテスを、オデュッセウスたちがわざわざ迎えにやって来たのは、オデュッセウスによって捕えられたトロイア方の予言者ヘレノスが、フィロクテテスとその弓――その昔、彼が英雄ヘラクレスから贈られた名弓――の力を借りなければトロイアを攻め落とすことはできないと予言したからでした。

かつての因縁から、フィロクテテスがとくに自分を憎んでいることを承知しているオデュッセウスは、島に到着すると一計を案じます。彼は自分の代わりに何も知らない若者ネオプトレモスを使ってフィロクテテスをだまし、トロイア行きの船に乗せようとたくらんだのです。これに対して、アキレウスの遺児であるネオプトレモスは詭計《きけい》を用いることを潔《いさぎよ》しとせず、正々堂々とフィロクテテスと渡り合うことを望みます。しかし、やはり若者、名声を餌に誘うオデュッセウスの巧みな言葉に乗せられて、計略の片棒を担ぐことになります。

久しぶりに人間の顔を見て大喜びのフィロクテテスは、ネオプトレモスがアキレウスの子であることを知ると即座に彼を信用し、その作り話を真《ま》に受けて、ギリシア行きの船、実はトロイアに向かう船に乗り込もうと、心もうきうき出発の準備に取りかかります。が、そのとき激痛の発作が彼を襲い、彼は弓をネオプトレモスの手に託したまま気を失って倒れてしまいます。

フィロクテテスが昏睡している間、船乗りたちは弓だけとって島をあとにするよう、しきりにネオプトレモスを促しますが、彼はそれを退けます。しばらくして意識を取り戻したフィロクテテスは、ネオプトレモスが依然としてそばにいるのを見て喜びますが、その無邪気な姿を目にしたネオプトレモスは、ついに欺瞞《ぎまん》に耐えられなくなって真相のすべてを打ち明けてしまいます。ネオプトレモスを信じ切っていたフィロクテテスの思わぬ告白に激高し、弓を返すよう求めます。フィロクテテスの要求に従って弓を返すべきかどうかネオプトレモスが思い悩んでいるところへ、物陰に隠れていたオデュッセウスが突如姿を現します。オデュッセウスはフィロクテテスがおとなしく言うことを聞かないのを見て、部下に彼を捕えるように命じますが、フィロクテテスの頑《かたくな》な態度に考えを変えると、弓だけを取り、フィロクテテス本人は再び置き去りにしようとします。

ネオプトレモスもまた、後ろ髪を引かれる思いを抱きながらオデュッセウスに従って、いったんその場を立ち去りますが、そのあとで思い直すと、弓を返す決心をして、元のところへ引き返します。そして、それを阻もうとするオデュッセウスと激しく対立します。両者共に刀に手をかけ一触即発の状態になりますが、その場はオデュッセウスが引き下がって事なきを得ます。オデュッセウスが立ち去ったあと、ネオプトレモスはなおも神託に従ってトロイア遠征軍に復帰するようフィロクテテスの説得に努めますが、最後には根負けし、逆にフィロクテテスの希望を入れて、二人してギリシアに戻るべく出帆しようとします。まさにそのとき、英雄ヘラクレスの霊が現れ、フィロクテテスに、トロイアに向かい、ネオプトレモスと「二頭の獅子」のように力を合わせてトロイアを攻め落とすべきことを説きます。頑固なフィロクテテスもほかならぬヘラクレスのこの言葉には素直に従い、ネオプトレモスとともにトロイア目指してレムノスをあとにするところで話は終わります。

以上があらすじですが、以下、三人の主要登場人物それぞれの言葉と行動――ロゴス（logos）とエルゴン（ergon）――について、順に検討してみることにしましょう。

策士オデュッセウス

右の三人のなかで最も問題的でもありながら興味ぶかい人物は、オデュッセウスかもしれません。ホメロスの作品に登場するオデュッセウスは武芸に秀で、おまけにいい男で多くの美女に思われ、家では貞淑な妻がひたすらその帰りを待ちこがれているという羨ましいようなヒーローとして描かれていますが、前にも述べたように、この作品ではすれっからしの悪役として登場します。彼の発言と行動はその巧みさと非情さにおいて、純粋な他の二人とは著しい対照をなしています。まず、彼の考え方を示す発言から見ていくと、作品の冒頭、彼はネオプトレモスに計画を打ち明けたうえで、次のように語りかけます。

いや、よくわかっている、ネオプトレモス、君は生まれつきこういう卑劣な言葉を口にしたり考えたりする男ではない。しかし、成功の甘い香りを知らないわけでもないだろう。ここで一つ決心するのだ。私たちが正義の士であることは、他の場合に証明できる。だが、今は今だ、一日とは言わない、ほんのしばらくのあいだ、恥を忘れて、私に任せてはどうだ。ここで功がなれば、あとは死ぬまで君はだれよりも正義を愛し神を尊ぶ人間として、世の中を通っていけるのだ。

（『フィロクテテス』(1) 七九〜八五）

何か、前講で見たアテナイ軍の代表の発言を思い出させるような言葉ですが、この発言によく表れているのは、オデュッセウスの人間心理に対する洞察と、恥や正義という言葉に代表される倫理に対する彼の便宜主義的な態度です。まず最初の点について言えば、オデュッセウスはネオプトレモスの生まれと人柄を考慮して頭ごなしに命令することは避けながらも、ネオプトレモスの内にも潜むであろう功名心を巧みに煽《あお》っています。名を挙げることに対する執着は一人ネオプトレモスに限らず、古代ギリシア人全般に共通する傾向ですが、この功名心に訴える戦略はネオプトレモスの場合には、とくに効果的だったと考えられます。というのは、おそらく彼は英雄アキレウスの息子として父に劣らぬ手柄をたてなければと、日ごろからプレッシャーを感じていたことでしょうし、また、そうでなくても功名心にはやる年ごろだからです。

二番目の倫理に関するオデュッセウスの態度については、先の言葉に続く両者のやり取りのなかでいっそう鮮明にされています。「私は卑怯な手だてで勝つよりも、正々堂々と戦って敗れるほうを潔しとするのだが」（九四―九五）とのネオプトレモスの予想どおりの答えを受けて、オデュッセウスは次のように言います。

さても気高い父の血をよく受けついだ。私も若いころは口べたで、すぐに手を出したがったものだ。しかし、いろいろな経験を積んだいま、世の中で先だつものは実力ではなく、舌一枚であることがわかってきた。（九六～九九）

さらに「あなたは、嘘を恥とは考えないのだな」（一〇八）というネオプトレモスの難《なん》詰《きつ》に対しても、「嘘をついても身が助かれば、恥ではあるまい」（一〇九）と平然と答えています。

これらの言葉のなかでオデュッセウスは、ネオプトレモスが体現する「若さ」のもつ純粋さに、自分の豊富な人生経験を通して得られた世知《せち》を対置することによって、いわば、世間知らずのお坊ちゃんとでもいったネオプトレモスの憤慨を軽くいなしています。このような百戦錬磨のオデュッセウスの強《したた》かさは、このやり取りの直後にもう一度、ネオプトレモスの功名心をくすぐり、まさに「舌先三寸」で「よし、やろう。恥にはいっさい目をふさごう」（一二〇）という答えを相手から引き出すことに成功した事実にも如実に表れています。

以上の場面でのオデュッセウスの言葉も印象的ですが、それ以上に強烈な印象を与えるのは、いったん姿を隠した彼が再び現れ、彼の卑劣さ、狡猾《こうかつ》さを罵倒《ばとう》するフィロクテテスに対して語る言葉でしょう。オデュッセウスはここでもまた、悪びれるふうもなく、平然と次のように言い放ちます。

> こやつの憎まれ口に答えるのは造作ないが、いまは一言しかいう暇がない。私は臨機応変の人間だ。正義の士、高潔な男が要るときには、私よりもその役にかなった人間は見あたるまい。あらゆることにただ成功することだけが、私の宿望だ。
>
> （一〇四七〜一〇五二）

ここでオデュッセウスは、はた目には節操の無さとも映りかねない変わり身の早さを、むしろ状況に対する高度な適応力として自賛しています。このような彼の考え方を一つの倫理、つまり状況倫理と呼ぶこともできるかもしれませんが、問題は、あらゆる手段を正当化するだけの大義名分が彼にあるかどうかです。この点に関して重要なのは、彼が三たび登場する場面で、ネオプトレモスとの言い争いのなかで口にする言葉でしょう。オデュッセウスは、自分の制止を聞かずに弓をフィロクテテスに返そうとするネオプトレモスを威嚇《いかく》して言います。

「君はアカイア人の怒りを恐れないのだな」　（一二五〇）

「ええ、勝手にしろ、この場は見逃してやるが、陣地の皆に知らせねばならん、アカイア人の裁きを覚悟しておれ」　（一二五七―一二五七）

以上の発言は、彼の目的とする成功が、必ずしも彼個人の利益だけに尽きるものではないことを示唆しているように見えます。つまり一見したところ、きわめて非倫理的に見える彼の行動も、あくまでも「アカイア人」つまり、トロイア遠征中のギリシア軍全体の命運とのかかわりのなかで計算されていると考えることもできるのです。オデュッセウスに好意的に解釈すれば、彼は倫理よりも政治を、個人よりも組織を優先し、何よりもギリシア軍全体の勝利を目指しているのだと言えるかもしれません。裏を返せば、彼は全体の利益のためならば、人をだまそうが何をしようが許されると考えているように見受けられます。

では、このような信念をもつオデュッセウスが実際にどう行動したか、次にそのエルゴン（行動）に目を向けてみることとしましょう。

すでに見たように、島に到着したオデュッセウスは自分自身でフィロクテテスに会うことは避け、直接の交渉役には初心《うぶ》なネオプトレモスを立て、自分はもっぱら陰で糸を引く役に徹しています。このような彼の行動は、緻密な計算と事を運ぶうえでの慎重さを物語るものですが、同時に彼の狡猾さを示すものでもあります。本来は、フィロクテテスを連れ戻す計画の責任者でもあるオデュッセウス自身がフィロクテテスに直接会って謝罪したうえで同道を懇請すべきところでしょうが、彼にはその誠意も度胸もないように見えます。

次に彼が登場するのは、ネオプトレモスがフィロクテテスから預かった弓を返すべきかどうか思い悩んでいる場面ですが、そこでオデュッセウスはネオプトレモスを制止するだけでなく、言うことを聞かないフィロクテテスを捕縛するよう部下に命じています。ここには彼の非情さと権力主義的な姿勢が覗いていると言ってよいでしょう。また、フィロクテテスの強情さを前にして一転、縄を解くよう命じはしますが、依然として弓を返そうとはしません。弓がフィロクテテスにとって食料を確保する唯一の手段であることを思えば、これもまた彼の冷酷さを示すものと言えるでしょう。

最後にオデュッセウスが姿を現すのは、弓を返す決意を固めたネオプトレモスを制止しようとして、彼と対立する場面です。ここでオデュッセウスは口論の末にいったん刀に手をかけますが、相手も刀を抜く構えを見せると、捨てぜりふを残して引き下がります。ここにも身の安全を優先する彼の性格が現れていると見ることができるかもしれません。

以上のような行動から見ると、オデュッセウスに対してあまり好意的になれない気がするのですが、あるいは、ここでドイツの社会学者マックス・ウェーバー（一八六四〜一九二〇）の術語を導入して彼を弁護すべきでしょうか。よく知られているように、ウェーバーは『職業としての政治』という講演のなかで「心情倫理」と「責任倫理」を区別し、心情の純粋さを尊び、結果については頓着しない前者に対して、政治における倫理的不整合、つまり善から善が、悪から悪が結果するとは限らず、往々にしてその逆が生じうるという事態を直視すると同時に、結果についての責任を全面的に引き受ける後者に共感を示しています。ウェーバーはまた政治を天職とする者に対して、人間の本性についての鋭い洞察力と、必要とあれば悪魔とも手を結ぶだけの覚悟を求めています[2]。はたしてオデュッセウスは、このようなウェーバー的基準を満たす天性の政治家と言えるでしょうか。

オデュッセウスのファンには申しわけないのですが、答えはノーであるように思われます。というのは、ウェーバーが真の政治家に求めているような目的と手段、行為とその帰結の間の緊張に耐えながらギリギリの決断を下すといった真摯《しんし》な態度は、作中のオデュッセウスにはまったく欠けているように思われるからです。

オデュッセウスに対してはだいぶ点が辛くなってしまいましたが、それでは他の二人についてはどうでしょうか。次にフィロクテテスの思想と行動について検討することにしましょう。

お人好しの一徹者《いってつもの》、フィロクテテス

一筋縄ではいかないオデュッセウスに比較して、フィロクテテスのほうはまことに単純素朴で愛すべき人間に見えます。初対面のネオプトレモスを旧友アキレウスの息子であるというだけですっかり信用し、命よりも大事な弓を預けたまま昏睡するなど、用心ぶかいオデュッセウスとは対照的に、人を疑うことを知らなさすぎるとも言えそうです。だからこそ、孤島に置き去りにされる憂き目も見る羽目になったのでしょうが、その苦い経験にもかかわらず、依然としてその人の好さに変わりはないようです。

フィロクテテスはネオプトレモス一行の姿を見つけるやいなや話しかけ、人恋しさをあらわにして、逃げ出さないよう彼らに懇願しています。そして、ネオプトレモスが自己紹介もしないうちから、彼に「せがれよ」と呼びかけています。また「友情」や「親愛」などとは無関係なオデュッセウスとは対照的に、その言葉には「友」(philos)「最愛の」(philtatos) などの表現があふれています。このことは彼の生来の人なつっこさを物語るものであり、そうした彼の性格は、これから彼をだまそうとしているネオプトレモスの気をますます重くさせたに違いありません。ついで、相手が自分の名前も知らないということを真に受けたフィロクテテスは大いに嘆いて、ネオプトレモス相手に自分の惨《みじ》めな境涯について物語りますが、ネオプトレモスからギリシア軍の大将アガメムノンやオデュッセウスによる不当な仕打ちについての話――実は作り話――を聞くと即座に同情し、一緒になって憤慨するのです。そして、憤慨したフィロクテテスの言葉のなかで興味ぶかいのは、彼が善人が滅び悪人が栄える世の中の不条理さを訴えていることです。彼は言います。

そうだろう、悪が滅ぶためしはない。神々は邪悪を愛し邪悪を育てる。そしてどういうわけか、無法なものや邪悪の染みついたものをわざと冥府から連れ戻し、善人や正義のものを次々に地上から闇の世界に追い落とす。神の御業をたたえようと思っても、神みずからが邪悪であれば、これはいったいどう考えればいいのだ。神の何をたたえよというのだ！（四四六〜四五二）

これは昔から神義論として知られる問題ですが、重要なのは彼がこの世の倫理的不整合に我慢ができないことです。このことは当然、目的のためには手段を選ばず、嘘や暴力も辞さないオデュッセウス的なマキャベリズムの拒否を意味しています。この点に関連してイースタリングという学者は、この作品の舞台となっている島そのものがフィロクテテスの潔癖さの象徴となっていること、また、彼が頑にそこに行くことを拒否するトロイアが卑俗な現実政治の象徴にほかならないことを指摘していますが、なかなか鋭い指摘と言えるでしょう(3)。

さて、フィロクテテスの単純さを反映してか、彼のロゴスには、先ほどの神の義をめぐる発言以外に、とくに興味をそそるものはないように思われます。むしろフィロクテテスに関して目を引くのは、彼の感情表現の激しさと、その行動の極端さでしょう。彼はネオプトレモスから帰国の船に乗せてもらう約束を取りつけると、それが嘘とも知らずに喜びを爆発させ、また劇の最後で、最終的に島を立ち去ろうとするときにも、それ以前の抵抗をすっかり忘れたかのようにご機嫌になります。これとは逆に、宿敵オデュッセウスを目にしたときには怒りに身を震わせ、再び弓を手にしたときにはオデュッセウスを射殺《いころ》そうとさえしています。またそれ以前に、オデュッセウスに弓を奪われたままあとに残されたときには、自殺を図ろうともしています。このように感情の起伏が激しく、あまりにも無邪気なフィロクテテスではありますが、その自分を偽ることのできない誠実な人柄に対して、ネオプトレモスのみならず、われわれもまた哀れみと親しみを感じるのではないでしょうか。しかし、だからと言って、彼のものの見方、感じ方が全面的に正しいということになるわけではありません。ネオプトレモスが最後まで彼をトロイアに連れて行くことに固執したように、われわれもまた彼が政治とのかかわりを一切拒否して故郷の田舎に引っ込んでしまおうとすることについては、若干、疑問を覚えるのではないでしょうか。

オデュッセウスの欠点が、現実政治にコミットするうちにすっかり権謀術数《けんぼうじゅつすう》に慣れっこになってしまって、何の倫理的葛藤も感じなくなっていることにあるとすれば、フィロクテテスのそれは、政治の醜さと組織の身勝手さを憎むあまり、自分もまた一個の「人間」として共同体の一員であることすら忘れてしまっている点にあると言えるでしょう。イーースタリングも指摘するように、「トロイア」は一方においてオデュッセウスに代表される陰謀と策略の渦巻く卑俗な現実政治の象徴でありながら、他方においては、鳥や獣しか相手のいなかったフィロクテテスが再びそこに戻り、傷ついた心身を癒《いや》す場所としての人間社会の象徴でもあるのです。彼の全人格的な癒しは、孤立をさらに深めることによってではなく、社会との紐帯《ちゅうたい》を回復することによって初めて達成されるのです。

このようにオデュッセウスもフィロクテテスも共に欠点を抱えているのですが、それではもう一人の主役、ネオプトレモスはどうでしょう。

成長するネオプトレモス

ネオプトレモスの場合、前の二人以上に言葉と行為が不可分なしかたで結びついているので、ここでは両者を合わせて検討することにしましょう。まず彼の発言と行動を一貫して特徴づけるものは、その高潔さです。冒頭の場面で、オデュッセウスの策略を打ち明けられたネオプトレモスは次のように答えます。

オデュッセウス、いまの言葉、聞いているだけでも苦しいのに、それを行うことなどとても私にはできない。私は策謀をめぐらすたちではない。私はもちろん、聞けば私の父もそんな人間ではなかった。たくらみを捨てて力ずくでいくのなら、私は喜んでその男をとらえてこよう。いくさとなれば、一本足の男は到底われわれの人数の敵ではない。
しかしあなたの助勢《たすけ》としてとにかくここまで来たのだから、裏切り者と呼ばれることだけは私もいやだ。ただオデュッセウス、私は卑怯な手だてで勝つよりも、正々堂々と戦って敗れるほうを潔《いさぎよ》しとするのだが。（八六〜九五）

この言葉には、策を弄することを嫌う彼のまっすぐな性格がよく出ていますが、同時に見落としてならないのは、彼がオデュッセウスの考えに反対しながらも、自分を単なる一個人としてではなく、あくまでもフィロクテテスを連れ戻すギリシア方の計画遂行の一翼を担う者として位置づけていることです。彼が異を唱えているのは、目的としてのフィロクテテス連れ戻しそのものではなく、その手段の是非をめぐってなのです。

このようなネオプトレモスの反発に対して、すでに見たようにオデュッセウスは相手の気持ちに対する理解を示しながらも、ネオプトレモスの若さに自分の経験を対置して、命令に従うよう諭《さと》すのです。オデュッセウスからすれば、「嘘も方便」もまた、経験がもたらした知恵のひとつなのです。

両者のやり取りからは、人生経験に乏しい一本気な若者と老獪《ろうかい》な大人という構図が浮かび上がってきますが、ネオプトレモスの若さもしくは未熟さは、この直後に功名心に誘われて「よし、やろう、恥にはいっさい目をふさごう」（一二〇）と、あっさり前言をひるがえしてしまうところにも表れています。そして当初、いささか期待はずれな印象を与えるネオプトレモスが劇の展開とともに成長していくところに、この作品のひとつの主題を見ることは正しいでしょう。しかし実は、この出だしの部分においても、彼がマクロな政治――これを大政治と呼ぶことにしましょう――へのまなざしをもち、自分たちの行動をその一環として把握していることは注意されなければなりません。この点において彼は最初から最後まで、父親のごとき年齢の――そして父親のごとき親愛の情を彼に対して見せる――フィロクテテスなどよりもはるかに大人なのです。

ネオプトレモスの高潔さは冒頭のオデュッセウスとのやり取りをはじめとして、「恥ずべきこと」（aischron「醜いこと」とも訳せる）、「恥」（aischynê）という言葉を多用していることからも知られますが、彼の言行を通してあらわにされるもう一つの重要な特質は、その深い同情心です。フィロクテテスを首尾よくだまして船に伴う直前、発作に襲われた彼を目の当たりにしたネオプトレモスは、「さっきからのあなたの苦しみを見て、私も苦しくてたまらない」（八〇六）と語っています。もちろん、ネオプトレモスの苦しみはフィロクテテスの肉体的苦痛に対する同情のみに発するものではなく、自分自身の精神的葛藤をも含むものでしょうが、それは相手の苦痛の甚大さに対する共感によって、いっそう増幅されたはずです。ついに偽ることに耐えかねて真相を告白し、フィロクテテスに罵倒されたあとになっても、ネオプトレモスは配下の船乗りたちとの会話のなかで、「私は初めから憐れみに打たれ、苦しんでいたのだ。今になって心が揺らいだのではない」（九六五～九六六）と語っています。

このようなネオプトレモスを見てオデュッセウスは、「早く来ないか、奴のほうを見てはいかん。君は育ちが良いだけにしっかりしないな。われわれの機会をのがしては駄目だ！」（一〇六八～一〇六九）と叱咤《しった》します。これに対してネオプトレモスは、オデュッセウスから「情にもろい」（一〇七四）と言われることを承知で、船乗りたちに、いま少しフィロクテテスのもとに留まることを許すのです。しかし同情心に富む彼ではありますが、先ほども述べたように私情だけで行動しているわけではありません。彼が自分たちの行動を大政治の枠組みのなかでとらえていることはすでに見ましたが、ネオプトレモスの告白に激高し、弓の返還を求めるフィロクテテスに対しては、「いや、それはならん。正義を思い、わが身を思えば、私は命令どおりにするほかない」（九二五～九二六）と答えています。そして実際、彼もまたいったんはオデュッセウスとともにフィロクテテスを残したまま、船に乗り込もうとするのです。

では、そのネオプトレモスが思い直し、オデュッセウスの制止を振り切ってまでも弓を返す決心をしたのはどういう理由からでしょう。そのような行動に出ることはギリシア軍の勝利という大目標の達成を危うくするものであり、大政治に対して目を閉ざすことにはならないでしょうか。答えはむしろ逆であるように思われます。

もちろん、彼が弓を返却しなければならないと考えた第一の理由は「私は恥を忘れ、正義にもとった手段でだましとったのだ」（一二三四）という倫理的反省からです。ここで言われる「正義」はギリシア軍の勝利という大目標達成にとっての有効さという手段的価値ではなく、個人間の信義を守るといった道徳的義務を意味しています。しかし注目されるべきなのは、ネオプトレモスにとって、このような道徳的義務を果たすことが決して大政治と対立するものとは考えられていないことです。

彼の望みはフィロクテテスが怒りを解き、人の助言に耳を傾けるとともに、ヘレノスの予言に示された神の意志に従って、ネオプトレモスと「二頭の獅子のごとくに」力を合わせてトロイアを攻め落とすことなのです。ここに至って初めてネオプトレモスは予言の真の意味を悟り、トロイアを落とすためには弓だけでは十分でなく、大目標達成のためには予言どおりにフィロクテテスその人も連れ帰らなければならないことを確信したのだと言えるでしょう。あるいは彼はフィロクテテスの実直な人柄に接して、ギリシア軍にとっても自分にとってもフィロクテテスその人の力が不可欠であることを痛感し、改めて予言の正しさを認識したのかもしれません。このことからすればネオプトレモスは弓を返すことによって大政治に目を閉ざしたのではなく、むしろ、それに対する目を開かれたがゆえに弓を返す決意を固めることができたのだと言えるかもしれません。

オデュッセウスのように、ギリシア軍全体の目的達成のために、あらゆる人間を単なる手段として使い捨てにすることは、仲間の間に不信感と対立——ギリシア人が最も忌み嫌った「内紛」(stasis)——を生みだし、結果的にギリシア軍の勝利という大目標の達成を困難にするかもしれません。いわゆる政治のプロを自称する人びとが、一見、政治に通じているようで実はそうでない可能性もあるのです。これに対して、ネオプトレモスのように個人間の信義と友情を大切にする者のほうが味方の結束を高め、大目標の達成を可能にするかもしれないのです。

ただ、ここでわれわれはまた新たな難問に直面します。それは、このように正しい洞察をもったネオプトレモスが、どうしてフィロクテテスの頑固さに屈して、いったんはトロイアへ向かうことを断念し、ギリシアに戻ることに同意してしまったのかということです。幸い劇のなかではヘラクレスが登場し、内容的にはネオプトレモスとほぼ同じことを言いながら、フィロクテテスとの間の特別な絆《きずな》のおかげで説得に成功し、ネオプトレモスはフィロクテテスともどもトロイアに向かうことになります。しかし、もしヘラクレスの介入がなければ、どうなっていたことでしょう。その場合、ネオプトレモスは自分が正しいと考える政治目標、つまりギリシア軍の勝利という目標を断念し、心ならずも大政治に背を向ける結果に終わらざるをえなかったことでしょう。このことは何を意味するのでしょうか。ネオプトレモスの見解もまた、それだけでは不十分、もしくは無力であることを示唆しているのでしょうか。

確かに、現実の世界ではネオプトレモスのように高潔で、しかも勇気と思いやりにも富む優れた人物が現れたとしても、ヘラクレスのように救いの手を差し伸べる者もないまま、現実のなかで妥協に妥協を重ねることを余儀なくされ、いつしか当初の目的も見失ってしまうケースが少なくないかもしれません。ペロポネソス戦争末期の敗色濃厚なアテナイの政治状況のなかで、かつて将軍職《ストラテゴス》も経験したことのある作者ソフォクレスは、当然そのような現実の厳しさを十二分に知りぬいていたはずです。にもかかわらず、ここでソフォクレスはネオプトレモスという人物を通して、政治と人間のあるべき姿を描こうとしたと見ることはできないでしょうか。

アリストテレスによれば、ソフォクレスは、あるがままの人間を描いたエウリピデス(前四八五ころ~前四〇六ころ)に対して、自分はあるべき人間の姿を描いたことを自負していたとされますが、(4)この作品もまたその自負の正当性を裏書きしていると思われるのです。

（1）訳は、久保正彰訳「ピロクテテス」（『ギリシア悲劇II』「ソポクレス」所収、ちくま文庫）による。以下の引用も同書による。
（2）脇圭平訳、マックス・ウェーバー『職業としての政治』（岩波文庫）を参照。
（3）P. E. Easterling, "Philoctetes and Modern Criticism", *Illinois Classical Studies*, III, 1978, p. 36.
（4）アリストテレス『詩学』1460b33〜35参照。同書の邦訳としては、松本仁助・岡道男訳『アリストテレース詩学・ホラーティウス 詩論』（岩波文庫）、三浦洋訳（光文社古典新訳文庫）などがある。

第9講　徳と悪徳Ⅰ――プラトン『ラケス』と勇気への問い

これまでにとり上げた悲劇作品に登場した主人公たちは、いずれも強烈な個性の持ち主でしたが、それだけに留まらず、また人並み以上の勇気の持ち主でもあったように思われます。オイディプスにしても、かなり早い段階で自分がライオス殺しの犯人であることを予期していたように思われますが、それにもかかわらずイオカステの必死の制止も振り切って、真相の解明に突き進んでいきます。またアンティゴネーの場合も、クレオンに逆らえばどういう仕打ちが待ち受けているか、おおよそ察しがついたはずです。妹のイスメーネーが忠告したとおり、おとなしくしていれば恙《つつが》なく従来どおりの生活を送り、婚約者のハイモンとの甘い新婚生活をエンジョイすることもできたはずです。それにもかかわらず、彼女もまた、わざわざ自分の一身上の幸福を犠牲にしてまでポリュネイケスを弔おうとしたのでした。

この二人の例は、人が時として自分の幸福や命を危険にさらしてまでも、より大切だと思うもののために行動することがあることを示しています。われわれは普通、このような行動を勇気ある行動、あるいはその人物を勇気がある人と呼びます。しかし、それでは何か危険な行動をしさえすれば、それだけで勇気があることになるのでしょうか。卑近な例を挙げれば、厳寒の冬山に軽装で登山したり、時速二百キロで高速道路をすっ飛ばすことが勇気の証明になるのでしょうか。それはむしろ無謀と言うべきものです。しかし、そもそも勇気と無謀を分けるものは何なのでしょう。このような問いについて、最も深く理論的に追求したのが、これからとり上げるプラトンの作品『ラケス』なのです。そこで早速、このあまり有名ではないものの、プラトン対話篇の典型とも言うべき作品を紐解《ひもと》いてみることにしましょう。

二人の父親と息子の教育

この作品は、年ごろの息子をもつ二人の父親が、ラケス（前四七五ころ〜四一八ころ）とニキアス（前四七〇ころ〜四一三）という将軍を招いて武芸の実演を見物しているシーンから始まります。武芸というのは、世界史でも習ったあの重装歩兵と同じ装備、つまり鎧甲《よろいかっ》冑《ちゅう》に身を固め、剣や槍や楯をもって戦う競技ですが、この武芸を息子たちに学ばせるのが望ましいかどうかを知りたくて、父親たちは二人の将軍を招いたのでした。それというのも、彼らは息子たちに優れた教育を与えて、立派な人間に育てたいと切望していたからです。父親の一人であるリュシマコスは次のようにその熱意を披瀝《ひれき》します。

ところで私たちは次のように決心したのです。すなわち、この二人の息子たちのために精一杯の配慮をしてやるということ、そして大多数の人がまさにやっているように、息子たちが若者になったとたん、手綱《たづな》をゆるめて彼らのしたい放題にさせるのではなく、今こそ、私たちの力の及ぶかぎり、彼らのために配慮してやることに取りかかろうと決心したのです。

（プラトン『ラケス』(1) 179 a）

現在の日本でも、大学に入るまでは口やかましく勉強しろと言う親は多くても、いったん大学に入ってしまうと、あまり関心をもたなくなる場合が少なくないようですが、この二人の父親は、逆に息子がそのくらいの年齢になった今こそ、本格的な教育に取り組もうというわけです。彼らがそう思うに至ったのは、自分たちが父親たちほど有名になれなかった原因が、息子たちと同じ年ごろに遊んでしまったことにあると考えているからです。そして息子たちに自分たちの失敗を繰り返させないために、ぜひ立派な教育を施してやらなければならないと決心したのです。ただ問題は、何を学ばせたらよいのかということでした。その点についてアドバイスを受けるために、将軍たちを呼んだのです。実はそこにはソクラテスも同席していたのですが、最初、彼らはソクラテスの意見を求めることは思いつかず、二人の将軍に言われてはじめて、ソクラテスにも相談に加わってくれるように頼みます。

心のアドバイザーになるための資格

さて、新たにソクラテスも加わって、いよいよ教育談義が始まりますが、若者が学ぶにふさわしい学科の最初の候補として挙がった重装武芸の評価について、将軍たちの意見は分かれます。ニキアスがその効用を称賛して勧めたのに対して、ラケスのほうはそれがいわば畳の上の水練にほかならず、役に立たないどころか、かえって危険なこともあるとして反対します。困ったリュシマコスはソクラテスの意見を求めますが、ソクラテスは、学ばせるべきかどうかを単なる多数決で決めるべきではなく、この問題に関する識者、専門家の意見に従うべきだと述べます。では、教育に関する専門家とはどういう人物のことなのでしょう。その専門家の資格とは、いったい何なのでしょう。

ソクラテスによれば、ここでの教育とは若者たちの心（psychē《プシューケー》）を最も優れたものにするということにほかなりません。そうだとすれば、教育の専門家とは、心についての専門家だということになります。

ソクラテス「われわれは今、若者たちの心のために、学科について考察しているのだと主張するでしょうか」

ニキアス「いかにも」

ソクラテス「そうだとすると、われわれのなかのだれかが心を世話することにかけて専門的技術をもった者であるかどうか、そしてそれについて立派に配慮することができるかどうか、またいだれに優れた先生がいたか、その点について考察しなければなりません」（185e）

最後のソクラテスの言葉に対して、ラケスは適切にも独学で優れた専門家になった人物もいることを指摘します。それに対してソクラテスは、その場合も衆目の一致して認める優れた作品、この場合で言えば、その人のおかげで実際にだれもが立派と認める人物になった人を挙げることができなければならないとします。そして自分については、そのいずれの条件も満たしておらず、心についての専門家の資格がないことを述べたうえで、自分よりも見込みがありそうな二人の将軍にその点を問いただすようリュシマコスを促します。ソクラテスの話を真《ま》に受けたリュシマコスは、年寄りの自分ではなく、ソクラテスを相手にその点について議論してくれるよう二人に頼みますが、ニキアスは、それが実は大変な要求にほかならないことを打ち明けて次のように述べます。

私には、あなたが次のことをご存知ないように思われるのです。つまり、だれでもソクラテスの間近にあって対話を交わしながら交際しようとする者は、たとえ最初は何かほかのことについて対話を始めたとしても、彼に議論（ロゴス）によって引き回され、ほかならぬ自分自身について、〈現在どのようなしかたで生きており〉、また〈すでに過ぎ去った人生をどのように生きてきたのか〉について説明することを余儀なくされる羽目に陥るまでは、決して対話を終えることはできないのだということをです。またいったんその人がそういう羽目に陥るならば、ソクラテスは以上の点のすべてにわたって、十全かつ立派に吟味し尽くすまで、彼を釈放することはないだろうということもご存知ないようです。（187e～188a）

ここでニキアスは、ソクラテスのロゴスに含まれる二つの重要な特質を的確に指摘しています。すなわち、その一つはその議論が決して他人事では済まず、自分自身の過去・現在の生き方そのものに直接かかわってくるということ、もう一つはその議論の徹底性と執拗さです。一度ソクラテスと議論を始めたら、スッポンにかみつかれたも同然、勘弁してくれと言ってもなかなか放してくれないのです。しかし、ニキアス自身はそんなソクラテスとつき合うのは決して嫌ではないと言います。

私はと言えば、この人とは親しい間柄でもあるし、人が彼によってそうした目に遭《あ》わされるのは避けられないことだということ、さらにまた自分がそうした目に遭うだろうということを自分自身よくわかっているつもりです。というのもリュシマコス、私はこの人とつき合うのが嬉しいし、また自分がこれまで立派に事を行ってこなかった、あるいは現在行っていないということを思い起こさせられるということは、なんら悪いことではないからです。いや、そうしたことを避けずに、老年が分別をもたらすなどと思わず、ソロン（前六四〇ころ〜前五六〇ころ）の言葉に従って、生きているかぎり学ぶことを望み、重んじる者は、これからの人生においてより慎重で思慮に満ちた者になることは必然だと思うからです。（188a〜b）

なかなか殊勝な心がけと言うべきでしょうか。しかし実はこの言葉には、前に見たオイディプスやクレオンの言葉にも劣らない皮肉が隠されているのです。というのは、ニキアスはその後アテナイのシケリア（今日のシシリー島）遠征――この遠征に彼は反対だったのですが――の指揮官の一人に選ばれ、彼の判断ミスによって退却の最後の機会を逃したアテナイ軍はほぼ全滅し、彼もまた処刑される運命にあったからです。他方、この作品が書かれたのはペロポネソス戦争の終結（前四〇四年）から十年以上たってのことと推定され、著者プラトンは当然その後のニキアスの運命を知ったうえで、このように語らせていることになります。なるほどニキアスは慎重でもあれば、シケリア遠征の無謀さを見抜く思慮もそなえていたのですが、決定的局面で判断を誤ったことを思えば、この言葉は痛烈な皮肉と言えるでしょう。

勇気とは何か——ラケスとニキアスの答え

さて、ニキアスに続いてラケスもまたソクラテスと対話を喜んで交わす用意があることを表明し、それを受けてソクラテスは資格審査の新たな基準を提案します。それは先生がいたか、優れた作品があるか、という書類審査的なものではなく、そのものずばり、はたして心を優れたものにする理由としての徳について、それが何かを知っているかというものでした。そして、ここがソクラテス的とも言えるのですが、もし人が何かを知っているとすれば、それが何であるかについて言葉できちんと説明できるはずだとしています。したがって、もしラケスやニキアスが若者の教育についての識者であるとするならば、彼らは「徳が何であるか」、その本質について説明できることになります。

そこで、ソクラテスによる二人の将軍の資格審査が開始されることになるのですが、ソクラテスは徳にもさまざまなものがあってその全体を扱うのは大変だとして、その一部分だけに的《まと》を絞って話を進めることを提案します。そして彼が選んだのは、いま話題になっている武芸と最もかかわりが深いと思われる徳、すなわち勇気でした。はたして二人の将軍が「勇気とは何か」を知っているのかどうか、いよいよテストが始まります。まずラケスが答えます。

ラケスの答え

では、ラケスはどう答えたでしょう。彼は自信満々に断言します。

ソクラテス、ゼウスに誓って、それを言うのは少しも難しいことではないよ。というのも、だれかが隊列に踏みとどまって敵を防ぎ、逃げださないとするならば、いいかね、その者は勇気があるのだ。（190e）

そんなの簡単、簡単というわけです。ところがソクラテスのほうは、どうも不満のようです。彼は自分の質問のしかたが良くなかったことを詫びながら、次のように言います。

あなたがうまくお答えにならなかったのは、もとはと言えば私がうまく質問しなかったのですから、私に責任があるということ、——というのも、私としては重武装での戦闘において勇気のある人だけでなく、騎馬戦や戦《いくさ》に関することの全領域において勇気のある人、さらにまた戦に関することにおいて勇気のある人のみならず、海に関する危険において勇気のある人びと、また病気や貧乏や国政にかかわる事柄に関して勇気のある人びとのすべて、さらにまた、苦痛やあるいはまた恐怖に関して勇気のある人びとだけではなく、欲望や快楽に対しても闘うこと——その場に踏みとどまったり、身を翻したりしながら——において腕の立つ者のこともまた、あなたからお聞きしたいと思っていたものですから。ラケスさん、実際、だれかそのような事柄において勇気のある人びともいるようですから。（191c7〜e2）

ここでソクラテスは、勇気というものが戦場だけに限られるものではなく、あらゆる危険と恐怖、また欲望や快楽との戦いにもかかわるものであることを言おうとしているように思われます。そして彼が求めているのは、勇気がそのように人生のさまざまな局面において発揮されるものでありながら、それにもかかわらず等しく同じ勇気という名で呼ばれることを可能にしているその共通の性質、本質を言い当てることなのです。それはラケスの理解を助けるためにソクラテスが示している例で言えば、さまざまな場面における「速さ」、たとえば速く走ったり、速く話したりといった速さを、「短時間の間に多くのことを成し遂げる能力」として一括して把握することなのです。

そこでラケスはソクラテスのお手本にならって、まず勇気の本質を「心の一種の忍耐強さ」と規定します。ところが本来、美しく立派なものであるはずの勇気に思慮を欠いた醜い忍耐強さも含まれるのはおかしいと指摘され、さらに「思慮を伴った忍耐強さ」と言い直します。問題はその「思慮」の中身です。はたして勇気の本質を構成する思慮とはどのようなものなのでしょう。この点を解明すべく、ソクラテスはさまざまな具体例を挙げてラケスの見解を質《ただ》します。たとえば、ある人が最初は損をしても将来必ず儲かることを知って辛抱強く投資し続ける場合、その人を勇気があると呼ぶかと訊《たず》ねます。これに対するラケスの答えはノーでした。続いてソクラテスは、肺炎の患者が病気によくない食物や飲み物をせがんだ場合に断固として拒否しつづける医師について訊ねます。これに対する答えもノーでした。この二つの例は比較的単純と言えそうですが、次の場合はもう少し複雑になります。ソクラテスは重ねてラケスに問います。

それでは戦争において、次のような状況を思慮ぶかく計算しながら、忍耐強く踏みとどまって闘おうとする者についてはどうでしょうか。すなわち、彼はほかの者たちが彼に味方しに来るということ、また彼自身が組んで闘う味方よりも、数においても質においても劣った者たちを相手に闘うことになるということ、さらには自分が有利な場所に陣取っているということを知っているのですが、そのような思慮と態勢を備えたうえで忍耐強く踏みとどまっている者のほうが、敵方の軍勢のなかにあって踏みとどまり、なんとか持ちこたえようとしている者よりも勇気があると、あなたはおっしゃるでしょうか。（193a）

ここでは二人の指揮官もしくは兵士が対比されています。一人は自分たちのほうが絶対的に有利な立場にあることを知ってじっくりその場に腰を据えており、他方は圧倒的に不利な立場に置かれているにもかかわらず、あえてその場に踏みとどまって闘おうとしているとされます。はたしてどちらのほうが勇気があると言うべきなのでしょうか。ラケス自身は、後者、つまり不利を承知で闘う者だと答えます。ところが彼は、この後の者のほうが勇気はあるが思慮には欠けることを認めてしまったために、前に自分が出した「思慮ある忍耐心」が勇気であるという主張をみずから否定する結果になってしまいます。

ソクラテスはさらに他の例を挙げて質問を続けていますが、とりあえずは以上の三つの例だけでも充分だと思いますので、ここで少しこれまでのやり取りから浮かび上がってきたポイントを整理してみましょう。

まず最初に出てきた投資家や医師の例ですが、ラケスが彼らのことを勇気があると言わなかったことから見ると、ラケスは彼らの思慮の実質をなす職業的な知識と勇気は別物だと考えていたように思われます。また「忍耐強く」と言われてはいますが、医師の場合はともかく、最初の投資家の場合は別につらいのを我慢してと言う必要もないことを思えば、単に長期間にわたって投資し続けるということにすぎず、忍耐強くと言うこと自体が不適切だとも言えそうです。そして、この点では三番目の例に出てきた一人目の指揮官についても同じことが言えるように思います。さらに以上の三人に共通するのは、あまり、もしくはほとんど生命の危険がないということでしょう。

これに対してもう一人の指揮官のほうは、まったく話が別です。彼の場合は圧倒的に不利な状況に置かれ、命を失う可能性はきわめて高いと言わなければなりません。それにもかかわらず彼がそこに踏みとどまるためには、相当の忍耐強さ、あるいは頑張りが必要になるでしょう。しかし、そもそも何ゆえに彼は玉砕覚悟でそこに留まるべきだと考えたのでしょう。ラケスはこの人物について、勇気はあるが思慮はないと言いました。おそらく彼は形勢が有利か不利かについての見通しを欠いているといった意味で、そのように言ったのでしょう。しかし、仮にこちらの指揮官が戦況についての判断を誤っているとすれば、彼は味方のほうが有利だと錯覚してそこに踏みとどまっていることになり、単に愚かなだけで、とくに勇気があるという必要はなさそうです。これに対して、彼が戦局について的確な判断をもっていたとすれば、この人物をその場所に踏みとどまらせている何か別の思慮が働いているのではないでしょうか。この点をさらに掘り下げることが、これに続くニキアスとの対話の中心になります。

ニキアスの答え

もともとこうした議論の苦手なラケスがギブアップしたあと、今度は知性派のニキアスがソクラテスに答えることになります。さて、ニキアスはどう答えたでしょうか。

その答えは、勇気とは「戦争ならびにそれ以外のあらゆることにおける〈恐ろしいことと平気なことについての知識〉」であるというものでした。要するに勇気とは、「恐ろしいことと平気なことについての知識」だということになります。これを聞いたラケスは、対抗意識をむきだしにして攻め立てます。彼は病気に関して「恐ろしいこと」を知っているのは医者であるにもかかわらず、だからと言って、医者がそれだけで勇気があることにはならないこと、また農作についての「恐ろしいこと」を心得ている農夫に関しても同様であることを指摘します。ところがニキアスは落ち着いたもの、ラケスの反論にも一理あるのではないかと言うソクラテスに対して、それを否定して次のように述べます。

というのは、彼（ラケス）は、医者が病人たちに関して、健康的なものと病的なものを指摘することができること以上のことを知っていると思っているからだ。だが実際、彼らはそれだけのことを知っているにすぎないのだ。ある者にとって、健康であることのほうが病んでいることよりもいっそう恐ろしいかどうかということ、ラケス、君はまさにそのことを医者が知っていると考えているのかね。それとも君は、多くの者にとっては病から回復しないほうが、回復するよりもよいとは思わないのかね。さあ、その点について答えたまえ。君はすべての者にとって生きているほうがよいと主張し、死んでしまうほうがよい人間が多くいるとは主張しないのかね。（195ｃ～ｄ）

さすがはニキアス、慌てるどころかすかさず逆襲しています。攻めあぐねたラケスはニキアスの答え方が潔《いさぎよ》くないとして人格攻撃を始めますが、それを制して今度はソクラテスが直接ニキアスに質問します。彼はニキアスに、仮に医者も予言者も自分の専門とする知識に加えて、さらに「恐ろしいことと平気なこと」についての知識をもつのでなければ勇気があることにはならないとすると、それは何かたいへん高度な知識であって、ごく少数の人間しかもつことができないものであり、またもし実際にそうだとすれば、一般に勇気があると見なされているライオンやヒョウのような猛獣はそのように高度な知識をもてるほどに頭がよいか、さもなければ勇気がないことになるのではないか、と訊ねます。これを聞いたラケスはすっかり喜んで、ニキアスに返答を迫ります。

神々に誓って、いやまったく見事に言ってくれたよ、ソクラテス。さあニキアス、次の点について、ほんとうのところをわれわれに答えてくれたまえ。はたして君は、われわれの全員が勇気があると同意しているそれらの獣たちは、われわれよりも知恵があると主張するのか、さもなければ全員に反対して、あえてそれらの獣を勇気があるとは言わないのか、どちらなのかをね。（197a）

何か喜色満面のラケスの顔が目に浮かぶようですが、今度もまたニキアスはまるで子どもに諭《さと》すかのような口ぶりで言います。

ラケスよ、僕としてはおそらく獣のことを勇気があるとは言わないだろうし、無思慮であるために恐ろしいことも恐れないほかのどんなものについてもそうは言わずに、怖いもの知らずの愚か者と呼ぶことだろう。それとも君は小さな子どもたちのすべてについても、僕が勇気があると言うとでも思っているのかね。彼らは無思慮のゆえに何ひとつ恐れないのだが。そうではなくって、僕の思うところでは、〈恐れを知らないということ〉と〈勇気があるということ〉とは、同じではないのだ。僕としては、勇気と先慮にはきわめて少数の者があずかるにすぎないのに対して、向こう見ずとか大胆さとか先慮を欠いた怖いもの知らずについては、男であれ、女であれ、子どもであれ、獣であれ、そのきわめて多くのものがそれにあずかるのだ。君や大衆が勇気があるというそれらのものを、僕は向こう見ずなものと呼び、対するに、僕が言ったことに関して思慮に満ちたものを勇気があるものと呼ぶのだ。（197a〜c）

なかなか見事な答えと言ってよいでしょう。ただ、ニキアスがそれを恐れるべきだとする「恐ろしいこと」の内実は、依然として曖昧なままに留まっているように思われます。

そこでまさにこの「恐ろしいこと」あるいはそうではない「平気なこと」がいったい何を指すのかについて、ソクラテスによる吟味が始まります。そして、ソクラテスは「恐ろしいこと」とは「これから生じる悪いこと」であり、「平気なこと」とは「これから生じる善いこと」であるとして、ニキアスのいう勇気の定義が正しいとすれば、それはもっぱら未来にかかわることになるのに対して、他方、もし勇気がほかの技術知と並ぶ知識であるとすれば、未来のみならず過去・現在も含めた「あらゆるあり方の、あらゆる善いことと悪いことについての知識」にならざるをえないこと、またもしそうだとすれば、今度はすべての徳を包括するものとなってしまい、徳の一部分としての勇気そのものについては発見できなかったことになると結論します。

対話篇の最終部をなすこの部分の議論は、今日活字で読む専門家も苦労するほど込み入っており、これを耳で聞いたニキアスがほとんど頷《うなず》くばかりだったのも理解できます。しかし、よく考えてみると、途中で異論を唱えることもできたように思われます。たとえば、もともとニキアス自身は、彼のいう知識を医術や農作に関する技術と同一レベルのものとはとらえていなかったのですから、ソクラテスがほかの技術をもちだしてきた時点で待ったをかけることもできたはずです。しかし、まさに彼にそのようなシャープさを与えていないところに、作者であるプラトンのニキアスに対する評価が示されているのかもしれません。いずれにしても、ニキアスはいい線まで行きながら、真に「恐ろしいこと」とは何

古代劇場跡があるシラクーサの遺跡

か、真の勇気に必要とされる思慮とは何かを明らかにするには、もう一歩届かなかったようです。この点については、次講で取り上げるアリストテレスが明らかにしてくれることを期待することにしましょう。

シラクーサの風

さて、前にも述べましたように、ニキアスという人物は皮肉なことに自分が反対したシケリア遠征の指揮官に選ばれ、シュラクサイ（今日のシラクーサ）で捕虜となり、処刑されたのですが、実は私も一度、そのシラクーサを訪れたことがあります。シラクーサは前四世紀に入り、独裁者ディオニュシオス一世のもとで繁栄し、プラトンや、のちにとり上げるアリスティッポスなどもたびたび訪れています。島の北西部にある州都のパレルモなどに比べてはるかに南国的で、豊かな緑にレモンの黄色が映える美しい街です。今でも海を見下ろす丘に立派な古代劇場がのこり、その手前には捕虜になったアテナイ兵たちが閉じ込められたとも言われる広大な石切場と、「ディオニュシオスの耳」と呼ばれる大きな洞窟があります。海に面した部分は湾のようになっており、前四一三年、出口をふさがれたアテナイの軍船はそのなかに閉じ込められてしまったのでした。私は港の岸壁に腰を下ろして、四方を敵に囲まれ、もはや打つ手のなくなった敗軍の将ニキアスの胸中を思いました。撤退時期についての彼自身の判断ミスもあったとは言え、もとはと言えば、自分がその無謀さを説いて反対した大遠征の夢に取り憑《つ》かれた「怖いもの知らずの愚か者」たちの夢の果てを目の当たりにして、ニキアスの胸に去来したものはいったい何だったのだろう、——海からの春風に吹かれながら、ふとそんなことを考えたのでした。

（1） 訳は、三嶋輝夫訳『ラケス』（講談社学術文庫）による。表記および訳文に若干変更を加えた箇所がある。

参考文献

プラトンの対話篇形式について

納富信留『プラトン――哲学者とは何か』NHK出版、二〇〇二年
内山勝利『対話という思想――プラトンの方法叙説』岩波書店、二〇〇四年

『ラケス』について

加藤信朗『初期プラトン哲学』東京大学出版会、一九八八年

第10講　徳と悪徳Ⅱ――アリストテレスの勇気論

前講では、プラトンの対話篇『ラケス』をとり上げ、勇気とは何かについて考えてみました。最初は自信たっぷりに見えたラケスとニキアスの二人でしたが、ソクラテスの吟味を受けるうちに、ついに最初の自信もどこへやら、袋小路に入り込んでしまったのでした。第1講で『ソクラテスの弁明』をとり上げたおりに、人びとに無知を自覚させることがソクラテスの重要な使命であったことを見ましたが、『ラケス』のなかでソクラテスが行っていることも、その一例と見ることができるかもしれません。二人の将軍は自分たちが「勇気とは何か」を知っていると思っていたものの、いざ、きちんと言葉でその本質を説明しようとなるとうまくいかず、最後には自分たちがそれを知らなかったことを認めざるをえなかったのでした。しかし、それでは彼らは勇気についてほんとうに何も知らなかったことになるのでしょうか。私はそうではないと考えます。

ソクラテスが出したさまざまな例、投資家やお医者さんや戦場の指揮官たちについてのラケスの判断は基本的に正しかったと思いますし、ライオンやヒョウなどの猛獣や、思慮が足りないがゆえに怖いもの知らずの人間たちに勇気があるとは認めないニキアスの見解もまた、正鵠《せいこく》を得たものと言えましょう。

ただラケスの場合、どのような人間を勇気があると呼ぶべきかについて直観的には分かっていても、勇気に思慮がどうかかわっているかについては何の観念ももっていなかったために、自己矛盾に追い込まれてしまったのでした。またニキアスはラケスに比べると、日ごろからソクラテスの議論に親しんでいるというだけあって、自分の考えを理論的に述べる力がありますが、結局、彼の言う「恐ろしいこと」が具体的に何を指すのかについて明確に示すまでには至りませんでした。しかし、幸いなことには、著者プラトンの直弟子であるアリストテレス（前三八四～前三二二）がこの点についてかなり明確な解答を与えているように思いますので、ここで彼の『ニコマコス倫理学』をとり上げてみることにしましょう。

人柄にかかわる卓越性としての勇気

アリストテレスはアテナイの出身ではなく、ギリシア北方のマケドニアの宮廷医の息子として生まれ、十七歳のときにアテナイにやって来て、プラトンが主宰するアカデメイアという学校に入学しています。その研究はあらゆる分野に及び、「万学の祖」とも称せられますが、ここでは倫理学に絞ってとり上げることにしましょう。

『ニコマコス倫理学』という本は、元来、彼の講義録を弟子が編纂《へんさん》したものと考えられています。この作品の冒頭でアリストテレスは、何が人間生活の最高目的であるかを問い、それは幸福であるとしています。しかし、一口に幸福と言ってもその中身についてまで人びとの意見が一致しているわけではなく、ある者は快楽に満ちた生活を、別のある者は名誉に恵まれた生活を幸福と見なすという具合に、さまざまな見解があるとしています。このような事実上の多様性を認めたうえで、彼自身の幸福観を述べていますが、それによれば、幸福とは「徳に即した精神の活動」と定義されます。これは一見抽象的に見えますが、実はそうではありません。

簡単に言ってしまえば、幸福とは人間としての徳、あるいは卓越性を実際に発揮することにほかならないという考えです。いくら能力があっても、それを発揮せず宝の持ち腐れでは幸福にはなれないということです。少し話がそれるようですが、この点から見ると「生涯現役」というのは幸福に大いに関係するかもしれません。もっとも本人はその気でも、すでにその能力が衰えている場合には、潔《いさぎよ》く引退することも必要でしょうが。

ところで、これまでの記述でもたびたび「徳」という、些《いささ》か古い感じのする日本語を使ってきましたが、それに相当するギリシア語は「アレテー（aretē）」です。この言葉はよく高校の倫理の教科書などでも説明されているように、必ずしも正義や勇気や節度のような優れた人柄の特性に限定されるものではなく、人間以外のものの優秀性についても使われます。たとえば馬にとっては脚の速さが、刀にとってはよく切れることがそのアレテーというわけです。したがって、伝説の三冠馬シンザンなどは馬のアレテーをいちばんそなえた馬だったことになりますが、これを「有徳な馬」というのも変なので、アレテーを卓越性と訳すこともあります。それはともかく、ソクラテスやアリストテレスにおいて問題とされているアレテーは言うまでもなく、ほかならぬ人間のアレテーですが、アリストテレスはそれをさらに二つのグループに分けています。一つ目のほうは人柄の卓越性(ēthikē aretē)で、これは日本語の「徳」という言葉とほぼ重なると言ってよいでしょう。もう一つは人柄よりも推理や判断など思考にかかわる卓越性(dianoēthikē aretē)です。前講から問題にしている勇気は、人柄にかかわる卓越性の一つとされています。

このようにアリストテレスのアレテー論の一つの特色は卓越性を二つに大別していることですが、それ以上に有名なもう一つの特色があります。それは人柄にかかわる卓越性(これを以下では単に「徳」と呼ぶことにします)を「超過」と「不足」の両極の「中間」としてとらえる見方です。したがって、勇気もまた「恐れ」と「平然」にかかわる超過と不足の中間として把握されます。たとえば、平然に関して超過している状態は「無謀」とされ、不足している状態は「臆病」とされます。また逆に恐れのほうを尺度に取れば、超過しているのが「臆病」だとされます。恐れに関して不足している状態についてアリストテレスはとくに名称はないとしていますが、われわれとしてはそれも「無謀」と呼んで別に差し支えはないでしょう。さて、以上の一般的枠組みを押さえたうえで、次にアリストテレスによる勇気の具体的分析について検討することにしましょう。

最も恐ろしいこととしての死

前講で見たニキアスの定義に対するソクラテスの吟味においても、「恐ろしいこと」の概念規定が問題となっていましたが、アリストテレスもまた、勇気がそれにかかわるとされる「恐れ」の分析に着手しています。彼はまず「恐ろしいこと」が「悪いこと」にほかならないことを指摘し、「悪の予期」という「恐れ」のソクラテス的な定義を引用しています。しかしその一方で、すべての悪——たとえば悪評や貧乏、病気、さらには愛情や友情に恵まれないことなど——に勇気がかかわるわけではないことに注意を促しています。彼によれば、勇気ある人が貧乏や病気や、総じて自分自身が原因で生じるのではない悪全般について恐れるべきでないとしても、そうした事柄を恐れないというだけで勇気があることにはならないとしています。逆に、ものによっては恐れるのが当然であって、妻子に対する侮辱や他人の妬《ねた》みを恐れるからといって臆病であることにはならないと主張します。

このあたりの議論の進め方は『ラケス』の影響を感じさせるものですが、同時にそこにはソクラテスによる勇気の適用範囲の拡大に対する一種の批判も読みとれます。つまり、ソクラテスはラケスに対して貧乏や病気と闘う勇気もあるのではないかと指摘したわけですが、アリストテレスはそれを本来の意味における勇気の範囲から除外しているように見えます。それでは本来の意味における勇気は、いったいどのような悪、あるいは恐ろしいことにかかわるのでしょう。それは「最も恐ろしいこと」、つまり死にかかわるとされます。同時にアリストテレスは、死と言っても、すべての死にかかわるのではないことを強調しています。たとえば海難事故による死や、病死は含まれないとされます。彼によれば、勇気がかかわるのはそのような死ではなく、最大にして最も立派な危険のなかでの死、すなわち、戦場における死にほかならないのです。

麗しき死と、死をもたらす可能性がきわめて高い一切のことに関して恐れない者こそ、本来的な意味において勇気があると言うことができるであろう。

（アリストテレス『ニコマコス倫理学』(1) 第三巻 第六章）

しかし、ここで「恐れない」という意味は決してまったく恐れを感じないという意味ではなく、むしろ、恐れを克服するという意味にとるべきでしょう。というのはアリストテレスは、続けて次のように語ってもいるからです。

恐ろしいことが、すべての者にとって同一であるわけではなく、われわれは何か人間の身にはとても耐えられないほど恐ろしいことについても語るのである。それは理性をもった者ならだれでも怖がるようなものである。これに対してその恐ろしさが人間並みのものは、大きさと程度においてまちまちである。それは平気なことに関しても同様である。ところで勇気のある者とは、人間としては取り乱すことのない者のことである。確かに彼もそうしたことを恐れはするであろうが、しかし立派なこと（to kalon）のために、しかるべきしかたで、道理が命じる通りに堪え忍ぶのである。と言うのも、立派なことこそ徳の目的（telos）だからである。（同前 第七章）

ここで重要なことは、アリストテレスが『ラケス』のなかでは曖昧なままに留まっていた点を明確に指摘していることでしょう。それは行為の目的が果たす決定的役割についての認識です。戦場で対峙《たいじ》する二人の指揮官についてのラケスとソクラテスの対話では、なぜ不利な状況に置かれながら踏みとどまるほうが勇気があると言えるのか、また、どういう理由からそのような行動をとるのかについては答えられないままでした。この疑問に対する答えが、ここに示されているように思います。つまり、その指揮官がそこに留まるのは「立派なこと」のためであり、アリストテレスが規定するように、「立派なこと」のために死という「最も恐ろしいこと」に耐えることが勇気であるとすれば、死の恐怖をあまり感じる必要のない有利な立場にあるもう一人の指揮官よりも、こちらの指揮官のほうが勇気があることになるのです。そして、ラケスもまた後者のほうが勇気があると答えたとき、おそらくはそうとは意識せずに、このアリストテレス的勇気観に立っていたものと推測されます。

遺憾ながらラケス自身はその思考力不足のために、彼の判断によれば勇気があるはずのこの指揮官が思慮には欠けていると答えてしまったのです。しかし、それは彼の誤りであり、彼としては、この指揮官には戦いの目的についての洞察もしくは信念があるのだと答えるべきだったでしょう。と同時に、アリストテレスは死を「最も恐ろしいこと」と断定していますが、当の指揮官からすれば、最も恐ろしいのは一身の死ではなく、むしろ祖国の敗北であったかもしれず、そこに踏みとどまって戦い続けることを、敗北を防ぐための時間稼ぎと考えていた可能性もあります。いずれにせよ、自分が立派と考えることに反した行動をとることのほうが、もっと恐ろしいと考えていた可能性はあります。この点については、最後にソクラテスの例をとり上げてもう一度考えてみることにしましょう。

さて、先ほど行為の目的が果たす役割の重要性ということを述べましたが、これに関連して非常に興味ぶかく思った話をご紹介したいと思います。それは私の勤務する大学の卒業生の結婚披露宴でのことでした。たまたま、新郎の勤務する研究所でパソコンなどの液晶画面の開発に携わっている方と同じテーブルにつくことになりました。その方のお話では、数年前の定期健診で胸に正体不明の影があると言われ精密検査を受けることになったそうです。その検査を受けるまでの間と、その結果が出るまで不安でしかたがなかったそうですが、結果はシロで最初の検査機器の精度が充分でなかったことが判明したそうです。そのとき以来、その方は医療機器の画面の精度を上げるためであれば、何時間残業してもかまわないという気持ちになったということでした。目的は意味にほかなりません。戦場の指揮官でなくとも、人は自分の行為の目的、すなわち意味を明確に意識するとき、想像以上の頑張りを発揮するものではないでしょうか。その限りにおいて、確かに勇気は単なる度胸の有無に尽きるものではなく、行為の目的についての何らかの洞察と不可分なかたちで結びついているように思われます。そしてこのことからすると、一見したところ突拍子もなく見えるニキアスの見解、すなわち、勇気を一定の知識としてとらえる見方にも現実性があることが理解されるのではないでしょうか。

勇気もどき

さてアリストテレスによれば、本来の意味における勇気は以上のようなものなのですが、それに続いて彼は一般に勇気と呼ばれることがあるものの、本来の勇気とは異なるものとして五つを挙げています。

その第一は、「市民としての勇気」であるとされます。名前からすると今日その必要性が強調される一般市民の勇気、たとえば街中で暴力を振るわれている人を見かけたときに見て見ぬふりをしないとか、職場や学校でさまざまな不利益を省みずに自分の信念を表明するとかいった日常生活における勇気を連想しますが、アリストテレスが言っているものは少し違うようです。

市民たちは、法律にもとづく処罰や人びとから向けられる非難のゆえに、また与えられるべき名誉のゆえに、もろもろの危険を耐えるのであると考えられる。

（同前　第八章）

アリストテレスによれば、羞恥心《しゅうちしん》と名誉という立派なものを求める気持ちから生じるがゆえに、これがいちばん本来の勇気に近いとされます。これに比べて、指揮官に殴られたり、堀の前に配置されたりして無理やり戦うように強制される者は劣るとされます。なぜなら、人は強制によってではなく、そう振る舞うことが立派だという考えにもとづいて、勇敢であらねばならないからです。ただここで問題になるのは、最初の者たちが本来の勇気に最も近いと言われながら、それと同一視されていない理由は何かということです。あるいは、その主な動機が処罰や非難や不名誉を避けるという、どちらかと言えば消極的な性格をもっていることにあるのかもしれません。

二番目に挙げられるのは長年の経験にもとづく沈着です。分野が異なるに応じて、経験のある者も違ってくるわけですが、たとえば戦争に関しては、兵士たちが経験のある者だとされます。彼らは何でも重大視する素人《しろうと》とは違って、自分の体験から戦争においてさえも多くのことは恐れる必要がないことを知っているだけでなく、攻撃と防御の術《すべ》も心得ているので、通常は落ち着いていて勇気があるように見えるのです。しかし、アリストテレスによれば、こうした兵士たちも、いったん危険が彼らの予想を上回るものとなったり、自分たちのほうが兵隊の数や装備で劣ることが明らかになった場合には、急に臆病になり、真っ先に逃げ出すとされます。このアリストテレスの観察は、不思議にも、戦後、朝鮮半島から引き揚げた人びとの報告とも一致しています。ある新聞に掲載された引き揚げ者の方の投書では、日本軍兵士を乗せたトラックが徒歩の民間人を尻目に一目散に南を目指して走り抜けていったことに呆《あき》れると同時に、軍隊ほど当てにならぬものはないと感じたと記されていました。

三番目に挙げられるのは、怒りとか憤激、あるいは気概とも訳されるテューモス（thymos）です。これはのちに見るプラトンの有名な魂の三部分説では「理知的部分」、「欲望的部分」と並ぶ構成要素で、そこでは意志とか気力に近いものとして把握されています。しかし、ここでは主として獣の例が挙げられているように「猪突猛進《ちょとつもうしん》」的な憤激を指していると思われます。そしてニキアス同様、アリストテレスもまたこのような獣の憤激を勇気と呼ぶことには反対しています。なぜなら彼らの突進は、「立派さ」を目指してのものではなく、苦痛や恐れや欲望によるものだからです。アリストテレスは、もしこのような獣の振る舞いも勇気があるとするなら、空腹のために殴られても飼葉桶《かいばおけ》から離れようとしないロバも勇気があると言わなければならないだろうし、肉欲に駆られて危険を冒す男もそう呼ばなければならないと皮肉っています。

四番目と五番目は楽観にもとづく平然と、無知にもとづく平然で、ともに事実を認識するやいなや慌てふためいて逃げだすとされます。前者の例としては、これまでの実績から負けるわけがないと自信過剰になっている者が挙げられていますが、酔っ払って気が大きくなっている者も同類とされています。無知にもとづくほうは、相手が精強部隊であるとは知らずに戦っている者たちを指していますが、これまた相手が実は名にし負う精強部隊であることが判明した途端、逃げだすとされます。

以上のどの例もなるほどと思わせるものばかりですが、逆に言えば、それだけ本来の意味において勇気ある人になるのは容易ではないということにもなるかもしれません。今日でもギリシア人がよく使うことわざに「カレパ・タ・カラ」(khalepa ta kala) というのがありますが、そのことわざどおり、いつの世でも「立派なことを成し遂げるのは難しい」のです。

しかし、ここでもソクラテスは例外なのかもしれません。最後にアリストテレスを離れて、ソクラテスと勇気の関係について考えてみることにしましょう。

ソクラテスにとっての「恐ろしいこと」

アリストテレスは死を「最も恐ろしいこと」と規定していましたが、ソクラテスによればそうではありません。不正を犯すことのほうが、死よりも恐ろしいとされます。それはどうしてでしょうか。ソクラテスは言います。

何となれば、諸君、死を恐れることは、実は知者ではないのに知者であると思いこむこと以外の何ものでもないからです。すなわち、知らないことを、知っていると思いこむことなのです。実際、だれ一人として死というものを知りもしなければ、ひょっとすると、それは人間にとってありとあらゆる善いもののなかでも最大の善であるかもしれないということも知らないくせに、それが災いのなかでも最大のものであるということをまるでよく知っているかのように恐れているのです。

(プラトン『ソクラテスの弁明』[2] 29a〜b)

要するにソクラテスから見れば、死が悪いものと決まったわけでもないのにそれを恐れることは、「最も恥ずべき無知」にほかならないというわけです。これに対して、不正が悪であることははっきりしていると彼は主張します。

しかし、不正を犯したり、それが神であれ、人間であれ、自分よりも優れた者に従わないことが醜悪であるということは、知っているのです。私としては、それが悪いことだということを知っている悪を恐れるよりも先に、ひょっとしたら善いものでさえあるかもしれないものを恐れはしないでしょうし、避けもしないでしょう。（29 b）

このような理由から、彼は死刑を避けるために真実を曲げて弁明することを拒否し、最初の講に見たように実際に死刑判決を受け、その後もクリトンの脱獄の誘いを断って獄中に留まったのでした。これはなかなか常人にはできない勇気ある行動と言えそうですが、実はここには一つの逆説が潜んでいます。というのは、はたから見れば死の危険も省みず真実を貫いたと言いたくなるところですが、ソクラテス自身からすれば、別に最も恐ろしいものに立ち向かったのではなく、むしろ最も恐ろしいものを避けたまでだからです。そして私はここに、ニキアスによる勇気の定義の深い意味が示されているのではないかと思うのです。つまり死を最も恐ろしいことと考えている人間は、「恐ろしいことと平気なこと」についての知識をもっているとは言えず、したがって、勇気があるとも言えないのです。これに対して、死よりも実は不正のほうが真に恐ろしいことであることを知っているソクラテスこそ、勇気のある人間と言えるのです。そしてアリストテレスの真意も、このソクラテス的な意味における勇気と実質的には、それほど違わないのかもしれません。もし不正を避けると言う代わりに、正義を貫くと言うならば、それは立派さのためとなり、「立派さのために死を耐え忍ぶ」と言うとき、そこにおいてはすでに死の恐怖は克服されていると見ることもできると思うからです。

しかし、実はここにはさらなる問題が潜んでいます。というのは確かに人は、それぞれの信ずる「正義」のために命をかけることがあるわけですが、長い目で見てその正義がどこまで普遍性をもつかは必ずしも定かでないからです。人は自分が命をかけようとしている正義が、はたしてほんとうにその名に値するものなのかどうか、自問するだけの冷静さと「勇気」をもつべきでしょう。

(1) 訳は、高田三郎訳『ニコマコス倫理学』上(岩波文庫)による。他に加藤信朗訳『ニコマコス倫理学』(『アリストテレス全集13』岩波書店、一九七三年)、朴一功訳『ニコマコス倫理学』(京都大学学術出版会、二〇〇二年)、神崎繁訳(新版『アリストテレス全集15』岩波書店)、渡辺邦夫・立花幸司訳(上・下、光文社古典新訳文庫)。
(2) 訳は、三嶋輝夫・田中享英訳『ソクラテスの弁明・クリトン』(講談社学術文庫)。

参考文献

アリストテレス哲学の入門書として

山口義久『アリストテレス入門』ちくま新書、二〇〇一年
高橋久一郎『アリストテレス――何が人間の行為を説明するのか?』NHK出版、二〇〇五年
中畑正志『アリストテレスの哲学』岩波新書、二〇二三年

第11講　徳と悪徳Ⅲ――アリスティッポスの人生指南

これまで扱ってきた主題はどれも真面目で、ちょっと頭も心もバテ気味の方もいるかもしれません。そこで息抜きをかねて、ソクラテスの弟子の一人に数えられながら、とてもそうとは信じられないようなアリスティッポス（前四三五ころ～前三五五ころ）の言行録に注目してみましょう。これなら私にも真似できそうだ、と思う方もいることでしょうが、ところがどっこい、これはこれでかなりの才能を必要とするかもしれません。

金は儲けるべし、されど執着すべからず

まずは、ディオゲネス・ラエルティオス（二世紀末～三世紀ころ）が伝える代表的エピソードから紹介することにしましょう。その報告によれば、アリスティッポスは北アフリカの都市キュレネの出身で、ソクラテスの名声に惹《ひ》かれてアテナイに出てきたとされます。ところが、それにもかかわらず、彼は「ソクラテスの弟子のなかで授業に対する謝礼を要求した最初の人で、そのお金を師に送った」とのことです。私なら喜びそうですが、そこはソクラテス、送られた二十ムナのお金をそっくりそのまま送り返したそうです。一ムナ

は百ドラクマで、一ドラクマが職人の日当に相当したと言われることからすれば、二千日分の日当に相当する大金を送ったことになります。送ったアリスティッポスもそれなりに気前がよいと言えますが、送り返したソクラテスもさすがと言うべきでしょうか。アリスティッポスはソクラテスと違い、お金を儲けることには熱心だったのですが、しかし、必ずしも守銭奴ではなかったようです。

たとえば、召使いに銀貨を運ばせていたとき、召使いが銀貨の重さに立ち往生していると、「多すぎる分は捨てて、お前が運べる分だけ運べ」と言ったそうです。召使いが重くて運べないほどよくも稼いだものですが、自分が手伝って運ぶよりは、せっかくの銀貨を捨ててでも召使いに運ばせたほうがらくちんと考えているところも彼らしいと言えましょう。また船旅で海賊船に乗ってしまったとき、彼は身の危険を感じると懐のお金を取り出して数え始め、「うっかりそうしたかのような振りをして、その金を海中に落とすと、大声を上げて泣き出した」とも伝えられます。これもお金への執着を表すと見るよりは、金を狙われていることを察して、わざと海賊の目の前で有り金を数えたうえで海に投じたと考えるべきでしょう。あるいは、ある人たちがそう解釈したとされるように、「金のためにアリスティッポスが命を落とすよりも、アリスティッポスのために金が失われるほうがまし」と考えたのかもしれません。

楽しむべし、されど溺れるべからず

アリスティッポスはお金を儲けるばかりでなく、大いに贅沢《ぜいたく》もしたようです。ディオゲネス・ラエルティオスの報告のなかにも、彼の贅沢な暮らしぶりや美食を咎《とが》める者とアリスティッポスの応酬が再三出てきます。またご馳走に劣らず、女性にも目がなかったようです。彼と娼婦にまつわる話も少なくないのですが、傑作なのは次の話です。

ある日、娼家に入ったとき、同行した若者の一人が顔を赤らめていると、「危険なのは、入ることではなくて、出てくることができないことだ」と彼は言った。

（ディオゲネス・ラエルティオス『ギリシア哲学者列伝』(1) 第二巻 第八章 六九節）

思わずニヤリとしてしまいそうですが、遊女の一人とつき合っていることを非難されたときにはうろたえるどころか、次のような「教訓」まで垂れたそうです。

僕が（彼女を）持っているのであって、（彼女に）僕が持たれているわけではないよ。一番よいのは、快楽に打ち勝ってこれに負かされないことであって、快楽をひかえることではないからね。

（同前 七五節）

どうも自己弁護めいて聞こえますが、彼の快楽主義はそれほど極端なものではなかったようです。ディオゲネス・ラエルティオスは、次のように評しています。

彼は、現にあるものからの快楽を享受し、現にないものの愉《たの》しみを苦労して追い求めることはしなかった。（同前　六六節）

ひょっとすると、単に物ぐさだっただけなのかもしれませんが。

その場に応じて行動すべし

ここで以前にとり上げたプラトンの『クリトン』のなかでのソクラテスの立場を思い出してみると、例えば彼は「いかなる場合にも決して不正を行ってはならない」といった原則を大切にし、どんな状況にあっても、それを貫こうとしていました。一見、これと対照的なのがアリスティッポスです。彼はあの『フィロクテテス』のオデュッセウスのように、臨機応変、状況に応じて変幻自在に立ち回ることを得意としていたようです。

彼はまた、場所にも時にも人にも自分を適応させることを知っていて、どんな環境にあっても、それに合わせて自分の役を演ずることのできた人であった。だから彼は、ディオニュシオスのところにおいても、他の人たちよりもずっと評判がよかったのであるが、それは彼がどんな事態に遭遇しても、これにいつもよく対処したからである。（同前）

このアリスティッポスのたぐいまれな状況適応力を物語るさまざまな逸話が伝えられていますが、なんと言ってもその極めつけは前の引用にあるシケリアの独裁者ディオニュシオス（父親のほうか息子のほうかは不明ですが、）の宮廷における次の一件でしょう。

またある日、ディオニュシオスが酒宴の席で、誰もに緋の衣をつけて踊るように命じたとき、プラトンは、

女の衣裳をつけることはできないだろう。

という（エウリピデスの）詩句を引用して、これを拒んだが、アリスティッポスのほうは緋の衣裳をつけて、いままさに踊り出そうとしながら、

よしバッコスの宴にあっても、
思慮ある女ならば、身を汚すこともなかろう。

と、当意即妙に（同じエウリピデスの詩句をもって）これに応じたということである。（同前　七八節）

このエピソードを読むと、女性が着る緋の衣をヒラヒラさせながら、ジェスチャーたっぷりに踊ってみせたであろうアリスティッポスの姿と、苦虫をかみつぶしたような表情で、そっぽを向いたプラトンの横顔が目に浮かぶようで、微苦笑を禁じえません。ちょっとやりすぎではとも思いますが、あるいは座を白けさせないようにという彼なりの気配りだったのかもしれません。

暖簾《のれん》に腕押し——ソクラテス対アリスティッポス

以上はディオゲネス・ラエルティオスによる報告ですが、実はアリスティッポスに関しては、それよりもはるかにまとまった資料があります。それはアリスティッポスとほぼ同時代人で、やはりソクラテスのサークルに属していたと考えられるクセノフォン（前四二八ころ〜前三五四ころ）が書いた『ソクラテスの思い出』という本の一節です。この一節はソクラテスが若者たちを徳に優れた者とするために、いかに努力したかを強調することを目的としています。この「徳の勧め」のターゲットとしてとくにアリスティッポスが選ばれたのは、まさにアリスティッポスが「人一倍だらしない」と見なされていて、ソクラテスの活動が「堕落した」若者たちの道徳的救済にあったことを印象づけるのに最も適していると考えられたからのようです。以下、対話の全体を四つの部分に分けて、ソクラテスとアリスティッポスの興味ぶかいやり取りを追ってみることにしましょう。

① 政治はまっぴら（一—九節）

この部分で問題とされるのは、将来、支配者となるべき者がそなえなくてはならない条件とその教育法です。まずソクラテスは、将来、国の支配者となるべき若者とそうでない若者を並べて、さまざまな欲望に対する抑制力を身につけなければならないのはどちらかと訊《たず》ねます。これに対するアリスティッポスの答えは、模範的とも言えるものでした。たとえば、「彼らのどちらを、胃袋を喜ばせることよりも危急の事柄を優先するようにしつけるべきだろうか」というソクラテスの問いに対してアリスティッポスは、

> それはもうゼウスに誓って、支配すべく教育される者のほうです。国事が彼の在任中に遅滞しないためにはですね。
>
> （クセノフォン『ソクラテスの思い出』(2) 第二巻 一章 二節）

と答えています。さらに欲望だけでなく学問に関してもアリスティッポスは同様に答え、そこまではまったくソクラテスの筋書きどおりに事が運ぶのですが……ところが次の段階で、事態は思わぬ展開をたどることになります。というのは、ソクラテスとしては、アリ

スティッポスが当然支配者となることを望んでいるものとして話を進めてきたわけですが、あにはからんや、当のアリスティッポスにはまったくその気がないことが判明するからです。

支配の地位に就くべき者と、そうでない者のどちらのグループに自分を帰属させるのがふさわしいと思うか、というソクラテスの問いかけに対してアリスティッポスは、にべもなく答えます。

少なくとも私としては、支配することを望む連中の仲間に私自身を入れることだけは決してしないでしょう。だって自分に必要なものをまかなうだけでも大変なことなのに、それだけで足りなくて自分以外の国民のために彼らが必要とするものを調達することまで背負い込むなんて、まったく馬鹿のやることとしか私には思えないからです。それに自分は欲しいものの多くを我慢しなければならないのに、国家を率いる者は、もしも国民が望むすべてのことを首尾よくやり遂げない場合にはその罰を受けなければならないなんて、どうしてこれがとてつもなく馬鹿げたことでないことがありましょうか。（同前　八節）

要するにアリスティッポスからすれば、支配者になって他人の苦労まで背負い込むなんてまっぴら御免ということなのです。それではアリスティッポスは何を目指しているのでしょう。

私自身はと言えば、できるだけ楽に、しかも快適に暮らすことを望む者の仲間に入れたいと思います。（同前　九節）

まさに快楽主義者アリスティッポスの面目躍如といった言葉で、さすがのソクラテスも暖簾に腕押しといったところです。しかしそこはソクラテス、そんなことではへこたれません。こんどは、アリスティッポスの目指す快適さという点に的を合わせて議論を展開します。

②「中間の道」（一〇―一七節）

この部分でのソクラテスの論点は、要するにアリスティッポスが望む生活の快適さという観点から比較してみても、支配する者の生活のほうが支配される者の生活よりはるかに勝《まさ》っているということです。そして、ここでのソクラテスはあの『ゴルギアス』に出てきたカリクレス同様、ペルシアをはじめとする当時の強国と、それらの国々によって支配される弱小国の例を引き合いに出して、その主張を根拠づけています。このことはクセノフォンの描くソクラテスのほうが、プラトンの描くソクラテスに比して、より現実主義的もしくは常識的な立場に立っていることを示すものですが、この特徴は、これに続くアリスティッポスとのやり取りにおいても明瞭に現れています。

さて以上のソクラテスの指摘に対して、アリスティッポスが自分の理想として提示するのは、「中間の道」という考えです。

いや、私としてはもちろん、自分を奴隷の仲間入りさせるつもりなどまったくありませんが、私には何かそれら二つの間の中間の道があるように思われるのです。その道をこそ、私は歩もうと努めているのです。その道は支配も隷従も通ることなく、自由を通って続いているのであり、それこそは幸福へと導くものなのです。

（同前　一一節）

この支配するのでもなければ支配されるのでもないことを理想とするアリスティッポスの「第三の道」路線に対して、ソクラテスはいま一度、現実政治の苛酷さを対置して、その甘さを指摘します。

いや、仮にその道が支配も隷属も通ることがないのと同じように、人間の間も通っていないなら、おそらく君の言うことにも一理あるだろう。しかし、たとえ君が人間の間に暮らしながら、支配することも支配されることも、さらには支配者に進んで仕えることもよしとしないとしても、君だって次のことは目の当たりにしていることと思う。つまり、力に勝った者が劣った者を公私両面にわたっていじめて泣きわめかせながら奴隷として用いる術を心得ているということはね。（同前　二一節）

このように、ここに登場するソクラテスは、カリクレスやメロス島でのアテナイ軍代表を彷彿《ほうふつ》させる言葉で、現実政治における支配と搾取の力学を直視すべきことを説くのですが、アリスティッポスも負けてはいません。ここで再びソクラテスに肩透かしを食わせるのです。そのアリスティッポスの奥の手は、政治、つまり国家への帰属そのものからの離脱という大胆な発想です。

いや、もちろん、私はそんな目に遭《あ》わないために、国家の枠組みのなかに自分を閉じ込めたりしないで、どこでも外国人として留まっているのです。（同前　一三節）

このアリスティッポスの言葉にうかがえるコスモポリタニズムへの志向は、アリスティッポスとほぼ同世代のディオゲネス――アレクサンドロス大王に対して、ちょっとそこをどいてくれと言った、あの「樽《たる》のなかのディオゲネス」のことですが——なども共有していたとされます。ディオゲネスは出身地を尋ねられたとき、自分は「コスモス（世界）のポリーテース（市民）だ」（ディオゲネス・ラエルティオス 前掲書 第六巻 第二章 六三節）と答えたそうです。

このような、国家の枠組みから自由になりたいというアリスティッポスの考えに対して、またもやソクラテスは旅人や各ポリス内における居留外国人の置かれている立場に潜む危険性を強調して、その非現実性、甘さを指摘します。これにはさすがのアリスティッポスも辟易《へきえき》したのか、いささか突っかかり気味に次のように反論します。

いやまったく、ソクラテス、その帝王学——それをあなたは幸福（に至る道）と見なしているように私には見えるのですが——を修めるべく教育される者たちは、いやおうなしにひどい目に遭わされる者たちと、いったいどこが違うのでしょうか。もし先の者たちが自分の意志で飢えたり渇いたり寒さに震えたり寝ずの番をしたり、その他のあらゆる苦労をするのだとしたらですね。

（クセノフォン 前掲書 第二巻 一章 一七節）

アリスティッポスの目からみれば、違わないどころか、わざわざ「苦しいことを我慢しようと望む者」、つまり帝王学を修めようと志すのは、愚の骨頂というわけです。

③ 長期的な快楽（一八一─二〇節）

これに対してソクラテスは、「意のままになること」と「意のままにならないこと」の区別を導入し、自分の意志で飢えや渇きを我慢する者は、いつでも好きなときに我慢するのをやめて食べ物や飲み物をとることができるのに対して、我慢することを他人に強いられている者たちは、そうできないという点に決定的な相違があることを指摘します。同時に快楽の点でも前者のほうが勝っていることを強調します。さらに加えて、快楽という点での前者の優越は、生きているあいだだけではなく死後にまでも及ぶものとされます。

さて、以上のソクラテスの反論で注目される点が二つあります。その第一点は、終始一貫して苦を避け、ひたすら快楽だけを追求しようとするアリスティッポスに対して、ソクラテスが善悪といった別の尺度を持ち出して反論するのではなく、あくまでも同じ快楽という土俵のうえに立って、その多寡《たか》を尺度として生き方の優劣を論じていることです。

第二点は、快楽の多寡による比較を行う際に、目先の快に視野を限定するのではなく、より長期的な観点から比較がなされていることです。つまり、同じ快楽という土俵に立ちながらも、ソクラテスが主張しているのは人生全体、さらには死後までも視野に入れたうえでの快楽の総量なのです。そして、以上の主張をより分かりやすいかたちで示すために、最後に英雄ヘラクレスの青年時代をとり上げたソフィストのプロディコス（前四六五ころ～前三九五ころ）の作品を紹介しています。はたして、それはどんな内容の物語でしょう。

④ 岐路に立つヘラクレス（二一―三四節）

最後にとり上げるプロディコスの作品は『青年ヘラクレス』もしくは『岐路に立つヘラクレス』として知られています。物語は、青年になったばかりのヘラクレスが、これからどのような生き方をすべきかについて一人悩んでいるところへ、二人の女神が姿を現すシーンから始まります。女神たちは、それぞれ自分の勧める道を歩むようにと説き始めます。いかにも物語にふさわしく、美徳の女神は清楚な装い、悪徳の女神は肉感的で厚化粧とされていますが、外見上の対比以上に秀逸なのは、その振る舞いの対照です。

さて彼女たちがヘラクレスにもっと近づいたとき、最初に言及された女神（＝美徳の女神）は同じ様子で進んだが、もう一人のほう（＝悪徳の女神）は先んじようと思ってヘラクレスに向かって駆け寄ると言った。（同前 二三節）

この描写は、いかにも悪徳の女神の人柄（？）をその外見以上にあからさまにしたものとして、きわめて効果的ですが、考えてみれば、とかく悪徳というものは足が速く、美徳もしくは洞察というものは遅れて――あるいは『アンティゴネー』のクレオンの場合のように、往々にしてあまりにも遅く――やって来るものなのではないでしょうか。

それでは、悪徳の女神がいち早くヘラクレスに駆け寄って説いた内容はどんなものでしょう。それはまさに「できるだけ楽に、しかも快適に暮らすこと」を望むアリスティッポスにとっては願ってもないような内容です。女神は言います。

ヘラクレスよ、私はあなたがどちらの道をとって人生を歩むべきか迷っているのを目にしています。そこで、もし、あなたがこの私を恋人にするなら、私はあなたに最も快楽に満ちた最も楽な道を歩ませることでしょう。そしてあなたは楽しいことに関してはそのどれ一つとして味わわずに済ますことはなく、他方、つらいことについては一生経験しないで済むでしょう。（同前）

続けて女神は、飲食から性に至るまで、おいしそうな話を並べ立てると同時に、快楽の調達のためには手段を選ばず、他人の成果を横取りすることも辞さないことを公言します。

仮にいつか以上のもの（快楽の対象を指す）を手に入れる元手が不足する恐れが出てきたときにも、私があなたを導いて体や頭を使って苦労させるなんて心配はありませんよ。そんなことはせずに、あなたはあなた以外の人間が働いて作ったものを使えばよいのです。どこからであれ、何か儲けることができるところがあれば、何ひとつ遠慮することなくね。（同前 二五節）

さて、以上の悪徳の女神の快楽マキャベリズムとでもいった考えを批判して美徳の女神は、快楽だけを追求する悪徳の女神が実はほんとうの意味での快楽を知らないのだと主張します。

あなたは、それらのもののために何ひとつしようとしないで、どんな快いことを知っているというのでしょう。あなたときたら、快いものに対する欲望が目覚めるのを待つこともなく、欲しくなる前にすべてを充足するのですから。おなかが減る前に食べ、喉が渇《かわ》く前に飲み、そのあげく、おいしく食べるために料理人を調達し、おいしく飲むために高価なワインを買い入れ、真夏に走り回っては雪を求めるのです。（同前 三〇節）

まるでバブル全盛時代の日本人を思い起こさせるような描写ではないでしょうか。美徳の女神はこのように悪徳の女神を批判したうえで、ソクラテス同様、死後も含め、美徳の生活のほうが長期的に見れば、快楽においてもまた勝ることを強調してその説得を終えます。二人は決して禁欲主義を説いているわけではなく、その立場は飲食の楽しみから死後の名声まで含め、長期的な観点からいちばん多くの快楽を得られるような生き方を勧める、いわば知性的快楽主義とでも言ったものであると見てよいでしょう。その点ではプラトンが描くソクラテスの考え方より通俗的とも見えますが、それだけ受け入れられやすい人生哲学かもしれません。

以上、ソクラテスのサークルの異端児とも言うべきアリスティッポスのユニークかつ華麗な言行をたどってきたのですが、ある学者が言うように、彼は哲学者というよりは「人生の達人」と呼ぶほうがふさわしい人物なのかもしれません。しかし、その既存の政治に対する批判とコスモポリタニズムへの志向は、現代的意義を失ってはいないように思われます。ソフォクレスの『フィロクテテス』をとり上げたときに、私はフィロクテテスがギリシア軍の戦列に復帰せず、そのまま故郷に帰ってしまうことには必ずしも即座に賛成するわけにはいかないと述べましたが、アリスティッポスなら、むしろそれを支持したかもしれません。おそらく彼は、トロイア対ギリシアという図式そのものの正当性を疑ったことでしょう。

しかし、その反面、クセノフォン描くところのソクラテスがくどいまでに繰り返すように、国家の庇護《ひご》を受けない人間がつねに危険と困窮にさらされざるをえないこともまた事実なのです。それはマスコミを通じて報道される、今日の国際紛争で生みだされる数多くの難民の生活を見ても明らかだと思われます。私自身も留学先のスイスで多くのベトナム難民の若者と接する機会がありましたが、暮らしの心配はないものの、他人に生活を依存しなければならない彼らの傷ついた自尊心というものを痛いほど感じました。国家のもたらすプラスの面は維持しつつ、どうやってそれがもたらすマイナスを減らすことができるのか、われわれ自身もまた、岐路に立っているのです。

（1）以下、ディオゲネス・ラエルティオスからの引用は、加来彰俊訳『ギリシア哲学者列伝』上・中（岩波文庫）による。

（2）訳出に際しては、佐々木理訳、クセノポン『ソークラテースの思い出』（岩波文庫）を参照した。同書の訳書としては、他に、内山勝利訳『ソクラテス言行録1』（京都大学学術出版会、西洋古典叢書）、相澤康隆訳『ソクラテスの思い出』（光文社、古典新訳文庫）がある。

参考文献

三嶋輝夫『ソクラテスと若者たち――彼らは堕落させられたか？』春秋社、二〇二一年

第12講　理性と情念Ⅰ――メデイアとまちがいだらけの夫選び

前講では気分転換を兼ねて、異端児アリスティッポスの人生観について見たのですが、本講ではまたシリアスな、それも母親による子ども殺しという、きわめて深刻な問題を扱った悲劇作品をとり上げたいと思います。それは、エウリピデス（前四八五ころ～前四〇六ころ）の『メデイア』という作品です。そのなかでも、とくに子ども殺しの動機と、メデイアの独白中の有名な一節（一〇七八―一〇八〇行）に現れる理性と情念の葛藤の二点に光を当ててみたいと思います。

あらすじ

この劇は、まずメデイアの乳母《うば》による状況報告から始まります。彼女は、メデイアとその夫であるイアソンの出会いにまでさかのぼって嘆きながら、イアソンがメデイアを捨てて逗留先のコリントスの王女と結婚したこと、それを知ったメデイアの嘆きと怒り、さらにはメデイアの気性の激しさについて語ります。それに続いてメデイアが姿を現し、悪い夫をもった女の身の上を嘆いているところへ、コリントス王のクレオン（『オイディプス王』や『アンティゴネー』に登場するクレオンとは別人）が登場、即日、子どもを連れて国外に立ち去るようメデイアに命じます。メデイアは、頑《かたく》な態度のクレオンがふと漏らした親の子どもに対する情にすがって、自分の子どものためにも一日の猶予を与えてくれるように懇願します。クレオンの譲歩を取りつけたメデイアは早速、クレオンの愚かさをあざ笑いながら、夫イアソンとクレオン父子に対する復讐計画を練りはじめます。イアソンと新妻の寝室に火をつける、二人を刃物で刺し殺す、あるいは毒を盛る、どれにしようかなとばかり、彼女はいとも楽しげに殺しのメニューの吟味に取りかかるのです。そこへのこのこと、そうとは知らないイアソンがやって来ます。

このイアソンという男、よほど調子のいい男なのか、自分の不実は棚に上げて、追放されるメデイアと子どもたちのことを案じてやって来てやったのだなどと恩着せがましいことを言います。その態度に堪忍袋の緒も切れたメデイア、ここぞとばかり夫をなじり、罵倒します。

彼女に言わせれば、イアソンは恩知らずの極悪人にほかなりません。というのも、イアソンは以前、叔父のペリアスに北方のコルキスにあると言われる金の羊の毛皮をもってきたら自分が簒奪《さんだつ》したイオルコスの国の王位を返してやると言われ、アルゴス船と呼ばれる船に乗って出かけたのですが、そのおりに、さまざまな苦境から彼を救って毛皮を手に入れさせてくれたのは、彼に恋したメデイアその人だったからです。そのためにメデイアは父親を裏切っただけでなく、追っ手の弟を殺す犠牲まで払ったのでした。さらにはペリアスの娘たちをだまして父親を殺させ、イオルコスをあとにコリントスまで一緒に逃げて来たのです。そんなにしてまで尽くしたのに、今になって子ども共ども捨てるとは何だ、というわけです。これに対してイアソンは、田舎に住んでいたお前が、こんなに有名になったのは自分のおかげだと、またまた恩着せがましいことを言って、さらにメデイアの怒りに油を注ぎます。

イアソンがひとまず立ち去ったあと、ひょっこり旅の途中のアテナイ王アイゲウスが顔を出します。子どものない彼はどうしたら子どもを授かることができるか、デルフォイまで神託を受けに行って国へ戻る途中でした。メデイアは事情を聞いて同情するアイゲウスから、子づくりに効く秘薬の提供を餌にアテナイに受け入れてもらう約束を取りつけると、コロス（合唱隊）を相手にその残忍な復讐計画の詳細を明かします。そして、コロスの長の制止も振り切っていよいよ、計画の実行に着手するのです。

彼女はまず第一段階として夫イアソンを呼び、自分がまちがっていたと、しおらしく詫びて許しを乞います。そして、メデイアの演技をすっかり真《ま》に受けた夫に、王女のもとに子どもをやって薄絹の打ち掛けと金の冠を届けさせ、彼女から王に取りなしをしてもらうように計らって欲しいと頼みます。イアソンはその必要には及ばないとして止めようとしますが、メデイアはその反対を押し切って子どもたちを送り出し、イアソンもこれに従います。

子どもが使いから戻り、守《も》り役は王女が大喜びで贈り物を受け取ったことを報告します。守り役を去らせたあと、メデイアは残った子どもたちを前に、内心の苦悩を吐露します。子どもを手に掛けるべきか否か、彼女の心は揺れに揺れるのです。この場面がとくに有名なところなのですが、この部分の解釈はあとに譲ることにします。

その後、コロスの歌を挟んで、使いの者がそのあいだに王女の身の上に起こった恐ろしい出来事の一部始終を語ります。その話によれば、王女はメデイアから送られた打ち掛けと冠を喜んで身につけたのですが、まもなく顔面蒼白になったかと思うと、肉に食い入る打ち掛けと冠から出る炎に全身を責めさいなまれて七転八倒、これを助けようとした父親もろとも息絶えたというのです。この報告を聞いたメデイアは、復讐を完成させ、いち早く立ち去るべく、ついに子ども殺しを実行するのです。

最後に、王女と王が殺されたことを知って、子どもの身の上を案じてやって来たイアソンとメデイアのあいだに再び非難合戦が演じられますが、今やメデイアは祖父の太陽神ヘリオスが派遣してくれた龍の引く乗り物に乗って、地団駄《じだんだ》踏んで悔しがるイアソンを尻目に悠然と立ち去るのでした。

女はつらい？

「男はつらいよ」と言えばすぐ山田洋次監督と、今は亡き名優・渥美清さんのコンビによる映画シリーズを思い出しますが、メデイアに言わせれば、つらいのは男ではなく女のほうということになります。初めて観客の前に姿を現した彼女は次のように訴えます。

この世に生を享《う》けてものを思う、あらゆるもののうちでいちばん惨《みじ》めな存在は、私たち女というものです。だいいち、万金を積んで、いわば金で夫を買わねばならないし、あげく、身体をささげて、言いなりにならねばなりません。これがまたいっそうの災難というものです。――そんなわけで、良い男をつかむか、悪いのにぶつかるか、それが、運命のわかれ路になるのです。離別するということは、女の身には聞こえもよくないし、かといって夫を拒むこともできないのですから。未知の生活習慣のなかへ飛び込んで、女というものは、あらかじめ家で教えられてもいず、どうして夫を扱えばいいか、予言者でもない限り知るすべもないのですし。（中略）男の場合には、家の者が面白くなければ、外に出て憂さをはらせますが、わたくしたち女は、ただ一人だけを見つめていねばなりません。女たちは家で安穏《あんのん》な生活を送っているが、男は槍をとって戦《いくさ》に出ねばならないではないか、などと言いますね。大まちがいです。一度お産をするくらいなら、三度でも戦場に出るほうがましではありませんか。

（エウリピデス『メディア』(1) 二三〇～二五一行）

まったくそのとおり、という女性の賛同の声が聞こえて来そうな台詞《せりふ》ですが、夫を金で買うというところについては説明が必要かもしれません。これはおそらく嫁入りの際の持参金を指すものと見られます。かなりの金額だったようですが、同時に女性を保護する役目も果たしたのです。というのは夫は、離縁するときには同じ額を返還しなければならなかったらしいからです。しかし、いずれにしても女性は父親が決めた相手、それも十五歳ぐらい年上の男性と結婚しなければならなかったと言われることからすれば、一般論としてはメデイアの言うように女性の立場がきわめて弱かったことは事実でしょう。ただメデイア自身について言えば、彼女は父親を裏切り、宝物を奪いに来たイアソンと駆け落ちしたのですから、少なくともこの点に関する限り一般論は当てはまりません。(2)

このようにメデイアは女の身のつらさ、弱さを訴えるのですが、同時に夫に裏切られたときの女の恐ろしさについても語ります。

女というものは、ほかのことには臆病で、戦の役には立たず、剣の光にもおびえるものですが、いったん、夫婦《めおと》の道を踏みにじられたとなると、これほど残忍な心をもったものもないのですから。　　（二六三～二六六行）

こんどは、まあ失礼なという声が聞こえて来そうですが、あるいは頷《うなず》く方もあるかもしれません。それはともかく、問題の夫イアソンで、次のような憎まれ口を叩いています。

女というものは、所詮《しょせん》愚かにも、ただもう夫婦の仲さえ無事ならば何も要らぬと思い込み、それに少しの影でもさすと、どんなにためになる、よいことをでも、仇《かたき》のように思ってしまうのだ。まったくだ、女なぞこの世にいなくて、どこか別のところから子どもができるのだとよいのだが。そうすれば、人間には、禍いという禍いがなくなるであろうに。（五六九～五七五行）

こんなことを言いながら、妻子を捨てて、ちゃっかり若い娘と一緒になるのですから、メデイアにも同情の余地はありそうです。ただ世の中、必ずしも人格のよしあしと異性にもてるかどうかは一致しないのであり、この自分勝手なイアソンが女性にもてるタイプであったことは確かなようです。

彼女はなぜ子どもを――まちがいだらけの夫選びと自己への憎悪

次にこの作品の最大の謎、何ゆえにメデイアは愛するわが子の命まで奪わなければならなかったのか、まさにその心を読み解くことに挑戦してみましょう。

最も一般的な解釈は、子どもを殺すことが夫イアソンにとっていちばん効果的な復讐になるからというものです。これはメデイア自身が再三口にしていることでもあり、それが大きな理由になっていることは否定できないでしょう。たとえば、アイゲウスから受け入れの確約を取りつけることに成功し、復讐計画の実行を決意したメデイアは次のように語っています。

ああ、しかし、この先を話す気はせぬ。この次に何ということをやってのけねばならないか、それを思えば、溜息が出るばかり。――子どもらを、この手にかけようというのだから。ああ、でもわが子だ、だれもこの手から奪い取れはせぬ。（中略）――いいのだ、構いはしない、生きていたとて何になろう。国もない、家もない、不幸を避ける何のよすがもありはしないのだ。ああ、あの時が、身の過ちであったのだ。ギリシア男の口に乗せられ、故郷の家を捨てたあの時が。しかし、その男も、――神様のご加護にもより――罪の報いは受けるであろう。わたくしに生ませた子どもたちの無事な姿を見ることは二度とないのだし、新しい花嫁に、子どもを生ませることもできはしないのだから。だって花嫁御は、私の毒薬で、その身相応に、見苦しく死ぬはずなのだもの。（七九〇～八〇六行）

メデイアの復讐　夫に誇りを傷つけられた王女は、愛するわが子を殺すべきか否か迷う。エウリピデスの悲劇『メデイア』の主人公の心理的葛藤を描いたローマ時代の壁画。ポンペイ出土。ナポリ国立考古美術館蔵

しかし、ここでもう一つの動機、彼女自身自覚してはいないものの、作品全体から読みとれる隠された動機を探ってみたいと思います。それはいま引用した言葉にも含まれている、メデイア自身の過ちに関係しています。要するに彼女は自分自身の「まちがいだらけの夫選び」を後悔しているわけですが、子どもの存在は彼女の痛恨の判断ミスの最も明確な証拠にほかなりません。この限りにおいて、それは彼女の自己憎悪のなかで特別の位置を占めていたと考えられます。彼女自身が、それを意識するとしないとにかかわらず、子どもを見つめる彼女のまなざしには、すでに疎《うと》ましさが宿っていたのです。劇の冒頭で、乳母は次のように語っています。

お可哀そうに、不幸せな目にお会いになって初めて、故郷の土地のありがたさを、しみじみとお悟りになったのだ。——お子たちをさえお憎しみで、お眼にされるのもお厭《いと》いの様子、何かよからぬことをお考えになりはせぬか、気がかりでならぬ。

（三四〜三七行）

このことと関連して注目されるのは、メデイアがイアソンに対する非難のなかで子どもの有無に言及して、仮に二人のあいだに子どもがいなかったとしたら、イアソンが王女を好きになったとしても許してやってもよいと述べていることです。この言葉から推測すると、彼女は夫婦のあいだに子どもがいない場合は浮気や婚姻そのものの解消さえ認められるが、子どもがいる場合は認められないと考えているようです。これはあくまでもメディアの側からするイアソンの行動についての評価ですが、しかし同じ論理＝倫理は、当然、メディアその人の行動にも適用されるはずです。つまり彼女もまた、子どもさえいなければ、より多くの自由を享受することができるはずであり、再婚も含め、やり直すこともできたはずだからです。しかし現に子どもがいるとすれば、メディアが主張するように、イアソンには〈夫〉であることに加えて〈父親〉としての義務を果たすことが求められるわけであり――だから許されない――、と同時にまたそれはメディア自身をも、〈妻〉であることに加えて〈母親〉として倫理的に拘束することになります。したがって仮に夫婦のあいだの愛情が薄れ、その仲が空洞化してしまった場合には、〈鎹《かすがい》〉としての子どもの存在は両者にとって重荷にならざるをえません。そしてこの二人の場合、その重荷としての性格をより強く感じているのは、自己中心的でおめでたいイアソンではなく、子どもの有無が夫婦に課する倫理的拘束を明確に意識しているメディアのほうでしょう。そうだとすれば、乳母が指摘するように、メディアのまなざしの内に子どもの存在そのものの二重の意味での疎ましさが浮かんでいたとしても不思議はないのです。

さて子どもの有無に関連して、メディアとイアソンの両者が家庭内において担うべき役割について言及したのですが、この役割という観点から見るとき、この劇の終わり方はきわめて象徴的であるように思われます。あらすじのところでも紹介したように、最後の場面で太陽神ヘリオスが遣わした龍車に乗ったメデイアは、地上で地団駄を踏んで悔しがるイアソンを尻目に悠然と立ち去ります。このことはノックスという学者も指摘するように(3)、メデイアがもはや人間ではなくなったこと、「人間以上あるいは人間以下の何か」になったことを意味しています。この事情を先に触れたそれぞれの人物が果たす〈役割〉と関係づけて解釈するならば、それはとりもなおさず、メデイアが「人と人のあいだ」としての人間存在の座標軸をなす〈夫－妻〉という間柄と同時に、〈親－子〉という間柄も一挙に清算することによって、人間界の外に出たことを意味しています。それを神と呼ぼうと呼ぶまいと、彼女は文字どおりの意味で〈人でなし〉になったのです。

揺れる心の勝利者は？――メデイア対ソクラテス

さて、子どもたちが憎きイアソンの子どもであることに加えて、彼女自身の過ちの証明でもあるかぎりにおいて、メデイアにとって忌《い》まわしい存在であることは確かですが、他方では彼女自身が三たび戦場に出るよりも苦しいという思いをしてまで産み育ててきた存在として、今なお愛《いと》おしい存在であるのも事実でしょう。彼女にとって子どもたちは、忌まわしくも愛おしい、あるいは愛おしくも忌まわしい存在であったはずであり、まさにこの子どもに対するメデイアの感情のアンビバレンス、両義性こそが、これからとり上げる有名な箇所で表現される彼女の内心の葛藤を生みだすのです。

どんなひどいこと（kaka）をしでかそうとしているか、それは自分にもわかっている。しかし、いくらわかっていても、たぎり立つ怒り（thȳmos）のほうがそれよりも強いのだ。これが人間の、一番大きな禍いの因《もと》なのだが——。

（一〇七八～一〇八〇行）

実は、このメデイアの言葉の解釈については専門家のあいだにも見解の相違があり、それに応じて訳し方も異なるのですが、とりあえず、ここでは伝統的な解釈に従った前記の訳[4]を掲げておきます。ここで「ひどいこと」と訳されたギリシア語は、「悪いこと」とも訳せ、そのほうが意味は明確になるかもしれません。要するに、メデイアは自分がこれから実行しようとしている子殺しが人の道に反する悪いことであることは認識してはいるものの、どうしても激しい怒り、もしくは復讐の念を抑えることができないことを告白しています。この場合の怒りもまた、単にイアソンだけに向けられたものではなく、意識下では自分自身にも向けられていると見るべきでしょう。

このようにメデイアには自分の心のなかでせめぎ合う二つの要素があり、怒りや復讐の念に燃える情念の力のほうが、事の善悪を認識する理性の力を上回っていると述べています。

しかし、ある意味ではわれわれのだれもが認めるであろうこの心理的事実を、なんとソクラテスは否定しているのです。これこそまさに「ソクラテスの逆説」と呼ぶべきでしょう。

以前にも見たプラトンの『プロタゴラス』のなかでソクラテスは、対話相手のプロタゴラスに次のように問いかけます。

知識というものに対するあなたの立場は、いかがなのでしょうか。これについてもあなたは、世の多くの人びとと同様の見解なのでしょうか。それとも別でしょうか？多くの人びとは知識というものを、何か、強さも指導力も支配力もないようなものと見ています。知識について考える場合、彼らは決してそれをそういった性格のものとは見なしていない。たとえ人間が知識をもっているとしても、いざ実際に人間を支配するものは、しばしば知識ではなくて何かほかのもの——あるときには激情、ときには快楽、ときには苦痛、ときには恋の情熱、またしばしば恐怖などであると、こう考えているわけです。つまり何のことはない、彼らの考えている知識というものは、いわば奴隷のように、他のすべてのものによって引っぱりまわされるものなのですね。

はたしてあなたもまた、知識をこんなふうに見ていらっしゃるのでしょうか？ それとも、知識は立派なものであって、人間を支配する力をもち、いやしくも人が善いことと悪いこととを知ったならば、何かほかのものに屈服して、知識の命ずる以外の行為をするようなことは決してなく、知恵こそは人間を助けるだけの確固とした力をもっていると、このようにお考えでしょうか。　（プラトン『プロタゴラス』(5) 352b〜c）

ソクラテス自身は、自分から進んで悪をなすような人間はいないという前提に立って、一般に悪いことを悪いことと知りつつ快楽に負けて行ってしまうといわれる現象は、要するに何がほんとうに悪いことかを知らない無知によって引き起こされているにすぎないと主張します。つまり、自分がしようとしていることがほんとうに悪いことであることを知っていれば、そんなことをするはずがないというわけです。このソクラテスの主張は、われわれの日ごろの経験とかけ離れているように思われますが、「悪いこと」という言葉を「損なこと」と置きかえれば納得がいくのではないでしょうか。確かに、あることが自分に損だと知りながらそれをする人は少ないように思われます。ただ、われわれの日常的思考の枠組みのなかでは、必ずしも「悪いこと」と「損なこと」は同じではなく、たとえば、カンニングをしたり不正乗車をする人は、それを「悪いこと」ではあっても、「得なこと」と考えているかもしれません。一見したところ得に思える悪いことが、実は深い意味で本人の損になるという考えは、この『プロタゴラス』のなかでは、まだあまり展開されていませんが、『ゴルギアス』において深く掘り下げられることになります。

しかし、たとえ「悪いこと」が深い意味で自分の損になるということを頭では分かっていても、それでもなお怒りや欲望に引きずられてそれを行ってしまうことがあるのではないか、その限りにおいて、やはり先に見たメデイアのつぶやきのほうが心理的事実に合致しているのではないかと思われる方もあるかもしれません。理性と情念が心の支配権をめぐって対立した場合に、揺れる心の勝利者を決めるのはいったい何なのか、われわれは次講で、プラトンの『国家』のなかにそのヒントを探ることとしましょう。

(1) 訳は、中村善也訳「メデイア」(『ギリシア悲劇Ⅲ』ちくま文庫所収)による。

(2) この点については桜井万里子『古代ギリシアの女たち』(中公新書)参照。

(3) B. M. W. Knox, *The Medea of Euripides*, Yale Classical Studies 25, 1977, pp. 193-225 参照。

(4) 参考に、ほかの代表的な邦訳を掲げておく。

「私はどんな悪をなすか、気がついている。が、怒り(心・情念)は私の「考え」より強い。怒り(心・情念)こそ人間の、最大の悪のもと」(逸身喜一郎訳「メデイアの子供殺し」、『成城文藝』第一〇九号、一九八五年、一一四頁)

「わたしにだって、自分がどれほどひどいことをしようとしているかぐらいわかっている。だけどそれをわたしにやらせようとしているのは、この胸のうちに燃える怒りの焔。そしてこれこそ人間にとってこの上ない災いのもととなるもの。」（丹下和彦訳『ギリシア悲劇全集5』岩波書店）

（5）訳は、藤沢令夫訳『プロタゴラス』（岩波文庫）による。

第13講　理性と情念Ⅱ――プラトン『国家』における魂の三角関係

第5講で、ソフィストのアンティフォンをとり上げたときに、プラトンの『国家』から、「ギュゲスの指輪」の物語を紹介しました。その指輪には透明人間モードがあり、それを知ったギュゲスは早速その力を利用して悪事を行ったのでした。もちろん、彼は王妃と姦通し、王を殺して自分が王位につくことが悪いことであるという自覚はもっていたでしょうが、それが自分の得にはなっても損であるなどとは夢にも思わなかったでしょう。しかし人は不正を犯しながら、なおかつ幸福であることは可能なのでしょうか。この問いに答えることこそ、『国家』の主題だと言ってよいでしょう。そして、今回とり上げるプラトンの「魂の三部分説」もまた、どうして不正が生みだされるのか、その内的原因を解明するために提出された理論モデルの一つと言えます。

理性と欲望の綱引き

前講の最後に見たメデイアの言葉では、情念と思慮もしくは理性の二つの要素が対置され、前者の優越が語られていました。これに対して、情念に対する善悪の認識の優位を主

プラトン像　ルーブル美術館蔵

張する『プロタゴラス』のなかのソクラテスもまた、二つの要素の主導権争いとして人間心理の葛藤を説明していました。これに対して、『国家』においては、心のなかの葛藤は二つではなく三つの要素の絡み合いとして説明されます。しかし、最初から三つの部分が想定されるわけではなく、まずは反発する二つの要素の存在が確認されます。その一つは欲望ですが、「渇き」を例にとって、それが善悪の認識とまったく無縁なものであることが強調されます。

> では、ある特定の性質の飲み物を求める渇きは、ある特定の性質の渇きであるけれども、しかし渇きそれ自体の対象となるのは、多くの飲み物でもなければ、少しの飲み物でもなく、また善《よ》い飲み物でもなければ、悪い飲み物でもなく、一言でいえば、ある特定の性質の飲み物では決してないのであって、渇きそれ自体はただ単純に飲み物それ自体を対象とするのが、本来なのではないかね？（プラトン『国家』[1] 439a）

実はこれを訊ねているのもソクラテスなのですが、この『国家』に登場するソクラテスは、前に出てきた『ソクラテスの弁明』や『プロタゴラス』のソクラテスとは区別されるのが普通です。というのは自分自身は何も知らないことを強調し、人びとにも無知の自覚を促しつづけたソクラテスとは異なり、この作品のなかのソクラテスは相手の同意を取りつけながらも、かなり積極的な主張を行っているからです。一般的には『国家』のソクラテスが口にする主張は、著者プラトン自身の考えを反映したものと見られています。

それはさておき、われわれにとって重要なのは、どこまでがソクラテスで、どこからがプラトンなのかという問題よりも、心理的葛藤を生みだす心の構造そのものを明らかにすることでした。先の引用では喉《のど》の渇きというものが、飲み物の性質にかかわりなく、ただひたすら渇きをいやすことのできる飲料そのものに向けられていることが強調されています。われわれも経験することがあるように、ほんとうに喉が渇いているときには、ビールだジュースだなどと贅沢《ぜいたく》なことは言わず、「とにかく何でもよいから、飲み物をくれ!」ということになるのではないでしょうか。しかし、以前に『ラケス』のなかに出てきたお医者さんと患者の話のように、身体の状態によっては何を飲んでもよいとはいかず、まったく、あるいは特定のものは飲んではいけないという場合もあるはずです。ソクラテスは訊ねます。

「ところで、人が喉《のど》は渇いているけれども、飲むことを望まないという場合も時にはあると、われわれは言うべきだろうか?」

「ええ、それはもう（中略）、たくさんの人たちが何度もそういう経験をすると言うべきでしょう」

「すると、そういう人たちについてどのようなことが言えるだろうか（中略）、その人たちの魂のなかには、飲むことを命じるものがあるとともに、他方では、それを禁止するもうひとつ別のものがあって、飲むことを命じるものを制圧していると言うべきではないだろうか?」（439c）

ここでは他の人が飲むことを禁止するのではなくて、本人自身の内部に飲むことを禁じる部分があることが想定されています。そして、ここからソクラテスは次のように結論します。

それらは互いに異なった二つの別の要素であって、一方の、魂がそれによって理《ことわり》を知るところのものは、魂のなかの〈理知的部分〉と呼ばれるべきであり、他方、魂がそれによって恋し、飢え、渇き、その他もろもろの欲望を感じて興奮するところのものは、魂のなかの非理知的な〈欲望的部分〉であり、さまざまの充足と快楽の親しい仲間であると呼ばれるのがふさわしい、と。（439d）

ここで「魂」と訳されているギリシア語はプシューケー（psychē）で、英語の psychology（心理学）の語源にもなっている単語です。「魂」と訳したほうがよいのか、「心」と訳したほうがよいのか議論のあるところですが、いずれにせよ、魂もしくは心には少なくとも「理知的部分」と「欲望的部分」の二つの部分があることが確認されたことになります。昔、「わかっちゃいるけど、やめられない」という言葉がはやりましたが、メデイアならずとも、欲望と理性の争いについては大なり小なり体験しているのではないでしょうか。ところが『国家』のなかでは、心理的葛藤を説明するために、この理性と欲望の二つの要素間の綱引きモデルに代えて、新たに第三の要素を加えた三角関係モデルが導入されます。それはどういうものでしょう。

魂の三角関係

この第三の要素を導入するに当たって、ソクラテスはある人物の話をします。

いつかぼくはある話を聞いたことがあって、それを信じているのだよ。それによると、アグライオンの子レオンティオスがペイライエウス（アテナイの港）から、北の城壁の外側に沿ってやって来る途中、処刑吏のそばに屍体が横たわっているのに気づき、見たいという欲望にとらえられると同時に、他方では嫌悪の気持ちがはたらいて、身をひるがえそうとした。そしてしばらくは、そうやって心の中で闘いながら顔をおおっていたが、ついに欲望に打ち負かされて、目をかっと見開き、屍体のところへ駆け寄ってこう叫んだというのだ。――さあお前たち、呪われたやつらめ、この美しい観物を堪能するまで味わうがよい！（439ｅ～440ａ）

「わかるなあ、その気持ち」という方も少なくないかもしれません。「怖いもの見たさ」という表現がありますが、見るのが怖いという気持ちと、それでもやっぱり見たいという気持ちの葛藤、あるいは見てはいけないと言われれば言われるほど見たくなる、という心理はだれしも経験するところではないでしょうか。ギリシア神話で言えば、あの世から最愛の妻エウリュディケを連れ戻す途中、地上に着くまで妻のほうを振り返ってはいけないときつく言われていたにもかかわらず、もうちょっとのところで、ついに我慢しきれず後ろを振り向いてしまった愛妻家オルフェウス、あるいは外の賑やかさに好奇心をそそられて、つい天《あま》の岩戸を開けてしまった天照大神《あまてらすおおみかみ》などの話も、同じ心理を表していると考えてよいでしょう。アリストテレスは、人間がたとえ実利とは関係なくても、とにかく見ることを欲するという事実に注目して、われわれの認識に占める視覚の特権性に言及しているほどです。(2)

さて、先に引用したレオンティオスのエピソードについてソクラテスは、それが怒りと欲望の戦いを記述することによって両者が別物であることを示しているとしたうえで、次のような註釈を加えています。

欲望が理知に反して人を強制するとき、その人は自分自身を罵り、自分の内にあって強制しているものに対して憤慨し、そして、あたかも二つの党派が抗争している場合におけるように、そのような人の〈気概〉は、〈理性〉の味方となって戦うのではないかね？　これに反して、自分に敵対する挙に出てはならぬと〈理性〉が決定を下しているのに、〈気概〉が〈欲望〉の側に与《くみ》するということは、思うに、君はかつてそのような事態が君自身のうちに生じたのに気づいたことがあるとは主張できないだろうし、またほかの人のうちにしてもそうだろうと思うのだが。（440ａ～ｂ）

ここでソクラテスは、従来の理性と欲望に加えて「気概」を第三の要素として付け加えています。気概の原語はテューモスで、メデイアの台詞《せりふ》に出てきた「怒り」（⇩二二三頁）の原語と同じものですが、その役割は違っています。ここで理性と対立するのはあくまでも欲望であり、気概はその戦いにおいて理性に味方して欲望と戦うとされています。別の言い方をすれば、先に「情念」として一括したものが、ここでは食欲や性欲に代表される単なる欲望と、怒りに代表される気概に細分化されているとも言えるでしょう。あるいはここで言われている気概は、われわれの用語で言う「意志」に近いものとしてとらえたほうが分かりやすいかもしれません。むしろ問題は、従来の二極間の綱引きモデルよりも、こちらの三角関係モデルのほうが実態に即しているかどうかですが、あとで述べるような理由から、私自身はこちらのモデルのほうが説得力があると考えています。

それはともかく、ソクラテスはこのように魂のなかに三つの部分を想定するのですが、それら相互の関係は対等ではなく、あくまでも支配‐被支配の関係にあるとされます。すなわち、「理知的部分」が支配し、「気概の部分」がこれに協力し、「欲望的部分」を監督しているのが正しい魂のあり方とされます。ソクラテスは「欲望的部分」に対する見張りの重要性を強調して、次のように述べます。

この〈欲望的部分〉こそは、各人の内なる魂がもつ最多数者であり、その本性によって飽くことなく金銭を渇望する部分なのだ。先の二つの部分はこれを見張って、この部分が肉体にかかわるさまざまのいわゆる快楽に充足することによって強大になり、自分の為《な》すべきことはしないで、その種族としてはおこがましくも他の部分を隷属させ支配しようと企て、かくてすべての部分の生活全体をひっくり返してしまうようなことのないように、よく気をつけるだろう。　　(442a～b)

そしてこのようにして保持される魂の秩序の内に、勇気や節度の美徳も宿るとされます。たとえば「勇気ある人」とは、

その人の〈気概の部分〉がさまざまの苦痛と快楽のただ中にあって、恐れてしかるべきものとそうでないものについて〈理性〉が告げた指令を守り通す場合のことだ。
（442b〜c）

とされます。どこかで見たことがあるような言葉だな、と思われた方もあるかもしれません。そうです、この勇気ある人の定義は、以前に見た『ラケス』に出てきたニキアスの定義を思い起こさせます（⇩一六〇頁）。あの対話のなかでは、「恐ろしいことと平気なことについての知識」が勇気であるというニキアスの答えは却下されてしまったのですが、そのいったん却下されたかに見えた定義が、ここでもう一度生かされていると言ってもよいでしょう。ただし、勇気が知識そのものとしてではなく、むしろ「恐れてしかるべきものとそうでないもの」について理性が下す判断をさまざまな試練にもかかわらず保持し続けることと同一視されていることからすれば、もう一人の将軍ラケスによって強調された忍耐心も加味されていると言えます。あるいは、ここに「勇気とは何か」という問いに対

するプラトン自身の一応の解答が示されていると見ることもできるかもしれません。これに対して、気をつけなければならないとされていた事態が現実化してしまった魂、それが悪徳に満ちた不正な魂にほかなりません。

〈不正〉とは、こんどは、三つあるそれらの部分の間の一種の内乱であり、余計な手出しであり、他の分をおかすことであり、魂の特定の部分が魂のなかで分不相応に支配権をにぎろうとして、魂の全体に対して起こす叛乱《はんらん》でなければならないのではないか——その部分は本来、支配者の種族に属する部分に隷属して仕えるのがふさわしいような性格のものなのにね。思うに、何かそのようなこと、すなわちそれらの種族の混乱や本務逸脱が、不正、放埓《ほうらつ》、卑怯、無知、一言で言えばあらゆる悪徳にほかならないのであると、われわれは主張すべきだろう。（444b）

この場合は気概も欲望に味方すると考えれば、魂のあり方は気概がどちらにつくかによって決まるということになり、その限りにおいて三者は三角関係にあると言ってよいでしょう。ただ前にも述べたように、問題は気概を独立させて考えるこちらのモデルのほうが理論として優れているかどうかという点です。この点について、最後に老いの問題との関連で考えてみたいと思います。

老いては子に従わず

これから老いの問題をとり上げるのですが、実は先ほどの議論のなかで、気概が欲望と区別されるだけに留まらず、理性とも異なる独立した部分であることを示す根拠として挙げられているのは、老人ではなく子どもです。そこにおいては、まだ十分に理性の発達していない子どもでさえ気概には満ちていることが、気概の独立性を示す証拠として挙げられています。これは世界各地で多発している民族紛争などの報道写真でよく見かける少年兵の姿などから考えても、経験的事実に合致していると言えるでしょう。彼ら「愛国少年」たちは、たとえ大局的判断には欠けているとしても、敵を憎む気持ちの強さでは大人にも負けないかもしれません。しかし、ここで私が注目したいのは、老人の場合です。

お年寄りを観察していると、理性の働きが衰えたあとでも気概に相当する部分の働きは依然、活発であるように思えるからです。もちろん、年をとると「何をするのも億劫《おっくう》で」というケースも多いので、この場合、気概と言っても物事に取りかかり、それをやり遂げる気力を考えることは適切でないかもしれません。しかし少なくとも怒りについて言えば、老人の場合も決して衰えることはないのではないでしょうか。なるほど年をとって「頑固親父も丸くなり」という場合もあるでしょうが、逆に温厚だった人が些細《ささい》なことで怒りっぽくなったり、激しく怒るようになったりというケースも少なくないように思います。

ところで、さすがプラトンと言うべきでしょうか、この老いの問題、実は『国家』第一巻ですでにとり上げられているのです。そこではケファロスというお金持ちの老人に、ソクラテスが後学のためにと言って、老いを迎えた心境について訊ねます。それに対する老人の答えは次のようなものです。

ゼウスに誓って、いいともソクラテス（中略）、それが私にはどのように思えるか、ひとつ話してあげよう。われわれは、古いことわざのとおりに、同じくらいの年齢の者が何人か一緒に集まることがよくあるのだが、そういう集まりの場合、われわれの大部分の者は、悲嘆にくれるのがつねなのだ。若いころの快楽が今はないことを嘆き、女と交わったり、酒を飲んだり、陽気に騒いだり、その他それに類することをあれこれやったのを思い出しながらね。そして彼らは、何か重大なものが奪い去られてしまったかのように、かつては幸福に生きていたが今は生きてさえいないかのように、嘆き悲しむ。なかには、身内の者たちが老人を虐待すると言ってこぼす者も何人かあって、そうしたことにかこつけては、老年が自分たちにとってどれほど不幸の原因になっていることかと、めんめんと訴えるのだ。（329a～b）

とても二千三百年以上も前に書かれた文章とは思えない現代性があるのではないでしょ

うか。私もコーヒーを飲みに入った喫茶店で、たまたま隣り合わせになった老紳士たちの会話を耳にする機会がありましたが、そのほとんどは嘆き節だったと記憶します。ゴルフをやっても昔のようにボールが飛ばない、息子一家と同居しているが面白くないといった話がひとしきり続いたあとのことでした。一人のおとなしそうな紳士が、「何もすることがないのは、かなわんな！」と胸の思いを吐きだすように言ったのです。私自身が大学で思想について勉強するようになった大きな理由は、時代精神が内包するニヒリズムの問題について考えようと思ったからですが、このお年寄りの言葉を聞いたとき、私は現代の老人が直面する無の深さを思ったのでした。

ところで、ケファロス老人本人は、失われたものを数えて昔を懐かしむ仲間を批判して、自分は身をさいなむ欲望から解放されてほっとしていること、また年をとってからの幸不幸は老年そのものに責任があるのではなく、結局は本人の人柄によるのだと述べています。

このケファロス老人の言葉にもあるように、食欲や性欲など肉体的な欲望は、年とともに衰えるのが普通だと思われます。ただすべての欲望が一様に衰えるかは疑問です。とくに権力欲はそう簡単に衰えない欲望の一つではないでしょうか。また猜疑心《さいぎしん》は、むしろ年齢とともに強くなる傾向があるように思います。そして、この権力欲と猜疑心が一緒になると、家の内・外を問わずきわめて厄介なことになるのがつねです。

昔から「老いては子に従え」という格言がありますが、これほど難しいこともないようです。「老いては子に従わず」という場合も少なくないのではないでしょうか。硬くなるのは体だけではありません。心も硬くなるのが老いなのです。

それを避けるためにも、教養講座や語学番組をはじめとするラジオやテレビ放送を大いに活用して、理性的部分の活性化を図ることが大切だと思います。「七十にして心の欲する所に従いて矩《のり》を踰《こ》えず」(『論語』)の境地も尊いとは思いますが、「七十にして再び学に志す」のは、もっと楽しいのではないでしょうか。

(1) 訳は、藤沢令夫訳『国家』上(岩波文庫)による。以下の引用も同書による。

(2) アリストテレス『形而上学』第一巻980a参照。翻訳としては、出隆訳、アリストテレス『形而上学』上・下(岩波文庫)などがある。

第14講　美とエロースの探求――プラトン『饗宴』を読む

「はじめに」で、ソクラテスは決してこちこちの禁欲主義者ではなく、お酒から恋まで、大いに人生をエンジョイしていたと書いたのですが、ここでそのことを証明するような作品をご紹介しましょう。それはプラトンの『饗宴《きょうえん》』という作品です。

ギリシア語の原題は〝symposion〟(シュンポシオン)ですが、この単語は本来「一緒に」を意味する〝syn〟という接頭辞と、「飲むこと」を意味する〝posis〟(ポシス)という名詞からつくられた言葉です。つまり、「シュンポシオン」は今日の若者言葉で言えば、「飲み会」ということになります。また現在、よく「……シンポジウム」といった催しがありますが、実はその語源もこの言葉なのです。もっとも今日のシンポジウムというと、大抵は壇上に提題者、もしくはパネリストと呼ばれる人たちが並び、せいぜい水か何かを飲みながら議論するというのが一般的で、幸か不幸か、壇上でビールやお酒を飲むゲストはいないようです。

ところが、本場、古代ギリシアの場合は、ほんとうにお酒を飲んだのです。人びとは寝椅子のようなものを輪に並べてその上に横たわり、召使いにつまみを運ばせながら飲みかつ語り合ったとされます。そして、ソクラテスが参加した集まりも、そのような饗宴の一つだったのです。

おめかししたソクラテス

プラトンの作品のなかには、本題に入る前に前置きのような会話が挿入されることが多く、この作品でも同様の構成が採られています。まず、アポロドーロスというこの作品の語り手となる人物が友人に呼び止められ、悲劇作家のアガトーン（前四四六ころ～前四〇一ころ）がコンテストで初優勝したときに催された祝宴――シュンポシオンのことですが――の様子を物語るように頼まれます。アポロドーロスは、その祝宴がはるか以前のことで自分は参加していなかったものの、たまたまその集まりに参加していたアリストデーモスという男からその様子を伝え聞いたこと、また、自分でも直接ソクラテスに訊《たず》ねてその内容を確認してあることを話して、友人の頼みに快く応じます。

アポロドーロスはまず、アリストデーモスがソクラテスにばったり道で出会ったところから物語り始めます。アリストデーモスは、ソクラテスのいつになくこざっぱりとした格好に驚きます。というのも、ソクラテスはお風呂に入ったらしいうえに、ふだんは裸足《はだし》なのに、よそ行きの靴まで履いていたからです。不思議に思った彼が「そんなにきれいにして、いったいどこに出かけるつもりなのか」と訊ねると、ソクラテスは次のように答えます。

アガトーンの家へ晩餐《ばんさん》をよばれに。じつは、昨日勝利祝いの席で、わたしは、人出がわずらわしかったものだから、彼から逃げて帰ったのだ。それで、今日は席に臨むと約束しておいた。そういうわけで、身ぎれいにしてきたのだよ。だって、美しい人のもとへは、美しくして行かなければね。

（プラトン『饗宴』(1) 174ａ）

この言葉のなかに、すでにこの作品の主題が告げられていると言ってもよいでしょう。それは「美しさ」(to kalon)、「美」とは何かという問いです。ここではアガトーンが美しい人とされていますが、この作品は、お世辞にも男前とは言えないソクラテスこそ、実は美男の誉れ高いアガトーンをはじめとする他の誰よりも美しいのだということを言おうとしているらしいのです。いったい、どうしてそういうことになるのでしょうか。本講と次講にわたって、美とエロース、さらには芸術と真理の関係について、プラトンの著作を手引きとして考えてみることにしましょう。

エロースをめぐるスピーチコンテスト

さて、ソクラテスとアリストデーモスが宴席に到着し、ひととおり食事も済ませたところで、いよいよお酒ということになりますが、このときばかりは皆二日酔いで、あまり飲みたがりません。こんな皆の気持ちを察した医師のエリュクシマコスは、ここぞとばかり、一同を前にお酒の害を力説するとともに、飲むのはほどほどにして、順繰りにエロース神を称《たた》えるスピーチをすることを提案します。ここでお酒の代わりにエロースが選ばれているのは、決して偶然ではありません。ディオニュソス神（酒と豊穣の神。別名、バッコス）の贈り物であるお酒同様、エロース神の贈り物であるエロース、すなわち「恋」もしくは「愛」もまた、人を酔わせるとともに、時とすると分別を失わせるものでもあるからです。まさにそのようなものとして、お祝いの席にふさわしいテーマと言えるでしょう。一同この提案に賛同し、そこでファイドロスによる賛美を筆頭に、パウサニアス、エリュクシマコス、アリストファネス、アガトーン、そしてソクラテスが順にエロース神を称えるスピーチを披露することになります。

まずファイドロスは、エロース神が神々のなかでもいちばん年長で尊敬に値することを強調します。またそれだけでなく、その偉大な力を説きます。つまり彼によれば、人は自分が卑劣な振る舞いをしているところを他の誰に見られるよりも、恋人に見られるほどつらく感じることはないので、それだけは避けようとして立派に振る舞おうとするとされます。さらには夫を愛するがゆえに夫の身代わりに自分が死ぬことを申し出たアルケスティスのように、自分の命を犠牲にしてまでも愛する者を救おうとすることさえあるとされます。そして、ファイドロスはこう結論します。

かくて、僕の主張はこうなのです——愛の神（エロース）は、神々のなかでも、もっとも齢《よわい》も高く、もっとも高い誉れをもち、また生者・死者を問わず、人間を、徳と幸福の所有へ導く力を、すぐれて持ちたもう神であると。（180b）

天上的エロースと地上的エロース——パウサニアスのエロース論

これに続いてパウサニアスがそのエロース論を披瀝《ひれき》しますが、彼はまず、エロースにも「天上的なエロース」と「地上的なエロース」の二種があるとします。そして、地上的なエロースはくだらない人間の愛で、男性と女性の両方を愛し、しかもその肉体を愛するのに対して、天上的なエロースのほうは男性のみを対象としその知性を愛すると述べます。

ここで愛する側は男性と想定されていますので、パウサニアスの主張からすると、女性を愛するのはくだらない男のすることで、今日言うところの同性愛こそ、すぐれた男にふさわしい愛だということになってしまいそうです。どうも当時の男性は、女性を子孫を残すための単なる道具と見なし、男女の関係も生物的必然に迫られてのものにすぎず、それを超える精神的なレベルでの愛は男性どうしのあいだでしか成り立たないと考えていた傾向があります。その一つの原因として、当時の女性は機《はた》を織ること以外には、これといった教育を受ける機会もあまりなく、知的な議論の相手になれなかったことが挙げられることもあります。むしろ、当時の女性で教養があったのは、家庭に縛られることなく名士ともつき合うことができた高級な遊女のような女性たちだったと言われます。しかしそうは言っても、パウサニアスがエロースについて語っていることのなかに、今日の愛にもあてはまる点が含まれていることも事実です。例えば彼は、精神よりも肉体を目当てにした愛が長続きしないことを指摘して言います。

くだらぬ者の愛に、くだらぬ仕方で答えることは、醜く、しかるべき者の愛を、しかるべきふうに受け入れることは、美しいのだ。ところで、くだらぬ者とは、まさしくかの、地上的な愛を寄せる者のこと、魂よりも肉体を愛の対象として愛を寄せる者のことである。もとより、かかる者の愛は、長続きしない。なぜなら、彼の愛の対象も、長続きするものではないからだ。思うに、彼は、その愛をそそいだ肉体の盛りが去るや否や、まことに《飛び立つがごとくして、彼も去ってゆく》のだ——語った言葉のかずかず、約束のかずかずを見事踏みにじって。これに対し、すぐれた性質を愛の対象として愛を寄せる者は、生涯をとおして、心変わりすることはない。けだし、彼は不変なるものと一つに溶け合っているからである。（183d〜e）

またパウサニアスによれば、あまりにも簡単になびいたり、お金や地位目当てに相手の言いなりになるのは醜いとされますが、これも「貫一・お宮」(尾崎紅葉『金色夜叉』の主人公)の小説に限らず、今日の世間が見る目とも、そうは違わないのではないでしょうか。

エリュクシマコスと宇宙論的愛

さて、パウサニアスの次は、ほんとうは喜劇作家のアリストファネス(前四四五ころ〜前三八五ころ)が話す番だったのですが、突然、しゃっくりが止まらなくなり、医師のエリュクシマコスが先に話すことになります。エリュクシマコスはパウサニアスがエロースを二種に分けたことを称賛したうえで、二種のエロースが、人間だけに限らず、万象のなかに見いだされる現象であることを指摘します。そして医者らしく、健康と病気もまた二種のエロースの働きの結果であることを説明して、次のように述べます。

思うに、身体の構造は、いまの二様の愛(エロース)をそなえています。つまり、身体の健康な状態と病気の状態とは、一般に認められているように、別のもの、異なったものですが、その異なったものが、それぞれ欲求したり、愛したりする対象も、またそれぞれ異なっているのです。したがって、健康な状態に宿る欲求(エロース)と、病気の状態に宿る欲求(エロース)とは、異なったものとなるわけです。さて、この点において、まことに、先刻のパウサニアスの話がそのままあてはまるのです。（中略）まさに身体の場合におきましても、これと同様、どの身体に関しても、その優《すぐ》れた、健康な要素の意をかなえてやることは、美しいことであり、また、ぜひともなすべきことなのであります。そして、まさしくこのようにすることが、医術と名づけられていることにほかなりません。これに対し、身体の、劣った、不健康な要素の意をかなえてやることは、醜いことであり、人あってもし名医たらんと欲するならば、そういう要素は冷ややかに遇さねばならないのです。なぜなら、医学とは、これを要するに、身体の欲求現象（エロティカ）に関し、欲求を満たすべきか、満たさずにおくべきか、を取り扱うものだからなのです。（186 b～c）

つまりエリュクシマコスによれば、健康な状態に宿る欲求――これは善玉コレステロールならぬ善玉エロースということになるでしょうか――はこれを促進し、他方、病気の状態に宿る欲求――すなわち悪玉エロースのほう――はこれを抑制しなければならないということになります。そして、このような処置を通じて体のなかに調和――今日流に言えばバランス――をつくりだす者こそが、真の医者だとされます。

しかし、エリュクシマコスのエロース論は決して医術の領域にとどまりません。次に彼は哲学者ヘラクレイトス（前五四〇ころ～前四八〇ころ）の言葉を引きながら、音楽においてもエロースが不可欠であることを強調します。その言葉というのは次のようなものです。

一なるものは、それ自身がそれ自身と対立しながら、それ自身がそれ自身と調和している。あたかも、弓や竪琴《たてごと》の調和のように。(2)（187a）

普通、これは、互いに引っ張り合う弓と弓弦《ゆづる》、竪琴の胴体と弦の間に成り立つ緊張に満ちた調和を指すとされますが、エリュクシマコスはその意味を次のように解釈します。

おそらく、ヘラクレイトスがそこに言わんと欲していたことは、こうではなかったかと思われる。つまり、初めには互いに対立し合っている高音と低音とからでも、あとになって、それらが、音楽技術を介し、協調するようになると、それらから、調和が生じるものである、と。いやまさしく、これこそ、彼の意味したことであったに違いありません。（中略）音楽が、対立相互のあいだに、愛と和をつくりつつ、そこに同和をもたらすのです。こうして、音楽もまた、調和と諧律に関し、愛の現象（エロティカ）を対象とする学問なのです。（187a〜c）

最近、音楽を心身の健康の維持・回復に役立てようという音楽療法(3)と呼ばれるものが注目されていますが、あるいはエリュクシマコスが意識している以上に、医療と音楽は深いところでつながっているのかもしれません。

さて、エリュクシマコスはさらにエロースの射程を拡大し、エロースの働きが宇宙全体にまでも及んでいることを指摘します。

さらにまた、一年の四季の秩序においても、この二つの愛（エロース）が、いたるところにゆきわたっているのです。ですから、先ほど僕の語ったもの――熱と冷、乾と湿などが、相互の関係において、たまたま節度ある愛に触れ、調和、すなわち節度の保たれた混合を得る場合には、それら熱冷などの対立者は、人間および他の動植物のうえに、繁栄健康をたずさえて君臨し、およそ害を及ぼすことはないものです。ところが、これに対し、節度を越えた愛が、一年の四季のうえで、節度ある愛を凌《しの》ぐようになると、つねに数々のものを破壊し、害を及ぼすことになるのです。というのも、いろいろの疫病やその他さまざま異なった病気は、いつも、かかる節度をはずした愛の現象から、動植物のうえに生じるものなのです。また、霜、霰《あられ》、麦の病なども、以上のような愛現象相互のあいだの、貪欲《どんよく》や無節制な混乱から生じてくるのです。（188a～b）

最近、よく異常気象ということが言われますが、これもまた節度を越えた悪玉エロースのなせる業《わざ》かもしれません。しかし、もとはと言えば、それはわれわれが生活の快適さを求めるあまり、森林を伐採し、いたるところコンクリートで覆い尽くしてきた結果と言えるでしょう。やはり一番の原因は、われわれの内なる悪玉エロースということになりそうです。

喪《うしな》われた半身を求めて――アリストファネスのエロース論

さて本講の最後に、アリストファネスのエロース論をとり上げてみたいと思います。アリストファネスは、しゃっくりもようやく治まって話しはじめるのですが、彼はエリュクシマコスによって宇宙全体にまで拡大されたエロースを、もう一度、人間に引きつけて考察します。いかにも喜劇作家らしく、冗談めいた語り口ですが、その内容には深く考えさせるものがあります。彼はまず、人間のもともとの姿から説き起こします。

さて、まず初めに諸君の学ばねばならぬことは、人間というものの本来の姿、およびその姿に起こった出来事なのです。というのも、昔のわたしたち人間の姿は、今と同じではなかった。別の姿をしていた。こうです。第一に、人間の性別は、三種族あって、現今のように男性・女性の二種族ではなく、そのうえになお、両性をひとしくそなえた第三の種族がいた。このものの名前は今でも残っている。しかし、そのもの自身は、とっくの昔に姿を消しているのです。（189d〜e）

要するに人間には男性、女性のほかに、さらに第三の種族として両方の性をそなえた男女（アンドロギュノス）と呼ばれるものがいたというわけです。そしてこれに応じて、それぞれの種類に属する人間たちは皆、二人分の手足、つまり八本の手足をもち、体は二人の人間を背中合わせに張り合わせたような格好で、反対向きの顔が二つに生殖器もそれぞれの側にあったとされます。ところで、このように二人前のパワーをもっていただけに、この太古の人間たちは凶暴かつ傲慢《ごうまん》で、ついには神々に叛乱《はんらん》を企てたのです。そこで困ったゼウスの神はほかの神々とも対応策を協議した結果、次のように結論します。

「自分は、一案をめぐらしえたように思う――人間どもが、今のまま存在を続けつつ、しかも同時に、その力が弱まり、その倨傲《きよごう》より身を引くようになるための一案を。つまり、まずさしあたり、自分は――とゼウスの神はおっしゃった――彼らのそれぞれを真っ二つに両断しよう。そうすれば、彼らは、今より力も弱いものとなるだろう」（中略）ゼウスの神は、このようにおっしゃり、人間どもを真っ二つに両断された。まるでなないかまどの実を、塩漬《しおづ》けにしようとして切る人、あるいは、卵を髪の毛で切る人のように。そしてまた、ゼウスの神は、その切断した一つ一つに関し、アポロンの神に命じ、それぞれの顔を、半分になった首と一緒に、切られた側面のほうへ向けさせられた。その理由は、それぞれ半分にされた人間たちが、みずからの切られた痕《あと》を目にして、昔よりはるかに慎み深いものとなるためです。さらにゼウスの神は、顔、首以外の切り傷を治療することも、アポロンの神にお命じになった。そこで、アポロンの神は、顔、首の向きを変えるとともに、体のいたるところから、いわゆる当今お腹《なか》と呼ばれているほうへ、皮をたぐりよせ（中略）、そのお腹の中心部に、一つの口をつくり、その口で、たぐりよせられた皮を、しっかりと結び合わされた。——この中央の口が、目下お臍《へそ》と呼ばれているものですよ。（190c〜e）

この話は一見、荒唐無稽《こうとうむけい》な作り話のように見えますが、実は人間存在についての非常に深い洞察を秘めているように思われます。というのは、そもそも一個の全体を成していた人間が半分ずつに二分されたということは、今ある人間はつねに残りの半分を欠いた不完全な存在、少しむずかしい言い方をすれば、「欠如的存在」とも言えるからです。と同時に、切断された面の皮を束ねて結んだものがお臍だとされていることにも深い意味が隠されています。というのも、考えてみれば、今でもお臍というのは人間が誕生と同時に母胎から切り離された、まさに傷跡にほかならないからです。精神科医の土居健郎《どいたけお》氏はベストセラーとなった『「甘え」の構造』(4)のなかで、次のような興味ぶかい指摘をしています。

甘えの原型は乳児がおぼろげに自分と別の存在であると知覚する母親と密着することを求めることであるとのべたが、であるとすると、甘えるということは結局、母子の分離の事実を心理的に否定しようとするものであるといえないだろうか。母子は生後は明らかに物理的にも心理的にも別の存在である。しかしそれにも拘らず甘えの心理は母子一体感を育成することに働く。この意味で甘えの心理は、人間存在に本来つきものの分離の事実を否定し、分離の痛みを止揚しようとすることであると定義することができるのである。

ここで氏は日本人の特徴的心性とされる「甘え」の深層に母子分離の痛みが潜むことを指摘していますが、アリストファネスの寓話には、このような分析とも重なる洞察が含まれているように思えるのです。先の話に続けてアリストファネスは、今や半分ずつになった人間たちが、喪われた半身を熱烈に求めてやまない様子を物語ります。

さて、このようにして、人間の本来の姿が二つに切断されると、その半身は、皆、みずからの半身を焦がれ、いつも一緒になってしまうのです。互いに腕で抱き合い、からみ合い、一つになろうと欲し、また、別々に離れたままでは何ひとつ行おうという気にならず、それで、飢えや、その他一般に働こうとしないため、命も失うというありさまだった。また、半身のどれかが死に絶え、他方が生き残るような場合でも、その残された半身は、別の半身を求めて、一緒になってしまう。（191 a～b）

これもまた、甘えっ子がお母さんにくっついて離れない姿を思い起こさせる記述です。さて、このような事態になって人類が滅びることを憂慮するとともに憐れにも思ったゼウスは、一つの工夫を施して、人類滅亡の危機を救おうとします。第4講でとり上げたプラトンの『プロタゴラス』に出てくる「プロメテウスの物語」では、ゼウスは人間たちにアイドースとディケー、つまり、道徳心と法を贈ったのですが、今回は人間たちの生殖器を反対側から前へ、要するに顔と同じ側へと、つまり今の人間たちと同じになるように移したとされます。

その目的は、半身どもが互いに結び合うとき、もし男性が女性を相手にしたときには、子を生みその種族が存続するように、また、よし仮に、男性の相手が、たまたま男性であった場合でも、一緒にいることから、少なくとも満足感が生じ、そこに休息を見いだし、やがて仕事にも向かえば、一緒にいること以外の、いろいろな暮らしのことに気を配るように——ということにあったのですね。さて、こういうわけで、人間相互の間の愛というものは、まことにかくも大昔から、人間のなかに本来そなわっていたわけです。つまり、それは、太古本来の姿を一つに集めるものでもあれば、また二つの半身から、一つの完全体をつくり、人間本来の姿を癒《いや》さんと努めるものなのです。（191c～d）

つまりアリストファネスによれば、エロースとはまさに、喪われた半身と出会い、一つになって癒されたいという人間の内奥に潜む根源的な欲求にほかならないのです。

さて、このアリストファネスのエロース論に続けて、さらに祝宴の主人であり主役でもあるアガトーンがエロース観を語り、エロースが美においても徳においても欠けるところのない完全無欠な存在であることを強調します。これに対してソクラテスは、エロースがつねに「何ものかに対するエロース」である以上、決して無欠の存在ではなく、自分に欠けているものに対する欲求であることを指摘します。そして、エロースが美しいものに向かうとすれば、それはエロース自身には美が欠けていることを物語るものであると結論します。このソクラテスの見解は一面においてアリストファネスの見解を引き継ぐものとも言えますが、ソクラテス独自の見解は、かつて彼がディオティマという女性から聞いた話として物語られることになります。そして、客の全員のエロース論の輪が一巡したところへ、酔っぱらったアルキビアデス（前四五〇ころ～前四〇四）が押しかけ、ソクラテス賛美を行い、その後は最初の話はどこへやら、深夜の大酒宴となって話は終わります。しかし、ソクラテスによって語られるこのディオティマのエロース論と、それに続くアルキビアデスによるソクラテス賛美については、次講で論じることとしましょう。

（1）訳は、森進一訳『饗宴』（新潮文庫）による。以下の引用も同書による。他に、朴一功訳（京都大学学術出版会、西洋古典叢書）、中澤務訳（光文社、古典新訳文庫）、山本巍『プラトン饗宴——訳と詳解』（東京大学出版会）など。

（2）引用は、プラトン自身が『饗宴』のなかで引用しているもの。ヘラクレイトス自身の断片では、次の断片（51）がこれに相当すると考えられている。

「どうして不和分裂しているものがみずからと一致和合している（理を一つにしている）のか、彼らには理解できない。逆向きに働き合う一体化（調和）というものがあって、例えば弓や竪琴の場合がそれである」（内山勝利ほか編『ソクラテス以前哲学者断片集Ⅰ』三二三頁、岩波書店、一九九六年）

（3）生野里花『音楽療法士のしごと』（春秋社、一九九八年）は、音楽療法の実践の記録として、また女性の自己発見の物語としても、とても興味ぶかい好著である。

（4）土居健郎『「甘え」の構造』（弘文堂、一九八三年第9刷）八二頁。

第15講　芸術と真理――プラトン『国家』におけるミーメーシス（模倣）論

前講ではプラトンの『饗宴』をテキストに、エロース論のご馳走の数々を楽しみました。本講ではまず、前講で触れることができなかったソクラテスによって物語られるディオティマのエロース論と、アルキビアデスによるソクラテス賛美について見たうえで、プラトン『国家』において展開される芸術論の検討に進みたいと思います。

中間者としてのエロース

さて『饗宴』におけるエロース論の最後を飾って、ソクラテスはかつてディオティマという女性から聞いた話を物語ります。ディオティマによれば、エロースの本質は、その中間性にあります。つまり美と醜、知と無知、神々と人間の中間的な存在だというのですが、その原因はエロース神の血筋にあるとされます。というのは、昔、美の女神アフロディテ（ローマ名ヴィーナス）が生まれたとき、そのお祝いに神々が宴を催したことがあったのですが、そこに出席していたポロスという知恵にも財にも事欠くことのない神と、ペニアーという貧窮の女神のあいだにできた子がエロースだからです。ディオティマは言います。

こうして愛の神（エロース）は、策知の神ポロス、貧窮の女神ペニアーのあいだに生まれた息子でありますから、たまたま次のような天賦《てんぷ》の者となりました。まず一方では、いつも貧しい。そして、多くの人が考えているように、たおやかで美しい、などとは思いもよらぬことで、むしろ粗野な、ひからびた、靴もなければ家もなく、いつも臥床《ふしど》をもたぬまま大地に横たわり、門や道路のそばで、大空をいただいて眠るのです。それというのも、母の性《さが》を享《う》け、つねに貧窮を友としているからなのです。ところが他方、父の性に従い、善美なるかぎりのものに狙いを定めてやみません。勇気、進取、熱情の者、腕も冴《さ》えた狩人《かりゅうど》なのです。つねに何らかの策をねり、意匠を追い求め、策に窮することがありません。生涯を通じて知を愛する者、腕もたしかな魔術者、魔法使い、またかの知者。さらにその性《さが》、不死なる者に属しもせず、さりとて死すべき者にも属しません。

（プラトン『饗宴』(1) 203c～e）

エロースを特徴づける中間性のなかでもとりわけ重要なのは、知と無知に関わる点です。ディオティマは、すでに知を所有している神々や知者と呼ばれる人びとは知を愛し求める、つまり哲学する必要を感じないこと、他方、これに対して知者と無知者の中間にある者こそが知を愛し求めるのだとして、次のように語ります。

愛の神（エロース）もまた、思うに、その中間者たちの一つです。なぜなら、知とは、もっとも美しいものの一つに属していますが、しかも愛の神とは、その美しいものへの愛なのですから、当然、愛の神は、知を愛する者となりましょう。そして、知を愛する者である以上、当然、知者と無知者の中間にも位しましょう。（204b）

実は、ここで「知を愛する者」と訳されているギリシア語は"philosophos"であり、今日の英語で「哲学者」を意味する"philosopher"のもとになっています。「愛する」、「好む」を意味する動詞"phileō"に由来する前半部分と、「知」もしくは「知恵」を意味する名詞"sophiā"に由来する後半部分から成り、文字どおりには、まさにここに訳されているとおり、「知（知恵）を愛する者」を意味しています。ちなみに「哲学」を意味するギリシア語は、以前にも述べたことがありますが、"philosophiā"です。要するにディオティマが言いたいのは、知を愛する、つまり哲学することを志すのは、すでに知を所有している者でもなければ、そう思い込んでいる者でもなく、まさに自分が無知であることを自覚している者だということです。このことは、ほかならぬソクラテス自身にも当てはまるのであり、ソクラテスが日々実践していたことは、ほんとうは無知であるにもかかわらず、知っていると思い込んでいる人びとに無知であることを気づかせ、彼らの心のなかにエロース、つまり、知に対する熱い憧憬を目覚めさせることだったとも言うことができるでしょう。

さて、ディオティマはこのほかにもエロースについて深い洞察を示していますが、ここでは有名な「美の階梯《かいてい》」についての彼女の考えに的《まと》を絞って検討することにしましょう。

美の階梯

ディオティマによれば、エロースの奥義としての「美の階梯」とは次のようなものです。人はまず、一個の美しい肉体を愛することから出発して、次に複数の美しい肉体に宿る美が同一であることを学んだあと、今度は心、魂（psýchē）に目を向け、心の美しさが肉体の美しさに勝ることを知らなければならないとされます。さらには人の美しさだけでなく、世の中で行われているさまざまな活動や風習に宿る美しさ――日本語でいう「美風」に相当するでしょう――に対する目をも養ったうえで、さまざまな知識にそなわる美を鑑賞しなければならないとされます。このさまざまな知識にそなわる美の豊穣さを、ディオティマは「美の大海原《おおうなばら》」（to poly pelagos tou kalou）にたとえています。しかし、この「美の大海原」もまだ到達点ではありません。美とエロースの探求者は、さらに高みを目指さなければならないのです。

愛の修行に臨んで、いま語られたところまで導かれてきた人は、さまざまの美しいものを、順序を守り、しかるべき仕方で見ながら、愛の道程もいまや終わりに近づいた頃、突如として、彼は、げにも驚嘆すべき性質の美を、まざまざと目にするでありましょう。ソクラテスよ、その美こそは——まことに、今までの努力の一切が、まさしくそれを目的としていたものですが、——その美こそは、まず、永遠に存在し、生成消滅、増大減少をまぬがれたものなのです。次に、ある面では美しく、他の面では醜い、というようなものでもなければ、また、ある時は美しく、他の時は醜い、とか、ある関係では美しく、他の関係では醜い、とか、さらに、(あたかもある人には美しく、他の人には醜い、というような意味で)あるところでは美しく、他のところでは醜い、というようなものでもありません。(中略)その美は、それ自身が、それ自身において、それ自身だけで、一なる姿をとってつねに存在しているのです。これに対し、他の美しいものは一切、その、彼方《かなた》にある美にあずかっているのですが、その両者のあいだには、次のような関係が見られるのです。——つまり、それら他の数々の美しいものは、生成消滅の渦中にあるのですが、かの美のほうは、より大に、またはより小になったりすることもなく、さらに、いかなる変様をも被《こうむ》りはしない、というような関係が見られるのです。(210e〜211b)

正直なところ、はたしてここで語られているような永遠不滅の絶対的な美といったものがほんとうに存在するのかどうか、何か信じられないような気もします。しかし、われわれが山を登っているときでも、高く登るにつれて違った眺望がひらけてくることを思えば、美についてもまた、美の階梯を一段登るごとに新たな美の眺望が現れてくるのかもしれません。人は自分が立つ位置に応じてしかものを見ることができないのだとすれば、自分に見えないからといって、ほかの人にも見えるはずがないと決めつけるのは慎むべきでしょう。「目利《めき》き」という言葉がありますが、例えば、目の前に置かれた一つの茶碗を見るにしても、見る人の体験の深さに応じて、見えてくるものもまた違うはずです。

以上、われわれはディオティマの説く「美の階梯」――それは今風に言えば、美を学ぶためのカリキュラムといってもよいでしょうが――について見てきたのですが、皆さんのなかには、美を学ぶうえでの芸術作品あるいは芸術作品の鑑賞の位置づけはいったいどうなっているのだろう、と疑問に思われる方がいらっしゃるかもしれません。今日、われわれが美について考えるとき、芸術作品が自然美と並んで、あるいは、それ以上に重要な位置を占めることを思えば、当然の疑問と言えるでしょう。しかし、この問題に入る前に、『饗宴』の最後を飾るアルキビアデスのソクラテス賛美について簡単に見ておくことにしましょう。

アルキビアデスによるソクラテス賛美

さて、ソクラテスによるディオティマのエロース論の紹介が終わったところへ、酔っぱらったアルキビアデスが押しかけてきます。彼もまた、アガトーンにお祝いを言おうとしてやって来たのでした。ところが、彼はそこにソクラテスがいるのを見つけると、アガトーンはそっちのけにして、ソクラテスの賛美を始めるのです。もっとも賛美とはいっても、彼はまず、ソクラテスの容貌の魁偉《かいい》さを神話に登場するシレーノス——ぎょろ目に獅子鼻、馬の尻尾《しっぽ》と耳と蹄《ひづめ》をもった酒好きの老人——にたとえることから始めます。

僕の主張では、彼（ソクラテス）は、あの彫像屋の店頭に鎮座しているシレーノスの像——その像というのは、彫刻家が、牧笛横笛《つのぶえ》をもたせてつくっており、また、真ん中を二つに開かれると、なかに神々の像をもっているのが見られるわけだが——そういうシレーノスの像に、きわめて似ている。さらに僕は、彼がサテュロスのマルシアースに似ているとも言おう。（215a〜b）

サテュロスのマルシアースも、角・耳・蹄・毛など山羊《やぎ》の体をしていると言われ、これでは褒《ほ》めようとしているのか、けなそうとしているのか分かりませんが、アルキビアデスは、実はそのようなお世辞にも美しいとは言えないソクラテスの外見の内奥に、神々《こうごう》しいまでの美しさが秘められていることを明かします。

以上の姿は、この人が外側にまとってる姿にすぎないのだ。――シレーノスの彫像と同じようにね。しかし、この席の諸君、ひとたびそれが開かれた場合、その内部は、どれほどの見事な思慮に満ちていると思います? 諸君知るがよい――この人にとっては、誰それが美しいというようなことは、およそ問題ではないんです。むしろ軽蔑《けいべつ》すらしている、それも、誰ひとり想像もおよばぬほどの軽蔑なのだ。あるいはまた、誰それが裕福だとか、世人に羨《うらや》まれるような栄誉を担《にな》っているとか、そういうことについても、事情は同じです。なにしろ、そういう財の一切を、彼は、無に等しいものと考えている。(中略) それでいて、人びとを相手に、空《そら》とぼけ、戯れのつき合いをしながら、生涯を送ろうというのだ。しかしながら、反対に、その彼が真剣になり、そのシレーノスの内部が開かれた場合、内部の宝を――誰か目にした人があるかどうかはいざ知らず、――とにかくこの僕は、かつてそれを見たことがあった。そして僕には、ああこれはなんと神々《こうごう》しい金無垢《きんむく》だ、げにも卓絶した美品だ、と思われた。その驚きといったら、まったく、このソクラテスが為《な》せとすすめることなら、ただもう文句なしにやらなければなるまいと、そう思われたほどだった。(216d~217a)

前講の冒頭で、ほんとうに美しいとされるのはアガトーンではなくソクラテスだということになりそうだと述べたのですが、アルキビアデスが言っているのは、まさにそのことにほかなりません。そして皮肉なことには、そういうアルキビアデスその人もまた男前で女性に大いにもて、それがのちに堕落する一因になったとも伝えられることからすれば、彼はこのようにソクラテスの人格にそなわる美しさを称《たた》えることによって、自分自身の至らなさを認めていると言ってもよいでしょう。

さてここでアルキビアデスの賛美の対象となっているのは、ソクラテスの内面の美しさ、つまり人格美ですが、それでは芸術作品についてはどうなっているのでしょうか。次にプラトンの芸術論に目を向けてみることにしましょう。

ミーメーシスとしての芸術

プラトンが具体的なかたちで芸術について論じているのは、『国家』の第三巻と第十巻ですが、ここでは絵画についての厳しい評価で有名な第十巻における芸術論を中心にとり上げてみることにします。この巻は『国家』の最終巻で、それまでの議論の総まとめ的な性格をもっていますが、ソクラテスはその冒頭で、理想国家における詩をはじめとする文芸の創作に関する規定が正しかったことを強調して、次のように述べます。

詩（創作）のなかで真似《まね》ることを機能とするかぎりのものは、決してこれを受け入れないということだ。というのは、ぼくは思うのだが、それを絶対に受け入れてはならぬということは、魂の各部分の働きがそれぞれ別々に区別された今になってみると、前よりもいっそう明らかにわかっているわけだからね。（プラトン『国家』(2) 595a～b）

魂の各部分というのは、第13講「理性と情念Ⅱ」のところで見たように、「理知的部分」「気概の部分」「欲望的部分」の三つを指しています。問題は「真似ることを機能とする」詩とはいったい何を指すのかということですが、ソクラテスによれば、そこにはホメロス（前八世紀ころのギリシア詩人）の叙事詩――『イリアス』『オデュッセイア』――や悲劇作品が含まれることになります。しかし、そもそも「真似る」とはどういうことなのでしょう。ソクラテス自身、次のように告白します。

真似（描写）とは、全般的にいって、そもそも何であるかということをぼくに言うことができるかね？　というのは、じつはぼく自身にも、それが何を意味しているかが、あまりよくわからないからなのだが。（595c）

ここで「真似」と訳されているギリシア語は、「ミーメーシス」（mimēsis）で、「模倣」

あるいは「再現」と訳されることもあります。実は『国家』の第三巻でも、このミーメーシスがとり上げられているのですが、そこでは主として文学作品における語り方、つまり〈何について〉、〈どのように〉語るべきか、という観点から問題にされます。そして二種類の語り方、あるいは語り手が対比されています。まず、すぐれた語り手については次のように述べられます。

　ぼくの思うに、適正な性格の人は、叙述を進めて行くうちに、すぐれた人物のある言葉なり行為なりのところに来た場合には、自分がその人物になったつもりでそれを報告する気持ちにすすんでなるだろうし、そのような真似なら恥ずかしいとは思わないだろう。（中略）けれども逆に、自分自身に似つかわしくないような人間が登場する場面に来た場合には、彼は、その人物がたまたま何か善いことをする場合のようなわずかな機会を例外として、本気になって自分を自分より劣った人間に似せようという気持ちにはなれずに、そうすることを恥ずかしいと思うだろう。（396c〜d）

　ここで語り手として念頭に置かれているのは、職業的な詩人やそれを吟唱する歌い手だと考えられますが、しかし、言われている内容自体は普通の人にも当てはまることではないでしょうか。昔の親たちは子どもたちの言葉遣いにうるさかったように思いますが、それはやはり乱暴な言葉を使っているうちに、知らず知らず粗野な性格の人間になっていくということを知っていたからではないでしょうか。何でも真似してよいわけではない、というのがソクラテスの次の言葉のポイントです。

こんどはそれと違ったもう一方の語り手は、その語り手がつまらぬ人間であればあるほど、それだけいっそう何もかもを真似することになるだろうし、どんなことでも、自分に似つかわしからぬとは決して思わないだろう。したがって彼は、あらゆるものを本気になって、それもたくさんの人びとの前で、真似しようとこころみることだろう――われわれがさっき言っていたような、雷鳴だとか、風や雹《ひょう》や車軸や滑車の音だとか、また喇叭《らっぱ》や笛や牧笛やあらゆる楽器の音だとか、さらには犬や羊や鳥の声までも含めてね。こうしてこの人の語り方は、そのすべてが声や身振りによる〈真似〉によってなされることになり、叙述を含むとしても、わずかなものとなるだろう。（397a～b）

なにか物真似が得意な小学校時代のクラスの人気者を思い起こさせるような記述です。ここでは主として声や身振りによる真似、つまり声帯模写や形態模写が挙げられています。このような意味における真似の是非について論じることは、先にとり上げた美の探求と一見したところ、あまり関係がないように思われるかもしれませんが、実はそうではありません。というのも、ディオティマによって語られた「愛の奥義」としての「美の階梯」は、肉体の美しさから出発して精神の美しさを見ることを学び、究極的には美そのものを観照する境地に到達するものですが、人柄の美しさ、立派さ（to kalon）は精神の美しさのなかでも重要な位置を占めると思われるからです。そしてそこにおいては、人の外見に惑わされずに、その人の人柄の美醜を見抜く眼力を身につけるだけでは十分でなく、みずからもその人をお手本として、少しでも人柄が立派になるように己《おのれ》を磨くことが求められていると考えられるからです。このような意味における「真似をすること」つまり、立派な人を見ならって同じように振る舞うことは、美の修行における不可欠の一段階なのです。

絵画と真理

このように第三巻では、主として声や身振りによる物真似が念頭に置かれているのに対して、第十巻ではむしろ、品物や絵画の制作が「真似」のモデルとしてとり上げられます。ソクラテスはまず同じ名前で呼ばれる多くのものの基《もと》に一つの「実相」（エイドス）が存在することを確認したうえで、寝椅子と机を例に、次のように語ります。

ところで、これもまたわれわれのいつもの説ではないか、――すなわち、いまの二つの家具のそれぞれを作る職人は、その〈実相〉（イデア）に目を向けて、それを見つめながら一方は寝椅子を作り、他方は机を作るのであって、それらの製品をわれわれが使うのである。他のものについても同様なのだ、とね。なぜなら、〈実相〉そのものについては、職人のうち誰ひとりそれを作ることはないのだから。どうして作ることができようか？　（596b）

「実相」と訳されている言葉は、原語では「エイドス」（eidos）と言われたり、「イデア」（ideā）と言われたりしていますが、いずれも、もともとは「形」とか「外観」を意味する言葉です。美の階梯の頂点にある「美そのもの」とは、ここでの言葉遣いで言えば、「美のイデア」に相当します。さて、職人の次に登場するのが画家です。

「君はきっと画家が作り出すものはほんとうのものではないと、主張するだろう。ただし、ある仕方では画家もやはり寝椅子を作るのだがね。そうではないか？」

「ええ（中略）、彼もまた、寝椅子と見えるもの（写像）を作るのです」　（596e）

この画家が描く寝椅子も含めると、三つの種類の寝椅子があるとソクラテスは結論します。そして次のように言います。

「それでは、ここに三つの種類の寝椅子があることになる。一つは本性（実在）界にある寝椅子であり、ぼくの思うには、われわれはこれを神が作ったものと主張するだろう。――それとも、ほかの誰が作ったと主張できるだろうか？」

「ほかの誰でもないと思います」

「つぎに、もう一つは大工の作品としての寝椅子」

「ええ」と彼。

「もう一つは画家の作品としての寝椅子だ。そうだね？」

「結構です」

「こうして、画家と、寝椅子作りの職人と、神と、この三者が、寝椅子の三つの種類を管轄する者として、いることになる」

「ええ、三人います」（597b）

この三つの種類の寝椅子の関係は、神がまず真に実在する寝椅子を一つつくり、それを職人が模倣して製作し、さらに職人が製作したこの現実の寝椅子――『饗宴』のなかで参加者たちがその上に寝そべってエロース論とお酒を満喫したのもこの種類の寝椅子ということになりますが――を真似たのが、画家の描いた寝椅子の絵だというわけです。したがって、寝椅子に限らず神がつくったものをオリジナルとすれば、絵画はコピーのコピーにほかならず、実在もしくは本物から数えて三番目の存在ということになってしまいます。要するに、画家は描く対象そのものについては何ひとつ理解していないくせに、もっともらしく見せかけるテクニックを身につけているにすぎないとして批判されます。

> してみると、真似（描写）の技術というものは真実から遠く離れたところにあることになるし、またそれがすべてのものを作り上げることができるというのも、どうやら、そこに理由があるようだ。つまり、それぞれの対象のほんのわずかの部分にしか、それも見かけの影像にしか、触れなくてもよいからなのだ。
> たとえば画家は——とわれわれは言おう——靴作りや大工やその他の職人を絵にかいてくれるだろうが、彼はこれらのどの職人の技術についても、決して知ってはいないのだ。だがそれにもかかわらず、じょうずな画家ならば、子供や考えのない大人を相手に、大工の絵をかいて遠くから見せ、欺いて、ほんとうの大工だと思わせることだろう。（598b〜c）

画家や絵画の愛好家が聞いたら怒りだしそうな発言ですが、実は第十巻の文脈で言えば、この絵画および画家に対する批判は、それに続く悲劇と悲劇詩人批判——いわゆる「詩人追放論」――のための伏線と見なされるべきもので、あまり過剰に反応するのは適切でないかもしれません。とはいえ、ここに見られるような絵画観に立つかぎり、美の階梯のなかに絵画が入り込む余地はなさそうに見えます。しかし、ほんとうに絵画は子どもだましのコピーのコピーにすぎないのでしょうか。私自身は、そうではないと考えます。例えばゴッホ（一八五三〜九〇）が描いた「椅子」や「靴」の絵は、プラトン流にいえば、「椅子そのもの」「靴そのもの」、つまり椅子が椅子であるかぎり有する本質、靴が靴であるかぎり有する本質を描きだしているのではないでしょうか。

さて、少し前のところで、この絵画論は悲劇批判の伏線にすぎないと言ったのですが、悲劇と悲劇詩人に対する批判の要諦《ようてい》もまた、それが知識にもとづかない、ごまかしにすぎないというところにあります。と同時に、悲劇の主人公たちの抑制のない感情表現――例えば、神託に対するイオカステのあざけりや（⇩三九頁）、メデイアの嘆きと呪《のろ》いに満ちた言葉（⇩二〇八頁）など――が、観客たちにも倫理的悪影響を及ぼしているとして批判されることになります。そして実はこうした悲劇批判は、当時、新しい教育として人気を集めていたレトリック、弁論術に対する批判にもつながるのです。次講では弁論術の大家、ゴルギアスの代表的弁論をとり上げ、その驚嘆すべき説得のテクニックについて学ぶことにしましょう。

（1） 訳は、森進一訳『饗宴』（新潮文庫）による。
（2） 訳は、藤沢令夫訳『国家』上・下（岩波文庫）による。

参考文献

プラトンの芸術哲学について
関村誠『像とミーメーシス』勁草書房、一九九七年
神崎繁『プラトンと反遠近法』新書館、一九九九年

第16講　真《まこと》と嘘《うそ》Ｉ――ゴルギアスと、人を言いくるめる方法

われわれは既にプラトンの『饗宴《きょうえん》』のなかで語られるディオティマのエロース論と、『国家』において展開される芸術論については見ました。そして、『国家』の第十巻で行われるいささか侮辱的とも思える絵画批判が、実は、それに続く悲劇批判を理論的に準備するためのものであるということも述べました。ここでは、悲劇同様、プラトンの激しい批判にさらされることになるレトリック、弁論術について、ゴルギアス（前四八五ころ～前三八〇ころ）の代表的弁論をとり上げて検討することにしたいと思います。

弁論術の巨匠――ゴルギアス

ゴルギアスという名前は、これまでにもプラトンの有名な対話篇の題名として何回か出てきましたが、ゴルギアス自身の作品についてはまだ見る機会がありませんでした。プラトンの『ゴルギアス』だけを読まれた方は、「ゴルギアスって、大したことないな」と思われたかもしれませんが、彼自身の弁論を読めば、思わずうなってしまうのではないでしょうか。しかしその前に、簡単にゴルギアスの経歴を見ておくことにしましょう。

ゴルギアスは前四八五年ころ、シケリア（シシリー島）のレオンティーノイに生まれ、実に百歳以上になるまで生きたと言われています。レオンティーノイはシュラクサイ、現在のシラクーサの北西に位置し、シラクーサと今日のシシリー第二の大都市、カターニアの中間あたりにあります。ゴルギアスは祖国だけでなく、諸国を遍歴しながら高額の謝礼を取って弁論術を教授し、巨富を築いたようです。一説によれば、彼は自分の像を造らせ――ちょっと成金趣味ですが、その像は黄金でできていたそうです――デルフォイの神殿に寄進したとも伝えられています。そのほかにも、前四二七年――プラトンが生まれた年です――にはシュラクサイに対抗するための支援を求めに外交使節団を率いてアテナイを訪問し、その名演説によって、アテナイっ子の度肝《どぎも》を抜いたとも言われます。さらにはデルフォイやオリュンピアの祭典の際にも派手な衣装を身にまとって、華麗な演説を披露したとされます。また、自信家の彼はその場で何でも質問させ、一度も答えに窮したことがないことを誇っていたそうです。

何から何までソクラテスとは対照的な人物ですが、両者の相違点のなかでも決定的に重要なのは、彼らのロゴス、言論についての見解の相違でしょう。それは哲学と弁論術の相違と言ってもよいかもしれません。ソクラテスの言論についてはすでに学びましたが、はたしてゴルギアスのそれは、いかなるものなのでしょうか。前置きはこれぐらいにして、彼の代表的弁論の一つに、さっそく耳を傾けてみることにしましょう。

ヘレネは悪くない！――ゴルギアス『ヘレネ頌《しょう》』より

ゴルギアスの弁論としては、これから見る『ヘレネ頌』のほかに、『無について』と『パラメーデースの弁明』の二つが有名です。しかし、前者はより論理的で難解、後者は少し話が細かくなりすぎる恐れがありますので、ここでは、より親しみやすい内容をもつ『ヘレネ頌』――ヘレネ賛美の意味ですが、実質的にはヘレネ弁護になっています――をとり上げることにしましょう。

さてヘレネといえば、夫メネラオス（スパルタ王）がありながらパリスと駆け落ちして、トロイア戦争の原因をつくった絶世の美女として有名です。もちろん、いくら美女とはいえ、今日流に言えば不倫に走ったわけですから、昔からあまり評判はよくありません。ところが、その悪名高いヘレネを、ゴルギアスは弁護してみせようというわけです。彼はその弁論を、次のように始めます。

(1)貴き飾りは国家においては人材の輩出、身体においては美、精神においては知恵、行為においては徳、言葉においては真実であり、その逆はいずれも不様《ぶざま》な名折れである。男であれ女であれ、言葉であれ行為であれ、また国家であれ私事であれ、称賛に値するものはこれを顕彰し、値せぬものはこれに非難を浴びせてしかるべきである。

なぜなら、称賛すべきことを非難するのと糾弾《きゅうだん》すべきことを称賛するのは、ひとしく過誤と無知のなせる業《わざ》だからだ。

(2)しかるべきことを正しく語る者はまた、曲がった言論を論駁《ろんばく》する者でもなければならない。ならばヘレネを誹謗《ひぼう》する人びとを論駁してしかるべきであろう。この女性に関しては、音に聞く詩人たちの保証も、また災禍の代名詞となったその名にまつわる巷説《こうせつ》も、非難の声と心を一つにしている。ここに私は条理を説いて、悪名高い女に対しその咎《とが》を晴らし、誹謗を寄せる人びとに対してはその誤りを指摘し真実を明らかにすることによって、彼らの無知に終止符を打ちたいと思う。

（ディールス・クランツ『ソクラテス以前哲学者断片集V』[1] 82B11-(1)・(2)）

この序言の前半(1)の部分では、まず称賛と非難をめぐる一般原則が宣言されていますが、この部分ですでに、身体と精神、行為と言葉、男と女、国家と私、そして称賛と非難といった対句がふんだんに用いられていることが目につきます。

後半の(2)の部分では、その一般原則がほかならぬヘレネにも適用されるべきことを主張するとともに、従来、彼女に加えられてきた非難を以下の弁論によって完膚《かんぷ》なきまでに打ち破る決意を披瀝《ひれき》しています。この決意表明に続いて彼はまず、彼女の生まれの良さ——父親はスパルタ王テュンダレオスともゼウスとも言われますが、前者は人間ではあっても最強の者、また後者は万物を統《す》べる神であり、いずれにしても、たぐいまれな父の娘ということになります——と、その圧倒的な美貌について語ります。その美貌に吸い寄せられるように全土から求婚者が殺到したことを述べたうえで、いよいよ本題に入ります。

さて、誰が、何ゆえに、またいかにしてヘレネを得て、その恋を遂げたかは言うまい。周知のことを繰り返すのは、聴く者を説得する手段とはなっても、楽しませるものではないからだ。ここにおいて当時の経緯は割愛し、ただちに本論に入り、何ゆえにヘレネのトロイア出奔《しゅつぽん》が無理からぬことであったのか、その原因を提示することにしたい。

（同前 11-(5)）

ゴルギアスによれば、出奔の原因として考えられるものには四つあります。

さて、彼女がその為《な》したところを為したのは、「運命」の意図にして神々の計らうところ、また「必然」の決定によるか、あるいは力ずくで拉致《らち》されてか、あるいは言葉によって説き伏せられてか、あるいはまた恋の虜囚《りよしゆう》となってか、のいずれかである。

（同前 11-(6)）

すなわち、原因として考えられるのは、

①「運命」もしくは「必然」の力
②「力ずく」、つまり暴力
③「言葉」による説得
④「恋」

の四つのいずれかだというのです。そして、ゴルギアスの論駁の目的は、そのうちのどれが原因だったとしてもヘレネ自身の責任ではないこと、したがって、また彼女を非難するのは不当であることを示すことにあります。

第一のケース——運命にはかなわない

ゴルギアスはまず、第一のケース、つまり運命もしくは必然には誰も逆らえないとして、ヘレネを弁護します。

まず第一の場合であれば、その原因とされたものこそ責められてしかるべきだ。神の欲するところを人間の思慮が阻《はば》むことは不可能だからである。自然の理《ことわり》は強者が弱者によって阻止されることにはなく、弱者が強者に支配され指導されること、強者が先導し弱者が追随することにある。しかるに神は力と知恵その他において人間に卓絶

する。かくて、運命と神に原因が帰せられるべきであれば、ヘレネの汚名は濯《そそ》がれねばならない。（同前 11-(6)）

ここでは「神」と「運命」に原因がある場合が想定されていますが、「運命」の原語は"tychē"（テュケー）で、「偶然」とも訳せます。実は第2講に見た、オイディプスの妻にして、実の母でもあったイオカステの言葉——「恐れてみたとて人間の身に、何をどうすることができましょう。人間には、運命の支配がすべて」（⇩四三頁）——のなかにある「運命」という言葉も原語は同じで、偶然と訳すことができます。ところが、この偶然というものは、われわれの意志におかまいなしに、外から降りかかってくるものとしては避けようのない一個の「必然」（anankē）でもあるのです。そしてゴルギアスの主張は、まさにヘレネの駆け落ちがこのような人間にはいかんともしがたい「必然的偶然」もしくは「偶然的必然」としての運命が定めたことであるとすれば、ヘレネがそれに逆らうことは不可能だった、したがってまた、彼女に責任はないということに帰着します。

この議論はもちろんヘレネを弁護するために用いられているわけですが、同じ弁護論はイオカステにも当てはまるでしょう。彼女とて、夫であったライオス亡きあと、自分の意志でオイディプスと結婚したとは限らず、むしろ国民に請われて「救世主」のオイディプスと再婚せざるをえなかったのかもしれません。仮に彼女自身の意志だったとしても、流れ者のオイディプスがまさか自分の子どもだとは知る由《よし》もなかったでしょう。そうだとすれば、彼女に近親相姦の責任があるわけでもなければ、オイディプスにあるわけでもないことになります。ただここで一つの疑問が、皆さんの頭に浮かぶかもしれません。それは運命と人間の自由の関係をめぐる問題です。はたしてイオカステが説くように、人間にはおよそ自由というものはなく、ただ運命という名の偶然即《そく》必然にもてあそばれるまま、気ままに生きるしかないのでしょうか。この運命と自由という難問については、もう少し先で改めてとり上げてみたいと思います。

もう一つ興味をひくのは、ゴルギアスが「自然の理」に言及していることです。原文では名詞としてのフュシス（physis）は用いられてはおらず、「生まれつき、あるいは自然にそうなっている」という意味の動詞の完了形（pephȳke）が使われていますが、意味に大差はありません。この「自然の理」の内容、つまり強者が弱者を支配し、弱者は強者に従うのが自然本来の姿であるとする主張は、まさに第7講で見たアテナイ軍の代表やカリクレスが説いていた「自然の正義」にほかなりません。このことからすれば、カリクレスが登場する対話篇が『ゴルギアス』と名づけられていることには、深い意味があると考えられます。

第二のケース——暴力にはかなわない

さて二番目にとり上げられるのは、神や運命のような人間を超える力ではなく、人間によって加えられる暴力です。ゴルギアスは続けます。

だが、もし力ずくで拉致され、無法な暴力を受け凌辱《りょうじょく》されたのであれば、明らかに、強奪した男こそ凌辱の罪を犯したのであり、連れ去られた女は凌辱の非運に遭ったのである。ならば、言葉と法と行為に照らして蛮行に及んだ蛮人こそが、言葉においては弾劾を、法においては名誉の剝奪《はくだつ》を、行為においては報復を受けてしかるべきである。他方、強制され祖国から引き離されて、寄る辺《べ》のない孤独に置かれた女は、これに冷罵《れいば》を浴びせるよりは同情を寄せて当然ではないか。まことに恐るべきは、一方がなした行為であり、他方が受けた苦難である。されば、女は憐れむべく、憎むべきは男である。(同前 11-(7))

なにか、一連の拉致事件を連想させるような設定ですが、たしかに本人の意志に反して力ずくで国外に拉致されたとすれば、本人はあくまでも被害者であり、同情と救済の対象とはなっても、責任を問われるいわれはありません。責められるべきは、無理やりに連れ去った加害者のほうです。こうした強制連行の場合に限らず、何であれ、暴力によって強いられた行為については免責されるという考えは、古代ギリシアにおいてすでに一般的通念となっていたと考えられます。

例えば第6講でプラトンの『クリトン』をとり上げましたが、そのなかに登場した「法律」もまた、国民に国外退去の自由が与えられていることを挙げて、ソクラテスがアテナイに留まったのは強制によるものではないこと、まさにそのゆえにこそ、ソクラテスは裁きに従うべきであることを強調していました（⇩一〇五頁）。

さて、以上は必ずしもゴルギアスに固有の論理とは言えませんが、次のロゴスをめぐる議論はまさに彼の本領を発揮したものと言えるでしょう。

第三のケース――言葉の魔力にはかなわない

ゴルギアスはまず、言葉のもつさまざまな働きと力について語ります。

またもし言葉が説得し心を迷わせたのであれば、この点でも弁明をおこない責めを解くのは難しくない。言葉は強大なる支配者であり、その姿は微小で目に見えず、神妙の働きをする。恐怖を消し、苦痛を除き、喜びをつくりだし、憐憫《れんびん》の情を高める。これが事実そのとおりであることを、次に示そう。（同前 11-(8)）

ここで「言葉」と訳されているのは、これまでもたびたび出てきたロゴスです。ソクラテスにおけるロゴスは冷静な議論のやり取り——もちろん、ソクラテスの相手のほうはしばしば感情的になるのですが——をとおして真理を明らかにすることを主目的としていましたが、ここではむしろ、感情の喚起と沈静がロゴスの中心的な機能として強調されています。例えば、そのような効果をもつロゴスの一典型として、詩が挙げられています。

およそ詩というものは、韻律を踏む言葉であり、またそれを私は詩と呼んでいる。これを聴く者は、肌に粟《あわ》なす戦慄《せんりつ》、涙に濡れる憐れみ、嘆きを厭《いと》わぬ憧《あこが》れに襲われ、身も境遇もよそながら、魂は言葉をとおして他人の幸・不幸をわがことと感じいる。

(同前 11-(9))

ゴルギアスの念頭にあるのはホメロスの英雄叙事詩などでしょうが、文学作品に限らず、わが国における講談や落語などの伝統芸能も、言葉の芸術として同様の機能を有していると考えてよいでしょう。しかし実は、ここで言われている感動の伝染、つまり、本来は他人の身の上に起こったことを自分のことのように悲しんだり喜んだりするようにさせる力が叙事詩や悲劇にそなわっているという点にこそ、プラトンがそれらを警戒した理由があるのです。

さて、ゴルギアスはこのように言葉にそなわる情緒に働きかける力を強調しますが、同時にそれが偽りの観念を植えつけることによって、人びとの判断を誤らせることも少なくないことを指摘します。

どれほど多くの人びとが、どれほど多くの人びとを、どれほど多くの事柄に関して、偽りの言葉をこしらえて説得し、また説得しようとしていることか。なぜなら、もしすべての人がすべてについて、過去については記憶を、現在については知見を、未来については予知をもっていたなら、同じ言葉でも今あるような力をもたなかったであろう。しかし実際は過去を記憶することも、現在を認知することも、未来を予知することも容易ではない。したがって、ほとんどすべてのことについて大抵の人は臆断《おくだん》を魂の顧問としている。だが臆断は躓《つま》きやすく不確実であって、これを用いるならば、躓きやすく不確実な運命の転変に巻き込まれるのである。（同前 11-⑾）

ここで「臆断」と言われているものの原語は"doxa"（ドクサ）で、真理に対して個人的な思い込みを表し、「臆見」と訳されることもあります。英語で言えば、"opinion"とか"belief"に相当します。要するにここでは、人間の知力の不完全さのゆえに、人は嘘や誤った情報に惑わされて判断を誤り、もろもろの災難に巻き込まれることが指摘されています。そして、そうした事態が大多数の人間に起きることだとすれば、ヘレネもまた例外ではないとしたうえで、言葉による説得がもつ絶大な強制力に触れます。

ならば、ヘレネは言葉に惑わされ心ならずも出奔したのだと認めることを阻む、どんな原因があろうか。それはあたかも無体な暴力によって拉致されたのと同様なのである。実に説得については、それがどのように支配力を振るうかを見ることができる——それは姿こそ必然に見えないが、働きは異ならない。なぜなら、魂を説得する言葉は、説き伏せた魂を強制して、語られたことには従わせ、為《な》されたことには同意させる。したがって、説得した者こそが強制行為の罪を犯し、説得された者は言葉によって強いられたのであるから、ゆえなく悪評を立てられているのである。

（同前　11-⑿）

この部分では、言葉による説得が暴力同様の強制力をもつことが主張されていますが、もしそうだとすれば、先ほど述べた通念からして、説得された者の責任を問うことはできないことになります。かくも絶大な強制力をもつ説得の例として、ゴルギアスは天文学理論と法廷弁論と哲学者の議論を挙げていますが、それ以上に興味ぶかいのは、言論を薬にたとえていることでしょう。

言葉の力は魂の状態に対し、薬の組成が身体の本性に対するのと同じ比例関係にある。さまざまの薬は、各種の体液を身体から吐瀉《としゃ》せしめ、あるものは病気を癒《いや》し、あるものは生命を断つ。これと同様に言葉もまた、あるものは苦しみを、あるものは喜びを、あるものは恐れをもたらし、あるものは聴く者の志気を高め、あるものは邪悪な説得によって魂を呪縛《じゅばく》し麻痺させる。（同前 11-⒁）

たしかに病気を治すための薬も、飲みすぎたり、用い方を誤れば命取りになりかねないのと同様、言葉もまたプラスにもマイナスにも働きうるでしょう。人は一言によって励まされることもあれば、一言によって傷つくこともあるのです。とくに親やお医者さんや先生たちのように、人間関係において上位もしくは強者の立場にある者は、その発言に普通の人以上に気を遣う必要があるのではないでしょうか。

ところで、仮にヘレネがパリスによって説得されて駆け落ちしたのだとして、いったいパリスはどんな言葉を用いて彼女の心をつかんだのでしょうか。はたしてそれは、トロイアにおける贅沢《ぜいたく》な暮らしぶりについての話だったのでしょうか、それとも甘い恋のささやきだったのでしょうか。最後にわれわれは、もう一つの強制力としての恋（エロース）原因説について見ることにしましょう。

第四のケース——恋にはかなわない

恋、エロースについては、われわれもまたすでにかなり勉強してきたのですが、はたして、ゴルギアスはエロースをどのように見ているのでしょうか。

さて、言葉によって説得されたのであれば、不正を犯したのではなく不運に遭ったのだということは、以上述べられた。続いて第四番目に、第四の原因についても、委細を尽くしたい。もし、これらすべてを行ったのが恋の仕業《しわざ》だとするならば、伝えられている過ちの咎《とが》を逃れることは難しくない。（同前 11-⒂）

要するにエロースに逆らうことができる人間はいない、だからこれまた、ヘレネに責任はないという議論なのですが、ユニークなのは恋の力を視覚のもつ力と結びつけているところです。ゴルギアスは敵兵の姿を目にしたときの恐怖や美しい絵や神々の像を見たときの快楽を挙げて、次のように結論します。

このように視覚に映じるあるものは苦しみを、あるものは憧れをひきおこすものなのである。そしてそれは実に多くの人びとのうちに、多くの事柄と身体に向けて強い恋慕と憧憬をつくりだす。ヘレネの目がアレクサンドロス（パリスの別名）の姿を喜び、心に欲情を抱き、恋の勝利を競おうとしたとしても、何の不思議があろう。もし恋（エロース）が神であって神々のうちでもとりわけ神的な力を有しているのであれば、どうして劣った人の身でこれを追い払い、これに対し防ぎ護《まも》ることができようか。またもし恋情が人間を襲う病であり魂の無知であるならば、過失として咎めるよりは、不運として容赦すべきである。彼女が事実そうしたように出奔したのは、運命に捕獲されてのことであり、思案の結果ではない。恋情の必然によってであり、手練手管をめぐらしたからではない。（同前 11-⒅・⒆）

どうも、この第四のエロース原因説の可能性がいちばん高いように思われますが、この場合もまた、ヘレネの責任ではないというわけです。たしかに『アンティゴネー』のコロスも「恋ごころ（エロース）、かつて戦さに負けを知らない、恋ごころよ」(2)と歌い、また、まちがいだらけの夫選びを悔いるメデイアにとっても、そのそものまちがいの原因は駄目男イアソンに対する恋に陥ったことにあったのでした。(3)メデイアの場合はともかく、アリストファネスが説いていた（⇩二四三～二四八頁）ように、もしエロースが喪《うしな》われた半身に対する憧憬であるとすれば、それには、すでに挙げられた他の三つの原因とは次元を異にする、より深い内的な必然性があるとも言えるかもしれません。いずれにしても、ゴルギアスはヘレネの無罪を結論してその弁論を終えます。

したがって、ヘレネを非難するのは正当と見なされない。彼女がその為《な》したところを為したのが恋のゆえにであれ、言葉に説得されてであれ、力ずくで拉致されたのであれ、神的な必然に強いられてであり、いずれにせよ免責されているからだ。

（同前　11-⒇）

以上、われわれは弁論術の巨匠ゴルギアスの代表作の一つを見てきたのですが、もし、われわれがヘレネを裁く法廷に居合わせたとしたら、ゴルギアスの弁論の巧みさとヘレネの美貌に思わず無罪票を投じてしまうのではないでしょうか。

実は弁論術に対するプラトンの苛烈なまでの批判は、当時の裁判に潜んでいたであろうこの種の危険性の認識と深く関わっているように思われます。われわれは次にプラトンの『ゴルギアス』をテキストに、プラトンの弁論術批判について見ることにしましょう。

（1）訳は、内山勝利ほか編『ソクラテス以前哲学者断片集Ⅴ』（岩波書店）による。以下の引用も同書による。

（2）呉茂一訳、ソフォクレス『アンティゴネー』（岩波文庫）七八一行。

（3）中村善也訳、エウリピデス『メデイア』（『ギリシア悲劇Ⅲ』ちくま文庫所収）六行目以下の乳母の言葉、また五二六行以下のイアソンの言葉を参照。

参考文献

哲学的ロゴスの生成および『ヘレネ頌』の解説・翻訳として

納富信留「ロゴスと他者――哲学成立の緊張」（地中海文化を語る会編『ギリシア・ローマ世界における他者』所収、彩流社、二〇〇三年）

弁論術に関するアリストテレスの体系的論考について

堀尾耕一訳『弁論術』（岩波『新アリストテレス全集18』二〇一七年）

相澤康隆訳『弁論術』（光文社古典新訳文庫、二〇二五年）

第17講　真と嘘Ⅱ──プラトンの弁論術批判

前講は古代ギリシアを代表する弁論術の大家、ゴルギアスの華麗な弁論を堪能したのですが、本講は、まさにその名もずばりのプラトン『ゴルギアス』をテキストに、そこで展開される弁論術批判について考えてみたいと思います。

『ゴルギアス』という作品については、すでに何回か言及しましたが、それは主にカリクレスの思想を紹介するためでした。実は、カリクレスがそのあまりにも率直かつ大胆な発言によって強烈な印象を与えるために、他の登場人物はすっかり霞《かす》んでしまいかねないのですが、作品全体の構成からすれば、カリクレスはソクラテスと対話する三人のうちの一人にすぎません。もちろん、この作品は対話相手が交代するごとに議論が深められ、われわれ自身の胸の底に潜む欲望や価値観が露《あら》わにされていくという展開になっており、その点からすれば、カリクレスとの対話が作品全体のクライマックスをなしていることも事実です。しかし、それに先行する二人──ゴルギアスとその高弟ポロス──との対話も、弁論術の本質とそれを支える価値観の解明という主題にとって不可欠の役割を担っているのです。ここではむしろ、この二人とソクラテスの対話に焦点を合わせることにしましょう。

弁論術はすばらしい

さてこの作品は、アテナイに逗留《とうりゅう》しているゴルギアスが弁論術を披露し終わったところへ、ソクラテスと第1講にも登場した彼の熱狂的な崇拝者であるカイレフォン青年が到着し、ゴルギアスに問いかけるところから始まります。ソクラテスはカイレフォンに、そもそもゴルギアスは何者なのかを訊《たず》ねるように促します。そこで、カイレフォンは次のように切りだします。

どうか、ゴルギアス、わたしに答えてください。このカリクレスの話だと、人があなたにどんな質問をするとしても、あなたはそれに答えてやると公言しておられる、ということですが、それはほんとうでしょうか。（プラトン『ゴルギアス』(1) 447d）

これに対して、ゴルギアスは答えて言います。

ああ、ほんとうだとも、カイレフォン。実は、今しがたも、ちょうどそのことを公言していたばかりだからね。それにまた、こう言ってもいいのだよ。長い年月になるが、いまだかつて誰ひとり、この私に向かっては、何ひとつ目新しい質問をした者は

なかったのだ、とね。（448a）

この点については前講でも少し触れましたが、たいへんな自信です。そこでカイレフォンはゴルギアスに質問しようとするのですが、そばにいたポロスが師匠のゴルギアスに代わって質問に答えることを買ってでます。しかし、その演説口調に辟易《へきえき》したソクラテスは、ゴルギアス本人を相手としてみずから問答をすることを希望し、ポロスとのちょっとしたやり取りを挟んで、いよいよ言論のつわものどうしの直接対決が始まります。ソクラテスはゴルギアスが弁論家であることを確認したうえで、彼が教授する弁論術がはたして、いかなるものであるのか、何を対象とする技術なのかを訊ねます。ゴルギアスの答えは次のようなものでした。

それはね、ソクラテス、人間に関わりのある事柄のなかでも、いちばん重要で、いちばん善いものなのだよ。（451d）

これに対するソクラテスの反応が、これまた、いかにもソクラテスらしい反応なのです。

しかしですね、ゴルギアス、あなたの言われるそのいちばん善いものということだって、人によってはいろいろと異論が多くて、決して明白なことではないのです。というのも、あなたは、人びとが宴会の席で、次のような歌をうたっているのを、お聞きになったことがあると思う。つまりその歌では、人びとはこう歌いながら、人生の善きものを数え上げているわけです——

いちばん善いのは健康で

次に善いのは器量のよいこと

そして三番目は

——と、この歌の作者は言うのですが——

正直に手に入れた財産だ。(451d〜e)

「健康第一、あまり無理をして体を壊しては元も子もない」とは今日もよく耳にする言葉ですが、ソクラテスは、医者は医者で健康がいちばん善いものであり、したがってまた医術のほうが重要と主張するだろうと指摘します。そして、ほかにも体育教師や実業家のそれぞれが、自分たちの技術がもたらすものとその技術を称賛するに違いないと述べます。これに対して、ゴルギアスは次のように答えます。

それはね、ソクラテス、ほんとうの意味で最大の善いものなのだよ。つまり、それによって人びとは、自分自身には自由をもたらすことができるとともに、同時にまた、めいめい自分の住んでいる国において、他人を支配することができるようになるものなのだ。（452d）

何かすごい力が弁論術にはそなわっているようですが、はたして、その具体的な中身はどうなっているのでしょう。

私の言おうとしているのは、言論によって人びとを説得する能力があるということなのだ。つまり、法廷では陪審員たちを、政務審議会ではその議員たちを、民会では民会に出席する人たちを、またそのほか、およそ市民の集会であるかぎりの、どんな集会においてでも、人びとを説得する能力があるということなのだ。しかも、君がその能力をそなえるなら、医者も君の奴隷となるだろうし、体育教師も君の奴隷となるだろう。それからまた、あの実業家だって、実は、他人のために金儲《かねもう》けをしていることがわかるだろう。つまり、自分のためにではなく、弁論の能力があり、大衆を説得することのできる、たとえば、ほら君のような人のために金儲けをしているわけなのだ。（452e）

前講で見た『ヘレネ頌《しょう》』においてもロゴスのもつ圧倒的な力が強調されていましたが、ここで注目されるのは、その言論を用いて人びとを説得する能力が権力に直結するものとして理解されていることです。そしてまさに、そこに弁論術が野心的な若者たちをひきつけた最大の理由があると思われます。

弁論術と倫理

さて、弁論術が「説得をつくりだすもの」であることを確かめたソクラテスは次に、弁論術によってつくりだされる説得が、はたしてどのような特性をもつものであるのかを明らかにしようと努めます。これに対するゴルギアスの説明は次のようなものです。

それなら、言うことにしよう、ソクラテス、私の言うのは、こういう説得なのだ。つまり、さっきも言っていたように、法廷やその他のいろいろな集会においてなされる説得であり、また、何についての説得かといえば、正しいことや不正なことについての説得なのだ。（454b）

ここで重要な点が二つあります。一つはすでに言われていたことですが、弁論術の説得が大勢の人が集まる集会においてなされること、もう一つは或る事柄、あるいは或る人が正しいかそうでないかという、価値判断をめぐるものであることです。これを聞いたソクラテスは、説得を「知識をもたらす説得」と「知識の伴わない、信念だけをもたらす説得」の二種類に分け、弁論術によって生みだされる説得がどちらなのかを訊《たず》ねます。当然ゴルギアスは前者であると主張しそうに思われるところですが、意外にも後者であることを認めます。そこで、ソクラテスは次のように結論します。

そうすると、どうやら、弁論術というのは、「説得をつくりだすもの」だといっても、その説得とは、正と不正について、そのことを教えて理解させるのではなく、たんに信じ込ませることになるような、そういう説得のようですね。（455a）

そしてこれに応じて、弁論家についてもまた価値の切り下げが行われることになります。

したがってまた、弁論家というのも、正しいことや不正なことについて、法廷やその他の集会を教えることのできる人ではなく、ただ信じさせることができるだけの人間なのですね。というのはむろん、あれだけ多く集まっている人たちに、しかもそのように重大な事柄を、短時間のうちに教えるなどということは、到底、できることではないでしょうからね。（同前）

どうも、だんだんゴルギアスのほうの旗色が悪くなってきたようですが、彼は国家の政策を左右するような大規模な集会では弁論家が他の専門家を抑えて自分に有利な結論へと導くことができる事例を挙げて、形勢挽回に努めます。それと同時に、一方では決してその絶大な力を乱用もしくは悪用してはいけないことを説きながら、他方では弟子がそれを悪用したとしても教師を咎《とが》めるのは筋違いであることを指摘して、ちゃっかり予防線を張ることも忘れません。

しかしながら、ソクラテス、弁論術を用いるにあたっては、ほかのどのような格闘の術を用いる場合と、同様な心がけがなければならないのである。というのは、ほかの格闘の術にしても、それを学んだからといって、だれかれの見境もなしに、どの人に向かってでも、これを用いるべきではないからである。（中略）しかしまた他方、ゼウスに誓って言うのだが、もし誰かが相撲場に熱心に通って、身体つきがよくなり、拳闘の心得ができたものだから、そこで、自分の父や母を、あるいはそのほか、家族や友人たちのうちの誰かを殴ることがあるとしても、それだからといって、体育教師や武装して戦う術を教えた人たちを憎んだり、彼らを国家から追放していいということにもならないのである。というのは、教えた人たちのほうは、敵や不正を加える者どもに対して、人びとがそれらの術を正しく用いるようにという意図で授けたのであるが、（中略）習った側の者たちがこれを逆用して、その力と技術とを、正しくない仕方で使っているからである。（456ｃ～457ａ）

ところが、あにはからんや、この自己防衛策が裏目に出てソクラテスに論駁《ろんばく》されてしまうことになるのです。それは、どうしてでしょうか。

ソクラテスはまず、弁論家が善悪、美醜、正・不正といった倫理の根幹に関わる事柄について確たる知識はもたずに、これまたそれをもたない大衆を相手に弁論家のほうが分かっているように思い込ませているだけなのか、それともみずからも知っていると同時に、弁論術を学びにくる者もそれらの事柄についてあらかじめ分かっているのでなければならないのかを訊ねます。このいささか挑発的なソクラテスの問いに対して、ゴルギアスは前に弁論術による説得が「知識を伴わない、信念だけをもたらす説得」であることを認めたのも忘れて、つい、こう答えてしまいます。

いや、私としては、こう思っているのだがね、ソクラテス。もしその人が、たまたまそれらの事柄について知らないでいるのなら、私のところから、それらの事柄をも学ぶことになるだろうとね。（460ａ）

いったんこう答えてしまうと、もうあとはソクラテスの論駁の餌食《えじき》になるだけです。しめた、とばかりソクラテスは畳みかけます。彼はいつものように他の技術の例を挙げながら、ゴルギアスを追い込んでいきます。すなわち、大工の術を学んだ者は大工になり、音楽を学んだ者は音楽家になり、医術を学んだ人は医者になるように、正しいことを学んだ人も正しい人になるのではないか、というわけです。とすると、弁論術を学んだ者は正しい人になるはずであり、不正を働くわけがない、したがって、それを悪用するはずもない、ということになって、先ほどのゴルギアスの自己弁護の前提となっている想定と矛盾するというわけです。

こうして、さしもの大家もソクラテスのパンチの前にダウン寸前となるのですが、皆さんのなかには、以上のソクラテスの議論の運びに必ずしも納得されていない方もおられるかもしれません。というのは、ソクラテスは正しいことを学んだ者は必ず正しい人間になり、不正を犯すことはないと断定していますが、もし弁論家が正しいことだけではなく不正についても学んだとすれば不正な人にもなりそうだからです。あるいは両方学んだとすれば、どうなるでしょう。両要素が相殺されて人畜無害の存在になるのでしょうか。それともカメレオンあるいはジキル博士とハイド氏（英国作家スチーブンソンの怪奇小説の主人公）のように、あるときは正しく、あるときは不正な人間に変身するのでしょうか。

しかし、ここで第12講を思い出す必要があります。われわれはそのなかで、ソクラテスが悪いことと知りながら、それを行ってしまうという可能性を否定しているのを見ました。このソクラテスの立場からすれば、弁論家が善悪、美醜、正・不正について真実の認識をもちながら悪や不正を選ぶことはありえないわけです。

もちろん、ゴルギアスはこの前提を疑うこともできたわけですが、彼はそうしていません。それは人前でそうすることの危険性を、彼が十分承知していたことによるのかもしれません。あえて危険を冒してその前提そのものに対して異議を唱えること、――それは彼の高弟たるポロスの仕事になるのです。

迎合としての弁論術

さて、この作品の第二ラウンドとも言うべきポロスとソクラテスの議論は、まず、弁論術が本物の技術と言えるかどうかという点をめぐって展開されます。技術の原語は「テクネー」(technē)で、今日の「テクノロジー」という言葉のもとになっています。そしてソクラテスによれば、弁論術は技術などではなく、経験、あるいは熟練の一種にすぎず、「迎合」(kolakeiā)と呼ばれるべきものだとされます。本物の技術としては身体に関わる体育術と医術、ならびに魂に関わる「立法術」と「司法」――これらはまとめて「政治術」と呼ばれます――の四つが挙げられるとともに、そのそれぞれについて、迎合としての似非《えせ》技術が存在することが指摘されます。すなわち、身体を対象とする体育術に対しては化粧法、医術に対しては料理法が対応し、魂を対象とする立法術に対してはソフィスト（詭弁《きべん》家）の術、司法に対しては問題の弁論術が対応するとされます。そのうえで、ソクラテスは次のように批判します。

さて、こういったことこそ、私が迎合と呼んでいるものなのです。そして、そのようにするものは醜いと、僕は主張しているのだよ、ポロス。——というのは、これは君に対して言うことだからね。——なぜなら、それは最善ということを無視して、快いことだけを狙っているからなのだ。また、そういう料理法のようなものは、技術であるとは認めずに、むしろ経験であると主張しているのだ。なぜなら、それは、自分の提供するものが本来どんな性質のものであるかについて、何ら理論的な知識をもたず、したがって、それぞれのものを提供するにあたって、その理由を述べることができないからである。しかし僕としては、およそ理論を無視したものなら、そのようなものを技術とは呼ばないよ。だがもし、それらの点について君に異論があるなら、質問を待って説明することにしたいと思う。（464e〜465a）

ここで技術と迎合と呼ばれるものを区別する二つのポイントが明確にされています。その一つは目的の相違です。つまり技術は「最善」を目指しているのに対し、迎合のほうは「快いこと」、言いかえれば「快楽」だけを目的としているということです。もう一つは、理論的完成度の相違です。すなわち、技術は技術によってもたらされる効果やその原因について説明できるのに対して、迎合のほうはそれができないということです。

今日では健康意識の高まりとともに、料理法といっても、単に美味《おい》しいものを作るというだけでなく、健康にも十分配慮した、かなり科学的なもの――例えばコレステロールや血糖値の高い人のための料理など――になっていると思いますが、当時はソクラテスの言うとおりだったのかもしれません。しかし、この料理法への言及以上にピンとくるのは、化粧法についてのソクラテスの批評でしょう。

さて、医術のもとには、今も言ったように、料理法という迎合が忍び込んでいるのだが、他方、体育術のもとには、同じようにして、化粧法が忍び込んでいる。その化粧法は、ずるくて、ごまかしがうまく、また生まれの卑しい、自由人らしからぬものなのだが、形や色や、肌の滑らかさや衣装でもってごまかすから、人びとに借りものの美をわがもののようにさせて、体育術によって得られる自己本来の美をないがしろにさせることになるのである。（465b）

最近流行の美容エステ――実はこの言葉も、「知覚する」という意味の古代ギリシア語の“aisthanomai”（アイスタノマイ）に由来するのですが――などにも、あるいはここで言われている化粧法に共通する要素があるかもしれません。

弁論術と権力

このような例を用いながら、ソクラテスはゴルギアスやポロスが自慢する弁論術が実は善ではなく快楽を餌《えさ》に人びとを釣る迎合の一種にすぎず、弁論家もまた無力な存在にすぎないことを主張するのですが、これにポロスが納得するわけがありません。彼は弁論術にそなわる絶大な力を説いて反撃します。

なんですって？　彼らは、ちょうど独裁者たちがするように、誰であろうと、死刑にしたいと思う人を死刑にするし、また、これと思う人の財産を没収したり、国家から追放したりするのではないですか。（466b～c）

ここで再び、弁論術と権力の結びつきが露《あら》わにされていますが、ソクラテスは独裁者がそのように思うがままに振る舞うことが、ほんとうの意味で彼が望んでいることなのかどうかを問題にして、次のように問いかけます。

われわれは、人を斬り殺したり、国家から追放したり、財産を没収したりすることを、ただそれだけを単純に望んでいるのではなく、もしそれがわれわれの益になるのなら、そうすることを望むが、しかし害になるようなら、望まない、ということになるのだ。なぜなら、君も認めているように、善いことをわれわれは望んでいるのであって、善くも悪くもないことは望まないし、まして悪いことを望むということもないからだ。どうだね、そうではないのか。僕の言うことは正しいと思うかね。（468ｃ）

要するにソクラテスは、もし人が真に望んでいるのが自分のためになることであるとすれば、必ずしも思いのままに振る舞うことがそのまま望みどおりに振る舞っていることにはならないことを指摘しているのです。これは一見わかりにくいようで、実はわれわれがよく感じることなのではないでしょうか。例えば子どもが勉強そっちのけでテレビばかり見ているような場合、なるほど本人は「自分の好きなようにしてるんだから、うるさいこと言わないで、ほっといて！」と言ったりしますが、しかし親の目から見れば、長い目で見て本人の利益につながるとは思えない、またいつか必ず本人自身が後悔するときが来るのではないかと感じられるのです。もっともこれは子どもに限らず、大人でもよくあることかもしれません。お酒やたばこを飲みすぎ、吸いすぎだと言われたときに、「おれの体だ、ほっといてくれ!」という方も少なくないようです。子どもであれ、大人であれ、それで後悔しないのならよいのですが、大抵の場合、あとになって後悔する人が多いので、親や友人も煙たがられるのは承知で、ついお節介を焼きたくなるのでしょう。

「不正を加えること」と「不正を加えられること」のどちらを選ぶべきか

さて、ポロスはソクラテスの区別を理屈のうえでは認めながらも、依然として独裁者の生活を賛美して、ソクラテスを皮肉ります。

まるでもう、あなたといったら、ソクラテス、あなたには、この国において、あなたの思うとおりにする自由があるよりも、むしろ、それのないほうがいいとでもいったような口ぶりですねえ! それにまたあなたは、誰かが自分の思うとおりの人を死刑にしたり、財産を没収したり、牢獄につないだりするのをごらんになっても、少しも羨《うらや》ましくはないかのようですねえ。(468e)

ここでポロスは恥じらいも捨てて、自分の本音をストレートに表明していると言えるでしょう。これに対して、ソクラテスは独裁者は羨むべきどころか、憐れむべき不幸な存在であること、また、不正な仕方で人を死刑にするほうが不正な仕方で死刑にされるよりも不幸であることを説きます。このソクラテスの主張に、ポロスは次のように問います。

するとあなたは、不正を行う（to adikein）よりも、むしろ不正を受ける（to adikeis-thai）ほうを望まれるのですね？　（469b）

これに対して、ソクラテスは次のように答えます。

僕としては、そのどちらも望まないだろうね。だがもし、不正を行うか、それとも不正を受けるか、そのどちらかがやむをえないとすれば、不正を行うよりも、むしろ不正を受けるほうを選びたいね。（469c）

このソクラテスの答えのなかに、この作品の根本問題が凝縮されたかたちで示されていると言ってもよいでしょう。ソクラテスは「不正を加える」よりは、むしろ「不正を加えられる」ほうを選ぶと言っています。はたしてわれわれ自身は、どう答えるでしょうか。ポロスは当然のごとくに、このソクラテスの答えを一笑に付しますが、しかし、最後はソクラテスに論駁《ろんばく》されて、不正を加えるほうが加えられることよりも醜いだけでなく、悪い、つまり本人にとって有害でもあるということを認めさせられることになります。

そしてまさにゴルギアスについで、師の仇《あだ》を取ろうとした弟子のポロスまでもがソクラテスに返り討ちにされたところで、あのカリクレスがみずから議論のリングに駆け上がるのです。すでに見たようにカリクレスは、「自然の正義」を引っさげてソクラテスの主張を打倒しようとするのですが、これまた最後はソクラテスに反駁されてしまうのでした。ポロスに対する最終論駁以降の議論の詳細については割愛せざるをえませんが(2)、しかし、ソクラテスの口をとおして語られるプラトンの弁論術批判の基本的内容はこれまでのところで十分明らかになったものと思います。その批判の核心は、弁論術が本人ならびに他人にとっての善ではなく、快を求めそのためには倫理的是非を省みないという点にありました。ところが皮肉なことには、ソクラテスはまさに「劣った議論を優勢にする」というかどで訴えられたのでした。いったい、どうしてそんなことになったのか、次講で、アリストファネスの喜劇『雲』をとり上げて、この点について考えてみることにしましょう。

(1) 訳は、加来彰俊訳『ゴルギアス』(岩波文庫)による。以下の引用も同書による。
(2) 『ゴルギアス』全体については、荻野弘之『哲学の饗宴』(NHKライブラリー)第5章および、三嶋輝夫訳『ゴルギアス』の訳者解説を参照。

第18講　ソクラテスと若者たちⅠ——アリストファネス『雲』と美風の崩壊

プラトンの『ゴルギアス』における弁論術批判については既に第17講で見ましたが、ソクラテスによって展開される批判の核心は、弁論術が快楽と権力のみを目指し、事の善悪、正・不正については問わないというところにありました。しかし驚くべきことに、アリストファネス（前四四五ころ～前三八五ころ）の喜劇『雲』（前四二三年上演）においては、ほかならぬソクラテスがその弁論術の巨匠とされるとともに、若者たちに悪影響を与えている張本人とされているのです。これは、いったいどう考えればよいのか、——今回はひとつ、この作品に含まれる嘘《うそ》と真《まこと》について探ってみることにしましょう。

どら息子をもった父親の眠れぬ夜

アリストファネスといえば、皆さんはきっと第14講の「美とエロースの探求」を思い起こされることでしょう。そこでとり上げたプラトンの『饗宴《きようえん》』において語られるさまざまなエロース論のなかでも、とりわけ印象に残るのが、アリストファネスのエロース論だったのではないでしょうか。人間を分割された存在と見なし、エロースを、まだ見ぬ自分の半身と出会い、喪《うしな》われた全体性を回復することによって癒《いや》されることへの欲求として捉える見方には、単なる作り話以上のリアリティーと深さがありました。はたしてそれに対して、『雲』において描かれるソクラテス像には、どの程度の真実性があるのでしょうか。

この喜劇は、まず馬に夢中の息子をもった父親ストレプシアデースの嘆きから始まります。

> やれ、やれ、なむゼウス明王さま、この夜《よる》ってやつは、いつまで続くんですかい。きりがありはしない。いつまでたっても夜が明けんのかいな。たしかだいぶ前に、にわとりの鳴くのをわしは聞いたのになあ。それでも奉公人どもは高いびきだ。
> （中略）いや、どうも情けないこっちゃ、さっぱり眠られん。わしはこの息子のおかげで、飼葉《かいば》桶《おけ》やら何やら無駄《むだ》遣いと借金に攻め立てられるのでなあ。それをこ奴《やつ》めは、髪を長くして、馬は乗りまわすやら、二頭立ては飛ばすやら、夢にまで馬のことを見ているという始末。ところが、このおのれは、もう気が気ではないのだ、お月さまが二十《はたち》を過ぎるのを見ているとな。利子が上がってくるからさ。
>
> （アリストファネス『雲』[1] 一〜一八行）

こうした父親の嘆きをよそに、傍らの息子のフェイディッピデースのほうは五枚の毛布にくるまって高いびき、何か寝言を言うと思えば、またまた馬車レースの話です。

反則だぞ、フィローン、自分のコースを走れよ。（二五行）

と、これでは父親に同情したくもなります。昔に限らず、今でも息子の車のローンの支払いで頭の痛いお父さん方も少なくないかもしれません。さて、困り果てたストレプシアデースの頭に、一つの妙案が浮かびます。それは、うわさのソクラテスの思索道場(phrontistērion)に息子を入学させ、弁論術を習わせて、借金取りを詭弁《きべん》で撃退しようというアイディアでした。そこでさっそく、彼は息子のご機嫌をとりながら、道場に向かいます。ストレプシアデースは訝《いぶか》る息子に建物を指さしながら説明します。

あれが賢い御霊《みたま》の思索所なのさ。あそこには天地を火消し壺《つぼ》であると唱え、われわれ人間はこれに周囲を取り囲まれている炭なのだということを、うまく説いて聞かせてくれる人たちが住んでいるのだ。その人たちは、正邪にかかわらず、議論に勝てる法を、金さえ出せば、教えてくれるのだ。（九四〜九九行）

ここで注目されるのは、このストレプシアデースの言葉のなかで、ソクラテスが主宰する思索道場の特徴として二点が強調されていることです。それは天文学的、もしくは自然科学的探究と、議論に勝たせる方法、つまり弁論術の二つです。この二つの特色は、まさに第1講で見たように、ソクラテスに対する主な告発理由を成していたものでした（⇩一四～一六頁）。ところが面白いのは、息子のフェイディッピデースの反応です。彼は道場の住人たちを「立派な人たち」――原語は"kaloi te kagathoi"で、文字どおりには「美しく優れた人びと」の意味で、最大級の称賛を表す言葉――と持ち上げる父親に対して、次のように答えます。

ちぇー、あんな下らない連中がですか？　わかりましたよ、お父さんの言うのは、あのほら吹きの、蒼白《あおじろ》い顔をして、履物《はきもの》もはかないでいる連中のことでしょう、悪いダイモンに憑《つ》かれているソクラテスだの、カイレフォンだのの一味の。

（一〇二～一〇四行）

ばかばかしくって話にならない、というわけです。この言葉のなかに「蒼白い顔をして、履物もはかないでいる連中」という形容がありますが、これはプラトンの作品におけるソクラテス、あるいはその仲間についての記述とも合致しています。ソクラテスはタフで、決して蒼白い顔をしていたとは思えませんが、カイレフォンは痩《や》せこけて、「棺桶に片足突っ込んだような」人間のひとりとされていたようです。また、ふだんは裸足《はだし》というのも彼らの特徴のひとつだったようです。それはともかく、こんな息子のつれない返事にも、借金に追われている父親のほうは必死です。彼は嫌がる息子になおも説得を試みます。

あの人たちのところにはなあ、二種類の論があるという話だ。内容はとにかくとして、強い論と弱い論だ。そしてこの両論のうち、弱い論のほうが、不正を主張する立場なのだけれども、議論のうえでは勝つという話だ。だから、お前がこの不正の論を習ってきてくれれば、いま、わしがお前のおかげで背負わされている借金は、返さないでいいことになるだろう、一文も、誰にもだ。（一一二〜一一八行）

要するに、借金を踏み倒すための議論を習ってこいということなのですが、いわば体育会系の息子はノーの一点張り、ついに諦めた父親はみずから議論を学ぶ決心をします。

『雲』の司祭——ソクラテス

こうして、ストレプシアデースは一人で道場の門を叩くのですが、強く叩きすぎて、弟子の一人にどやされてしまいます。出てきた弟子は、ストレプシアデースのせいで、せっかく思いついた着想が流産してしまったと怒りますが、ストレプシアデースがしつこくせがむので、その着想の中身を明かします。


「よろしい、聞かして上げよう。しかし、よく心得ていてもらわにゃあならんのだ、これは学内の秘事だからね。今さっきカイレフォンに、ソクラテスが問いをかけられたのだ、蚤《のみ》は自分の足の何倍を飛ぶのかということをな。というのはカイレフォンのもじゃもじゃした眉をかじった蚤が、ソクラテスのはげ頭に飛びうつったからだ」

「へえー、それをいったいどういうふうに計ったのですかい」

「至極巧妙なやり方なのだ。まず蠟《ろう》を溶かす。それから蚤をつかまえて来て、その両足を蠟のなかへひたすのだ。またそれから、これを冷やすのだ。そうすれば、蚤の足のまわりにペルシア風の靴が発生するという寸法だ。それを脱がせて、所定の距離を計っていたところなのだ」（一四三〜一五二行）

何ともすばらしいアイディアですが、こうした話はプラトンの作品には出てこないようです。さて、まずは弟子の案内で思索道場の見学をさせてもらったあと、いよいよ目指すソクラテスとご対面ということになります。ソクラテスは空中の吊り籠のようなものに乗って何やら思索している様子、何をしているのかと訊《たず》ねるストレプシアデースに、次のように答えます。

空気を踏み、思いを太陽のまわりに馳せているところだ。（二二五行）

と、もったいぶって答えます。「空気を踏み」（aerobatō）とありますが、さしずめ空中漫歩、もしくは空中遊泳というところでしょうか。ここでも天文学的な関心が示唆されていることが注目されます。さて、ストレプシアデースは下に降りてきたソクラテスに、自分がやって来たわけを説明して入門を請います。そこで入門の儀式が始まるのですが、ソクラテスは雲の霊を呼び出し、たまげるストレプシアデースに、これこそが真の神であることを説きます。そこで珍妙な問答が繰り広げられるのですが、ゼウスの存在を否定するソクラテスにストレプシアデースが訊ねます。

それはお前さん、何ということを言うのだ。ゼウスがいないとしたら、誰が雨を降らせるんですかい。まず第一に、このことの説明から、わしは聞かしてもらわにゃあなりませんわい。（三六八行）

この問いにソクラテスはこう答えます。

そりゃあ無論、この雲の精が降らせるのだと思うね。しかし大きな証拠があるから、それを使ってわしはお前に、そのことを教えてやろう。いいかな、お前はいったいこれまでに、雲がなくて雨が降っているような場合を、どこかで見たことがあるかね。しかしゼウスが雨を降らせるのなら、晴天でも独力で雨を降らせることができたはずで、雲はなくてもよかったはずだ。（三六九〜三七一行）

こうした説明にすっかり感心したストレプシアデースはめでたく入門を許され、ソクラテスのレッスンを受けることになるのですが、いくらもたたないうちにソクラテスに愛想をつかされ、学校を追い出される羽目になります。途方に暮れるストレプシアデースに、見かねたコロス（雲の精たち）が息子を入門させるよう助言します。この言葉に覚悟を決めたストレプシアデース、今度は有無を言わせず息子を引っ立ててソクラテスのもとへ連れてきます。さすがのフェイディッピデースも父親のしつこさ、恩着せがましさについに根負けして入門を承諾し、父親の希望どおり、正論と邪論の両方を学ぶことになります。

邪論は正論よりも強し

ここで舞台の上には「正論」と「邪論」の二人が登場し、フェイディッピデースを奪い合って、あわや殴り合いというところへ、コロスの長が止めに入り、二人に対してそれぞれが自分の教育の宣伝をしたうえで、フェイディッピデースに自分がよいと判断したほうを選ばせることを提案し、両者ともこれに従います。そこでまず、「正論」がうるわしき伝統を賛美して言います。

しからば、いにしえの躾《しつ》けのほどが、いかなるものであったか、お話し申そう。それはこのわしが、正論をはいて、いや栄えに栄え、節度（sōphrosynē）というものが重んじられたころのことだ。まず第一に、子供は口のなかでもぐもぐ言うような話し方を、人前ですることは決して許されなかったのだ。また次には、音楽を習いに行くのに、同地区の者は集団で、雪が粉のように降ってくるときでも、外套は着ないで、秩序整然と往来を歩いて行かなければならなかった。（中略）また食卓では、二十日大根《だいこん》の根のところは、子供が取ってはいけないものとされ、ういきょうや芹《せり》を、年長者よりも先につかみ取りしたり、また甘《うま》いものばかり取って食べたり、くすくす笑いをしたり、足を組んでいたりすることも、許されなかったのだ。（九六一～九八三行）

昔、子どものころに聞かされた、祖父や父の「おれが子どものころは……」で始まるお説教を思い出させるような内容ですが、「正論」に言わせれば、これこそがあのペルシアの大軍を撃退した「マラトンの戦い」（前四九〇年）の勝利をもたらした教育なのです。

とにかく、これがかのマラトンの勇士を養った、わしの教育のよりどころなのだ。それをお前ときたら、いまの若い者にすぐ外套にくるまることを教えている。(中略)これ、若いの、お前は狐疑《こぎ》するところなく、このわしを選ぶようにしなければならんのだ。わしが強いほうの論だ。そうすれば、盛り場をきらい、温浴を避け、恥を恥とし、誰かお前をあざける者があれば、憤激するということを解するようになるだろう。また年長者が近づいてきたときには、座席から起立し、両親に対して無礼の振る舞いをすることなく、ほかに何ひとつ恥ずべきことを行わないようになるだろう。つまり慎みというものの理想像を、お前があらためて建立《こんりゅう》しようとしていることになるからだ。(九八五〜九九五行)

ここで「慎み」と訳されているのは、第4講の「プロメテウスの物語」に出てきたアイドース——恥じらい、羞恥心《しゅうちしん》、道徳心とも訳せる——のことです(⇩七一〜七二頁)。前頁の引用の二行目にある「節度」とほぼ同じ内容と見てよいでしょう。「正論」による節度の強調は、逆に言えば、そうした美徳が廃《すた》れ、だらしない若者が増えているという状況を物語るものとも言えるでしょう。さて、そのような若者の立場を代弁するかのように、「邪論」は反撃の口火を切ります。

もうさっきから、腹が煮えくりかえって、息が止まりそうだった。こ奴の言うことに、一つ残らず反対意見を出して、すっかり引っかき回してやりたかったのだ。そもそもこのおれさまが、思弁家どものあいだで、「弱論」の名で呼ばれるようになったのは、法律や習慣として認められているものだとか、正義の裁きなどに対して、はじめて反対の議論をすることを考えついたればこそなのだからなあ。そしてつまり、弱い立場の議論を取りながら、それでいて勝つという、このことこそ一万の金貨よりも値打ちがあるというものだ。まあ、見るがよい、こ奴が信じ込んでいる教育法なるものを、おれがどうやっつけるかを。

（一〇三六～一〇四三行）

こう言って「邪論（弱論）」はまず、温浴に関する「正論」の主張の反駁《はんばく》に取りかかります。彼はもっとも勇敢だった英雄ヘラクレスゆかりの温泉はあっても冷泉はないことを指摘して、論駁します。さらには「正論」が称揚する節度の美徳について、それを身につけたところで人生の楽しみが減るだけで、何の得にもならないとこき下ろします。これに対して彼が尊重するのは、「自然の必然性」にほかなりません。ここで言う「自然」とは、あのアンティフォンとカリクレスが神聖視したフュシスのことです。「邪論」は言います。

さあ、いいかね、それなら今度は「自然の必然性」というものに、論点を移すことにしよう。いま君が過ちを犯すとするね。恋をして、ひとの女を取ったりするわけだ。そうすれば、次はつかまって、身を亡《ほろ》ぼすことになる。申し開きができないからね。ところが、このおれについていれば、自然のままに振る舞って、はねるも笑うも勝手しだい、どんなことでも恥ずかしいなどと思うことはないのだ。間男でつかまるようなことがあっても、相手にこう言って反論するだろう。何も悪いことをしたのではないと言ってね。そして、それからゼウスを引き合いに出すのさ。あんな神様でさえ、恋と女には弱いのだ。それを君は、死すべき人間の身で、どうして神様にもできなかったようなことを、することができるだろうか。（一〇七五～一〇八二行）

そして、この一種のフュシス信仰は、最後に見るストレプシアデースとフェイディッピデースの論争のなかでも中心的な役割を果たすことになります。

さて、「正論」と「邪論」の対決は「正論」が降参して終わり、ストレプシアデースは「邪論」を仕込んでもらうために息子をソクラテスに預けて家に帰ります。

晴れのち、どしゃ降り――ストレプシアデースの涙

さて、ソクラテスの学校にむりやり押し込まれた息子のフェイディッピデースは詭弁《きべん》の

特訓を修了して無事卒業。ソクラテスに伴われて出てきた息子の顔を見たストレプシアデースは大喜びで叫びます。

　おお、でかしたぞ。まず、お前の顔色からして、わしは見て、ほんとにうれしいぞ。いまこそ初めて断固たる否定と反対（反駁）の色が見えるからだ。「何を言ってやがんだい」という、お国ぶりの調子が見事に色に出ているわい。自分が悪いことをして、人をひどい目にあわせておきながら、かえって、ひどい目にあわされているのは自分のほうだというように思わせるのだよ、きっと。（一一七〇〜一一七五行）

　皆さんの周りにもいないでしょうか、人に迷惑をかけておきながら、まるで自分のほうが被害者みたいな顔をする人間が。もっとも、これはあまり年齢には関係ないかもしれませんが。それはともかく、フェイディッピデースは父親相手にさっそく修行のほどを披露して、すっかり父親を喜ばせます。そして、ストレプシアデースは息子に教わった詭弁を使って、押し寄せてきた債権者たちを見事（？）撃退します。と、ここまでは万事、ストレプシアデースの期待どおりに運んだのですが、最後に、とんでもないどんでん返しが彼を待ち受けていたのです。

　借金取りを追い返し、家のなかに引っ込んだ親子二人が仲良く祝杯でも挙げているのかと思いきや、突然、家のなかからストレプシアデースが転《ころ》がり出てきて、観客に訴えます。なんと、息子に殴《なぐ》られたと言うのです。親子げんかのそもそもの原因は、ストレプシアデースがほろ酔い機嫌で息子に、ひとつ歌でもうたえと言ったのがフェイディッピデースの気にいらなかったことと、さらには悲劇作家のうちで優れているのは誰かをめぐる両者の見解の対立にあったようなのですが、フェイディッピデースのほうは殴ったことを否定するどころか、自信満々、殴るのが正当であることを証明してみせるとまで言いきります。皮肉なことに、それも父親のおかげというわけです。

気のきいた新しい風潮に親しんで、現存の法律や習慣を軽蔑《けいべつ》することができるというのは、なんと愉快なことだろう。ぼくが乗馬にばかり気を取られていたときには、まちがいなしに三言としゃべることはできなかったものだ。しかし今では、この親父のおかげで、馬術関係のことはやめさせられて、思想や論理や思索などの精妙なものに取り組んでいるので、親父を折檻《せっかん》することの正当さくらいは教えてやれるだろうと思うんです。（一三九九～一四〇五行）

ここで「法律や習慣」と訳されているのは、前にも出てきた「ノモス」（nomos）のことです。「親を殴るべからず」というのも、代表的なノモスの一つだと考えられますが

――第6講に出てきた『クリトン』のなかの「法律」の言葉を思い出してみてくださいず、ストレプシアデースが子どもの自分を殴ったことがあるかどうか訊《たず》ねます。そして父親から、殴ったことはあるがそれはフェイディッピデースのためを思ってのことだったと聞くと、しめたとばかり攻勢に転じます。
（⇩一〇二〜一〇七頁）――、フェイディッピデースはその論駁に取りかかります。彼はま

じゃあ、言っておくんなさい。ぼくだって同じような正当さをもって、あんたのためを思い、そして、殴るということができるんじゃあないですか。とにかく、その殴るってことが、ためを思うことだとすれば、ね。（中略）それとも「子供は泣かせても、親父は泣かされないとでも思し召《おぼしめ》してか」というところでさあ。つまり、あんたの主張では、それが子供の役だということは、一般に法として認められているというのでしょう。しかしぼくは、その反対だと言いたい。老人は二倍も子供なのだし、また彼らが誤りを犯すということは、子供の場合よりも許しがたい点が多いから、それだけ泣かされるのは、若い者より老人のほうが至当なのです。

（一四一〇〜一四一九行）

これでは老人虐待が増えてかなわんと思われる方もいらっしゃるかもしれませんが、ス

トレプシアデースも、そんなことが認められているところはどこにもないぞと反論します。ところが息子のほうは、そんなことぐらい分かっているとばかり、お得意のフュシスを持ち出して逆襲します。

それでも、そういう法律は、それを定めた人間が最初にいたわけじゃないですか。あんたやぼくと同じような人間がね。そして昔の人間を、弁論で説得するようにしたんじゃないですか。そんならぼくだって、これから先、息子に有利な新しい法律を、あらためて制定して、親父を殴り返せというようにすることだって、同様に許されていいんじゃないですか。ただし、こういう新しい法律がきまる前に、ぼくたちが殴られた分は、勘弁することにして、何も要求せずに、張消しにしてやりますがね。それにまた、よく見てごらんなさいよ、そこらにいる鶏だって、ほかの動物だって、父親に仕返しをしてますぜ。しかも、あいつらとぼくたちの違いは、動物は法案を出して、投票を求めたりしないというだけのことで、それ以外に何がありますかい。

（一四二一〜一四二九行）

ここでフェイディッピデースは法律の恣意《しい》性を指摘するとともに、動物の振る舞いを一つのお手本として引き合いに出していますが、これはまさにカリクレスが『ゴルギアス』

のなかでやっていたことにほかなりません（⇩一一七～一二〇頁）。この論法は、フュシス派の常套《じょうとう》手段と見なすことができるでしょう。ところが意外なことに、この息子の「自然の正義」論に対して、珍しく父親のストレプシアデースが気のきいた反論をします。彼は言います。

そんなに鶏の真似《まね》がいいんなら、いったいどうして糞《ふん》を食べたり、止まり木の上に眠ったりするところまで行かないのだ。（一四三〇～一四三一行）

この思わぬ反撃には、さすがのフェイディッピデースも少し困った様子を見せるのですが、すぐ気を取り直すと、今度はさらに母親を殴ることの正当性も論じてみせると豪語します。事ここに至って、ストレプシアデースも自分が望んだ新教育がいかなるものかを悟り、最初はコロス——ここでは「雲」たちなのですが——を責めますが、結局、もとはと言えば詭弁の力を借りて借金を踏み倒そうともくろんだ自分に非があることを認めます。
ところが驚かされるのは、その後にストレプシアデースがとった行動です。彼はなんと、召使いを伴ってあのソクラテスが経営する思索道場に押しかけると、屋根を打ち壊させ、そこから火のついた松明《たいまつ》を投げ込んだのです。ソクラテスやカイレフォンたちがほうほうの体《てい》で逃げ惑うなか、喜劇は幕を閉じます。

ジョークのなかの真実

なんと過激な幕切れでしょうか。それにしてもここまで来ると、ちょっと悪ふざけがすぎるのではないかと眉をひそめる方もおられるかもしれません。とりわけ、あのソクラテスがここまでおちょくられるとは。それにしても、ここに描かれるソクラテス像はいったいどこまでが真実で、どこからが虚構なのでしょうか。実はこれはむずかしい問題なのですが、ほかの資料から見て、少なくとも「雲」を神格化する疑似《ぎじ》自然科学的信仰や、善悪を無視した詭弁術の教授といった要素はフィクションの可能性が高いと見てよいでしょう。

自然科学的理論については、ソクラテスよりも少し上の世代のアナクサゴラス（前五〇〇ころ～前四二八ころ）やアポロニア出身のディオゲネス（前五世紀ころ）といった思想家からの借り物だと考えられますし、詭弁については、前二講でとり上げたゴルギアスなどの考えが劇中のソクラテスに投影されている可能性が高いと思われます。しかし、ふだん履物をはいていないとか、あまり入浴しないとかいった生活習慣についての記述はプラトンのそれとも一致していますので、真実だと考えてよいでしょう。しかし、それだけにとどまらず、一見したところ誇張と歪曲《わいきょく》に満ちたアリストファネス描くところのソクラテス像のなかには、ソクラテス的方法に内在するある種の危険性への鋭い洞察が含まれているように思われます。

実は、これはプラトンが『ソクラテスの弁明』においてソクラテス自身に述べさせていることなのですが[2]、当時のアテナイの貴族階級の若者たちのなかには、ソクラテスが政治的有力者をはじめとする有名人たちを論駁するのを見て、面白半分にその真似をする者たちがいたようなのです。そして場合によっては、彼らが論駁ゲームの味を覚え、それに熱中していくうちに、やがてフェイディッピデースのように、既成の権威や道徳を馬鹿にするようになることがあったとしても、それほど不思議はないかもしれません。これは決して、アテナイだけの話ではありません。「人を殺して、なぜ悪いのか」という問いが無邪気に発せられる現代日本にとってもまた、切実な問題なのです。次講では一歩進めて、ソクラテス的な問いに潜む一種の深淵について考えてみることとしましょう。

（1） 訳は、田中美知太郎訳『雲』（『ギリシア喜劇Ⅰ』ちくま文庫所収）による。以下の引用も同書による。
（2） プラトン『ソクラテスの弁明』23c参照。

第19講　ソクラテスと若者たちⅡ——エレンコス（論駁）の成人指定

前講ではアリストファネスの喜劇『雲』をとり上げました。そこでは、ソクラテスが怪しげな思索道場を経営する胡散臭《うさんくさ》い人物として描かれるとともに、ストレプシアデース、フェイディッピデース親子のやり取りを通して、旧世代と新世代の価値観の対立が浮き彫りにされていました。旧世代の代表とも言うべきストレプシアデースは、最初こそ借金取り撃退のためにソクラテスの道場に息子を入門させ、詭弁《きべん》のテクニックとしての弁論術を学ばせようとしたものの、自分を殴《なぐ》ったあげくにそれを正当化する息子の変身ぶりに一大ショックを受けたのでした。そしてドラマは、己《おのれ》の非を悟ったストレプシアデースがソクラテスを伝統的価値観破壊の元凶と見なしてその道場に火をつけるという、おそろしく過激な幕切れをもって終わりました。

すでに述べたように、この作品におけるソクラテス像には、当時のさまざまな思想潮流の寄せ集め的なところがあり、決して正当なソクラテス像とは言えないでしょう。しかし、それにもかかわらず、この作品を通じてアリストファネスが、プラトン描くところのソクラテスにも共通する一つの問題性を照らし出していることも確かだと思われます。ここでは一歩踏み込んで、普通の倫理の教科書などではあまり触れられることのない、「無知の自覚」の深層に光を当ててみたいと思います。

ソクラテスの真似《まね》をする若者たち

第1講でも見ましたが、『ソクラテスの弁明』においてソクラテスは、人びとのロゴス（言説）を吟味することをとおして、その人の生き方そのものを吟味することこそが、神から自分に託された使命なのだと述べていました。そのようなものとして、エレンコス（論駁《ろんばく》）はソクラテスにとって哲学することと同義であり、それを欠いた生は生きるに値しないとさえ言っています。ソクラテスは裁判のなかで刑の対案を申し出ることを求められたとき、国外追放の選択肢を退けて次のように述べています。

さて、こう言う人がいるかもしれません。「ソクラテスよ、われわれのために、国から出ていって、黙っておとなしく暮らすことはできないのかね」と。まさにそこを納得していただくのがどうしても難しい方が、皆さんのなかにいらっしゃるのです。なぜなら、そうすることは神に背くことであり、そのゆえにおとなしくしていることは不可能だと私が言えば、皆さんは私が皮肉を言っているものと考えて私の言うことを信じないことでしょうし、さらにまた、私が人間にとって最も大きな善いことはまさにそのこと、すなわち日々徳について、またそれ以外の事柄——それらについて私が議論のやり取りをしながら、自分自身と他の人びとの両方を吟味しているのを皆さんが耳にされている事柄のことを言っているのですが——について論じることであって、他方、吟味を欠いた生というものは、人間にとって生きるに値しないということ、こうしたことを私が言ったとしても、皆さんはますます信じようとはされないでしょうから。

（プラトン『ソクラテスの弁明』[1] 37e〜38a）

このようにエレンコスという営みは、日ごろお金や名誉といったもの——アリストテレスの述語でいえば「外的な意味で善いもの」（ta ektos agatha）——に心を奪われている世間の人びとを問いつめ、アポリア（行きづまり）に直面させることによって、自分の貧しさを実感させ、真に価値あるもの、真の豊かさへと目と足を向けさせるという真剣な営みであったのです。しかし、ここで一つの問題が生じます。それは、この真剣かつ神聖な意義を担う営みを、ソクラテス以外の人間が行った場合にはどうなるか、という問題です。この点で興味をひくのは、『ソクラテスの弁明』のなかで、ソクラテスが自分だけではなく、同時に彼に従う若者たちもまた同様の吟味に従事したと述べている点です。

私についてくる若者たち——それは最も時間的余裕に恵まれた最も裕福な人びとの

子弟たちですが――は、勝手についてきたのですが、人びとが吟味されるのを聞いては喜び、しばしばみずから私の真似をして、他の人びとを吟味することに取りかかったのです。ところがそうしてみると、かれらは何か知っていると思ってはいるものの、実はほとんど、あるいは何ひとつ知っていない人間がとても多くいることを発見したのだろうと思うのです。それがもとでまた、かれらによって吟味された者たちは、自分自身に対してではなく、私に対して腹を立て、ソクラテスとかいう男はこのうえもなくけしからぬ奴《やつ》で、若者たちを堕落させていると言いふらしたのです。（23c～23d）

ソクラテスは別のところではまた、彼らが自分についてくる理由について、次のように説明しています。

かれら（若者たち）は、知恵があると思い込んでいるものの、実はそうではない者たちが吟味されるのを聞くのがうれしいのです。実際、それは面白くないことはないのですから。（33c）

以上のソクラテスの発言では、ソクラテスが有名人を吟味して立ち往生させるのを喜んで見物する若者たちがいたこと、また見物するだけではなく、みずからその真似をして人をやり込める者もいたことが述べられていますが、そこから明らかになることが二つあります。

その第一点は、若者たちは権威ある大人が論駁されるのを見て一種の加虐的な喜びを味わっていたらしいこと、もう一点はソクラテスの論駁のやり方が、他の人間にも真似ができるような一定の形式をそなえていた可能性が高いということです。さらに注目されるのは、若者に論駁された人びとが、ソクラテスにそうされたときと同様、その非難の矛先《ほこさき》をソクラテスに向けたと語られているのに対して、ソクラテス本人は自分の真似をする若者たちによるエレンコスの誤用や濫用《らんよう》に対する危惧《きぐ》はあまり感じていないように見えることです。

ところが、ある意味では楽天的とも言えそうなこの『ソクラテスの弁明』におけるエレンコス観に対して、『国家』第七巻においては、まさに若者がエレンコスに手を染めることに含まれる危険性が、同じソクラテスの口をとおして強調されているのです。われわれは次に、『国家』第七巻におけるエレンコス論について検討することにしましょう。

『国家』におけるエレンコスの成人指定

プラトンの主著ともいわれる『国家』については、第5講の「ギュゲスの指輪」——それは人間を悪へと誘《いざな》う透明人間モードのついた魔法の指輪でしたが——の話をご紹介しました。しかし作品全体の主題は、まさにそのような悪への誘惑に打ち勝ち、人が見ていようが見ていまいが正義を守りとおすことが最終的な幸福につながるのだということを示すところにあります。と同時に、そのような個人の正義だけでなく、正義にかなった国のあり方をも明らかにするところに、この作品のもう一つの主題、もしくは課題があります。国のあり方と個人のあり方がどのように連関するのかについては、次講以降でとり上げることにして、ここではとりあえず、哲学的な知をそなえた理想的な統治者——哲人王——養成カリキュラムのなかで、論駁についての技術がどのように位置づけられているかを見ることにしましょう。

そのカリキュラムの内容が具体的に論じられているのは第七巻ですが、そこにおいては、議論のやり取りをめぐる世間一般の状況について、ソクラテスとグラウコン青年の間に次のような会話が交わされます。

「君は気がついていないかね?」とぼく(ソクラテス)は言った、「現在、この問答の技術による哲学的議論(to dialegesthai)には、どれほど大きな害悪がまつわりついているかということに」

「どのような害悪でしょう?」と彼(グラウコン)はたずねた。

「それにたずさわる人びとが」とぼくは言った、「法を無視する精神（paranomia）にかぶれるようになるということだ」

（プラトン『国家』537ｅ）(2)

ここでは「法を無視する精神」と訳されていますが、法だけではなく、道徳も含めて考えてよいでしょう。そうすれば、『雲』のフェイディッピデースのように父親を殴るのは正しいとする考えも、そのなかに含まれることになります。しかし、それではどうして、哲学的議論によってそのような「害悪」が生みだされることになるのでしょうか。ソクラテスは、子どものときから教え込まれた「正しいこと」や「美しいこと」についての「父祖の教え」を尊重し、その権威に従順な若者が言論の術に接したときに、彼を訪れかねない危険に触れて次のように問いかけます。

このような状態にある人がやがて問いを受けることになって、〈美しいこと〉（to kalon）とは何であるかと問いかけられ、法を定めた人から聞いたとおりを答えたところ、言論の吟味にかけられて論駁されたとする。そして何度も何度もいろいろの仕方で論駁されたあげく、自分が教えられてきたことは何も美しいことではなく、醜いことなのかもしれないと考えざるをえないようになり、さらに〈正しいこと〉（dikaion）や〈善いこと〉（agathon）や、これまで最も尊重してきたさまざまの事柄についても同じことを経験したとする。このような場合、そうした教えに対する尊重やその権威への服従という点に関して、その人の態度はそれから以後どのようになると思うかね？（538d～e）

これに対してグラウコンは、そうした若者はもはや以前のように既成の価値観や権威に従順ではありえないだろうと答えますが、ソクラテスはそのような精神状態がきわめて危険なものであることを指摘します。

以前のようにはそれらを尊重すべきもの、自分の血縁のものと考えることはできず、さりとてまた真実のものを発見することもできないでいるとき、彼が当然の成り行きとして向かうことになる生き方としては、例の追従者たちが誘《いざな》う甘い生活のほかに何がありうるだろうか？（538e～539a）

このような心理状態に若者たちが陥るのを防ぐ方策として提案されるのは、なんとエレンコスの成人指定（！）なのです。

では、そういう用心のための重要な一策は、そもそも若いときにはその味を覚えさせないということではあるまいか。というのは、君も気づいていると思うが、年端《としは》も行かぬ者たちが初めて議論の仕方の味を覚えると、面白半分にそれを濫用して、いつももっぱら反論のための反論に用い、彼らを論駁する人びとの真似をして自分も他の人たちをやっつけ、そのときそのときにそばにいる人びとを議論によって引っぱったり引き裂いたりしては、小犬のように歓《よろこ》ぶものだ。（539b）

ここでは若者たちが何の用意もなく、あまりにも早く論駁のテクニックだけを覚えた際に陥りがちな危険性が指摘されていますが、無知の自覚から真実の徳の探求に向かうという真剣さを失ったエレンコスのゲーム化の果てに彼らを待ち受けているのは、自我の崩壊と懐疑の深淵にほかなりません。

こうして、みずから多くの人びとを論駁するとともに、他方また多くの人びとから論駁されているうちに、彼らは、以前信じていたものを何ひとつ信じなくなるという状態へと、はげしくまた急速に落ち込んでいく。（539b～c）

以上の『国家』における若者とエレンコスの関係についての心理分析は、その洞察の鋭さと深刻さにおいて、先に見た『ソクラテスの弁明』におけるソクラテスのいささか楽天的な発言とは次元を異にしています。そして、こうした危険性の認識から、『国家』におけるソクラテスは、三十歳になって初めて議論の仕方を学ぶべきであることを説くのですが、このようなエレンコス観の変化の背景には、このことに関係する何らかの具体例が著者プラトンの念頭にあったものと推測されます。次に、そのような例として考えられる人物の代表としてアルキビアデスをとり上げてみたいと思います。

アルキビアデスの場合

アルキビアデスといえば、第15講で彼のソクラテス賛美に少し触れましたが、そのエピソードからも知られるように、彼が当初、ソクラテスとかなり近い関係にあったことは確かだと思われます。アルキビアデスはアテナイを代表する政治家であったペリクレス（前四九〇ころ～前四二九）の甥《おい》という血統の良さに加えて、甘いマスクに甘ったるいしゃべり方、さらには馬に夢中のフェイディッピデースではありませんが、馬車競走で優勝するなどスター性も十分で、若くして政治的有力者にのし上がります。ところが、およそ節操に欠け、ニキアス（前四七〇ころ～前四一三）と並んでシケリア遠征の三人の指揮官の一人に選ばれていながら、アテナイに呼び戻されて裁判にかけられそうになったときには、あろうことか、宿敵スパルタに亡命して祖国を敵に回します。かと思えば、今度はスパルタを裏切って戦い、勝利を収めてアテナイに凱旋するという図々しさです。おまけにスパルタ亡命中には、王妃とのあいだに子どもまでつくったともうわさされるのですから、まったく恐れ入ります。こんな彼がかつてソクラテスと親しかったことから、ソクラテスの責任を問う声があったようですが、その点について、クセノフォン（前四二八ころ〜前三五四ころ）は次のようにソクラテスを弁護しています。

……告発者は、クリティアスとアルキビアデスの二人がソクラテスの弟子となった挙句《あげく》に、国に対して最大の悪をなしたと主張した。というのも、クリティアスは寡頭《かとう》制下にあって誰よりも強欲であるとともに、いちばん暴力的であり、他方、アルキビアデスはまた、民主制下において誰よりも節度に欠けるとともに傲慢不遜《ごうまんふそん》だったからである。私としては、彼ら二人が国に対して何か害を与えたかどうかについて弁明する気はない。しかし、彼らのソクラテスとの交際がどのようなものであったかについては、語ることにしよう。周知の如く、この二人の男はすべてのアテナイ人のなかで最も名誉欲が強く、万事を自分の手で行って、誰よりも有名になろうと欲していたのであった。そして彼らはソクラテスがごくわずかな財産で何ひとつ不自由することなく暮らすとともに、あらゆる快楽に打ち勝ち、また彼と対話を交わす者のすべてを思うがままに扱っているのを知ったのである。こうしたことを目にしていたうえに、彼ら二人が前述のごとき人間であったとすれば、彼らはソクラテスの生き方と、彼がそなえていた節度を欲するがゆえに彼との交際を求めたと言うべきであろうか。それとも、もし彼らが彼と交際するならば、語ることにおいても行うことにおいても何ひとつ欠けるところのない者になれると考えてそうしたのだと言うべきであろうか。というのも私自身としては、もし神が、まさにソクラテスがそのように生活しているのを彼らが目にしていたとおりの生活をそっくりそのまま生きるか、さもなければ死ぬかのいずれかを選ぶ自由を彼らに与えられたとしたら、彼らはむしろ死ぬことを選んだと思うからである。二人がそういう人間であることは、彼らが実際に行ったことからして明らかである。というのも、彼らは仲間の者たちよりも自分たちのほうが上手《うま》くなったと考えるやいなや、直ちにソクラテスのもとを去って、政治に手を染めたのである。それこそは、そのために彼らがソクラテスを求めたところのものだったのである。（クセノフォン『ソクラテスの思い出』(3) 第一巻二章一二〜一六節）

少し引用が長くなりましたが、クセノフォンのソクラテス弁護の情熱が伝わってくる文章ではないでしょうか。ここでアルキビアデスと並んで非難されているクリティアス（前四六〇ころ〜前四〇三）は、実はプラトンの母の従兄《いとこ》で、アテナイがスパルタに降伏した直後（前四〇四年）に設立された悪名高き三十人政権の首領だった人物です。彼の作ともされる『シシュフォス』においては、神々が人間を創《つく》ったのではなく、昔の賢者が人間の不正を抑えるために監視者であると同時に、懲罰者でもある神々という観念を導入したのだという、きわめて近代的な宗教観が述べられています。このことからも、クリティアスがきわめて卓越した、しかし同時に懐疑的かつ冷笑的な知性の持ち主であったことがうかがえます。

ところで、ソクラテスを弁護しようというクセノフォンの意図は意図として、この経過説明からもうかがえるのは、ソクラテスが得意としていた論駁の技術は、ソクラテスのように節度に満ちた生き方をするかどうかとは別個に、それだけ独立して学ぶことも可能だったらしいということです。つまり目的はともかくとして、単なる手段、道具としてつまみ食いすることもできたということです。この点は、これまたクセノフォンがアルキビアデスの傲慢な性格を強調するために紹介している次のエピソードからも推定することができるでしょう。

そのエピソードとは、まだ十代のアルキビアデスがおじさんにあたる軍人・政治家のペリクレスと対話を交わし、論駁したことを扱ったものです。その概略は次のとおりです。まず、アルキビアデスがペリクレスに「法律」とは何かと訊《たず》ねます。これに対してペリクレスは「民衆が集まって可決して文書にしたものはすべて法律だ」と答えます。さらには僭主《せんしゅ》独裁制（tyrannis）も含め、政治体制のいかんにかかわらず、「ポリスを支配している者が評議したうえで、何をなすべきかを文字にしたものはすべて法律である」と述べます。

ところが、これを聞いたアルキビアデスは、今度は「強制」と「無法」とは、多数派が少数派を説得することなく力ずくで従わせることではないかと問い、ペリクレスがそれに同意すると、僭主が民衆を説得することなく自分が定めたものに従わせることは無法ではないかと畳みかけます。結局、ペリクレスは前言を撤回しなければならない羽目になります。面目を失ったペリクレスは次のような負け惜しみを口にします。

いや実際、アルキビアデスよ、われわれもまた君の年ごろにはそうしたことが得意だったものだ。というのも、いま君が練習しているように僕に見える、まさにそうしたことをわれわれも練習し、知恵を絞ったものだからだ。（同前 四六節）

何とか体面を取り繕おうとするこの大政治家の言葉に対して、アルキビアデスは冷ややかに言い放ちます。

いやペリクレス、あなたの頭がいちばん鋭かったころに、ご一緒したかったものです（！）（同前）

アルキビアデスの得意げな顔が目に浮かぶようですが、遺憾ながら、ここでアルキビアデスが実演してみせている論駁は、その基本構造においては、プラトンの対話篇で描かれるソクラテスのそれと同じと言ってよいでしょう。もしそうだとすれば、『国家』のなかで提案されているように、論駁の技術の教授については一定の制限が必要だとする考えが出てくる理由もわかる気がします。

プラトンの『ソクラテスの弁明』におけるソクラテスは、自分の吟味の対象が国籍や、老若男女を問わないことを強調していましたが、事は倫理に関わる事柄だけに、ある種の慎重さが要求されることも事実でしょう。やはりその人の人生経験や理解力、さらには人間性なども考慮したうえで、そのような技術を学ぶにふさわしいかどうか見極める必要があるのではないでしょうか。その点では、『国家』におけるソクラテスの見解のほうが妥当であるように思われます。

なお、若きアルキビアデスとソクラテスがやはり政治をめぐって討論する作品として、『第一アルキビアデス』(4) と呼ばれる対話篇があります。この作品がはたしてプラトンの真作なのか、それとも偽作なのかをめぐっては、今日に至るまで論争が続いているのですが、それは別として、とても面白い議論が展開されていますので、興味のある方はぜひご覧ください。

（1）訳は、三嶋輝夫・田中享英訳『ソクラテスの弁明・クリトン』（講談社学術文庫）による。一部、変更した箇所がある。

（2）訳は、藤沢令夫訳『国家』下（岩波文庫）による。

（3）テキストは *Xenophontis opera omnia II*, Oxford, 1971による。

（4）邦訳として、『第一アルキビアデス』（角川書店）、『アルキビアデス1』（岩波書店『プラトン全集6』所収）、三嶋輝夫訳『アルキビアデス・クレイトポン』（講談社学術文庫）などがある。なお、アルキビアデスについては拙著『ソクラテスと若者たち』の第2章を参照。

第20講　国のかたち、人のかたち――民主主義と独裁

この数回にわたって、言論にそなわる力と、その用い方をめぐる諸問題について検討してきました。その過程で、ゴルギアスに代表される弁論術だけではなく、ソクラテス的な議論のやり取りについても、その教授については一定の配慮――具体的には年齢制限――が必要であるという見解を見ました。この年齢制限については、プラトンの『国家』のなかで、やはりソクラテスによって提唱されていたのですが、こうした方策は一種の言論統制につながるのではないかと危惧《きぐ》される方もいらっしゃるかもしれません。そこで本講では、まず民主主義と自由の内実について考え、さらには、その正反対とも見える独裁と民主主義の関係についても考えてみたいと思います。

独裁制の欠点と民主制の長所――ヘロドトス『歴史』から

プラトンの見解をとり上げる前に、古代ギリシアにおける民主主義の理念を知るうえで不可欠のテキストについて見ておくことにしましょう。それは以前にもとり上げたことのある、ヘロドトス（前四八四ころ～前四二〇ころ）の『歴史』の一節です。そこでは、ペル

シアの凶暴な独裁者カンビュセス王（?～前五二二）が死んだあとの統治のあり方をめぐって、指導者たちのあいだで異なる政治体制の優劣について議論が交わされます。議論の舞台はペルシアになっていますが、内容的にはギリシアのことが念頭に置かれていると見てよいでしょう。まず、オタネスという人物が独裁制の欠陥を指摘して、次のように述べます。

> われらの内の一人だけが独裁者となることは、好ましいことでもなく善いことでもないのであるから、そのようなことはもはやあってはならぬ、というのが私の意見である。諸子はカンビュセス王がいかに暴虐の限りをつくしたかをご承知であり、またマゴス（ペルシアの僧侶階級）の暴虐ぶりは身をもって知られたとおりだからだ。何らの責任を負うことなく思いのままに行うことのできる独裁制が、どうして秩序ある国制たりうるであろう。このような政体にあっては、この世で最もすぐれた人物ですら、いったん君主の地位に座れば、かつての心情を忘れてしまう。現在の栄耀栄華《えいようえいが》によって驕慢《きょうまん》の心が生ずるからで、さらには人間に生得の嫉妬心というものがある。この二つの弱点をもつことにより、独裁者はあらゆる悪徳を身にそなえることになるのだ。
>
> （ヘロドトス『歴史』[1] 巻三 八〇節）

ここで「独裁者」と訳されている原語は"mounarchos"（ムーナルコス）――ヘロドトスはイオニア方言で書いているため、"monarchos"ではなく"mounarchos"となっています――で、文字どおりには「一人で支配している者」の意になります。英語の"monarch"（専制君主）もこの言葉から来ています。オタネスはそのような単独支配に反対する主な理由として、「驕慢の心」と「嫉妬心」の二つを挙げています。この二つはもちろん、人間なら誰でも程度の差こそあれもっているものですが、彼はそれが権力を独り占めにすることによって際限なくエスカレートしてしまう危険に注意を促して論を続けます。

本来ならば独裁者は、世のあらゆる幸福に恵まれ、人を羨《うらや》む心などをもつはずはないのであるが、現実には彼の国民に対する態度はまったくそれとはうらはらとなる。要路にある者たちを、その世にあり生あるかぎり嫉《そね》んでやまず、市民のうちの最も位の低い者たちを好んで寵愛し、また讒訴《ざんそ》を容《い》れることにかけては決して人後に落ちぬ。この世に独裁者よりもその言行つねならぬものはない。独裁者というものは、ほどほどに讃《ほ》めておくと仕え方が足らぬといって機嫌を損ねるし、あまり大切に扱いすぎれば、へつらい者としてやはり不興を買う。（同前）

この世でこれほど厄介な者はないというわけですが、考えてみれば国家規模での独裁者とまでいかなくても、会社や学校にもけっこう、この手の独裁者がいるのではないでしょうか。さて、オタネスは最後に独裁者の最大の悪を指摘したうえで、これに代わるものとして民衆による支配を称賛します。

しかし最も重大であるのは私がこれから申すことで、それは独裁者というものは父祖伝来の風習を破壊し、女を犯し、裁きを経ずして人命を奪うことだ。それに対して大衆による統治はまず第一に、万民同権（イソノミア）という世にも美《うる》わしい名目をそなえており、第二には独裁者の行うようなことはいっさい行わぬということがある。職務の管掌は抽籤《ちゅうせん》により、役人は責任をもって職務に当たり、あらゆる国策は公論によって決せられる。されば私としては、独裁制を断念して大衆の主権を確立すべしとの意見をここに提出する。万事は多数者にかかっているからだ。（同前）

ここで「大衆」と訳されている言葉（plēthos）は、「民衆」（dēmos）と同じ意味と考えてよいでしょう。オタネスは独裁制とは対照的に、民主制にあっては権利の平等と意思決定手続きの公明さが重んじられることをその最大の利点として強調しています。そして、オタネスは抽籤による役職の割り当てについても称賛していますが、しかし、古代ギリシアの民主主義のひとつの特徴とも言えるこの制度については問題がないとは言えず、プラトンなどは厳しく批判しています。

民主主義の欠点と寡頭制《かとうせい》の長所

オタネスの次に立ったメガビュゾスは、独裁制もよくないが、民主制はもっと悪いと批判します。

オタネスが独裁制（tyrannis）を廃するといったのには私もまったく同意見であるが、主権を民衆に委《ゆだ》ねよというのは、最善の見解とは申せまい。何の用にも立たぬ大衆ほど愚劣でしかも横着なものはない。したがって独裁者の悪逆を免れんとして、狂暴な民衆の暴戻《ぼうれい》の手に陥るというがごときは、断じて忍び得ることではない。一方は事を行う場合に、行う所以《ゆえん》をみずから知って行うのであるが、他方に至ってはその自覚すらないのだ。もともと何が正当であるかを教えられもせず、みずから悟る能力もない者が、そのような自覚をもち得るわけがないではないか。さながら奔流する河にも似て思慮もなく、ただがむしゃらにかかって国事を押し進めてゆくばかりだ。

（同前　八一節）

ここでは民衆が前後の見境もなく、ただ激情にかられて暴走するとして非難されていますが、こうした傾向は、今日のいわゆる大衆民主主義にもないとは言えないかもしれません。メガビュゾス自身は、独裁制、民主制も退け、寡頭制（oligarchiē）を支持して次のように述べます。

それゆえに、ペルシアに害心を抱く者は民主政治をとるがよい。われらは最も優《すぐ》れた人材の一群を選抜し、これに主権を賦与しよう。もとよりわれら自身も、その数に入るはずであり、最も優れた政策が最も優れた人間によって行われることは当然の理なのだ。（同前）

「最も優れた人材の一群」（andrōn tōn aristōn homiliē）と言われていますが、これは量のうえでは「寡頭制」であっても、質のうえでは「最優秀者支配制」（aristokratiā）であるとも言えます。今日、「貴族制」と訳されるのが一般的な、英語の"aristocracy"は、この言葉に由来しています。

独裁制擁護論

さて最後にダレイオス（前五五〇～前四八六）が立って、前の二人によって批判された独裁制を擁護して論じます。

私はメガビュゾスが大衆について言われたことはもっともと思うが、寡頭政治についての発言は正しくないと思う。すなわち、ここに提起された三つの体制——民主制、寡頭制、独裁制がそれぞれその最善の姿にあると仮定した場合、私は最後のものが他の二者よりもはるかに優れていると断言する。最も優れたただ一人の人物による統治よりも優れた体制が出現するとは考えられぬからで、そのような人物ならば、その卓抜な識見を発揮して民衆を見事に治めるであろうし、また敵に対する謀略にしても、このような体制下で最もよくその秘密が保持されるであろう。しかし寡頭制にあっては、公益のために功績を挙げんと努める幾人もの人間のあいだに、ともすれば個人的な激しい敵対関係が生じやすい。各人はいずれも自分が首脳者となり、自分の意見を通そうとする結果、互いに激しくいがみ合うこととなり、そこから内紛が生じ、内紛は流血を呼び、流血を経て独裁制に決着する。これによって見ても、独裁制が最善のものであることがよく判る。（同前　八二節）

ダレイオスは、まず寡頭政治を批判しています。しかし、なるほど寡頭制を担う少数の指導者相互のあいだにともすると権力闘争が発生し、流血の事態に至ることがあるという指摘は分かりますが、内紛の帰結として結局は一人が勝ち残って独裁者になるのだから独裁制が正しい、という結論には首をかしげざるをえません。というのは、いちばん冷酷非情な人間が勝ち残り、その人間を抑えるべき対抗馬はすでに全滅しているとすれば、治められる側にとっては最悪の体制が出現することになるからです。ダレイオスはそんなことは思ってもみない様子で、今度は民主制を批判します。

一方民主制の場合には、悪のはびこることが避けがたい。さて、公共のことに悪がはびこる際に、悪人たちのあいだに生ずるのは敵対関係ではなく、むしろ強固な友愛感で、それもそのはず、国家に悪事を働く者たちは結託してこれを行うからだ。このような事態が起こり、結局は何者かが国民の先頭に立って悪人どもの死命を制することになる。その結果は、この男が国民の讃美の的となり、讃美されたあげくは独裁者と仰がれることになるのだ。この事例から見ても、独裁制が最高の政体であることが明らかではないか。（同前）

ここでもまた最後は一人の手に権力が集中することになるのだから、独裁制が正しいのだという論法が使われています。要するに、ダレイオスは自分が専制君主になりたいがために、独裁制の正当化を計っていると言えるでしょう。実際、このあと彼は策略を用いて首尾よくカンビュセスの後継王になるのですが、なるほど、彼の言うように最善のケースを想定すれば、一人の完璧な人間による統治のほうが治められる側にとっても、もっとも効率的な政治システムと言えるかもしれません。しかし、まさにオタネスが最初に忠告していたように、どんなに優れた人間であっても、まさに神ならぬ人間であるかぎり、しだいに権力の魔力に取り込まれ、暴君と化す可能性のほうが高いと思われます。

以上の議論を読むとき、われわれはそこに、今日、自分たち自身が政治体制を考えるうえでも参考になるような重要な洞察が含まれていることに驚きの念を覚えるのではないでしょうか。しかし、まだまだこれだけで驚いてはいけません。次にとり上げるプラトンによる民主主義と独裁制に関する分析は、感嘆すべき鋭さと深さをそなえているのです。

プラトン『国家』における政治体制論

プラトンの『国家』では、国制には五つの種類があり、また、それに対応する人間の性格も五つあるとされています。五つの国制とは、「優秀者支配制」「名誉支配制」「寡頭制」「民主制」「僭主《せんしゅ》独裁制」の五つです。優秀者支配制は、哲人王によって統治される理想の政治形態なのですが、残念ながら、これも永続するのは困難とされます。やがて指導者間に対立抗争が芽生え、その妥協の産物として新しい特徴をもった体制が生まれます。

名誉支配制から寡頭制へ

この新しい政治体制は、理知ではなく気概の性格が支配的な、勝利と名誉を最も重んずる国制だとされます。それに対応する人間は、いささか無骨な人間のようです。

（その人は）音楽好きではあるけれども、いささか教養にとぼしく、話を聞くのは好きだが、自分が弁論の能力のある人間では決してない、といった人物のはずだ。（中略）また支配者たちにはきわめて従順であり、権力欲が強くて名誉を欲しがるが、そうした地位を要求するのは、言論の能力やそれに類することにもとづいてではなく、戦争および戦争に関係ある事柄での実績をよりどころとしてなのだ。彼は体育を愛し、狩猟を愛するような人間なのだから。

（プラトン『国家』(2) 548e～549a）

この名誉支配制の次に生まれてくるのは寡頭制ですが、それは「財産の評価にもとづく国制」、「金持ちが支配し、貧乏人は支配にあずかることのできない国制のことだ」（同前550c－550d）とされます。名誉支配制のなかからこの寡頭制が生じてくる原因は、金銭欲の亢進にあるとされます。つまり、名誉支配制的人間は若いころは名誉を重んじて金銭を軽蔑《けいべつ》するのですが、年を取るにつれて金銭に執着するようになり――どうも奥さんに尻を叩かれるということもその一因のようなのですが――ついには体面はそっちのけで、なりふり構わず蓄財に没頭するというのです。その結果、金のある人間だけが尊重され、いくら徳にすぐれていてもお金のない人間は軽んじられるという事態になり、権利も奪われることになります。

まさにこの時点において、彼らは寡頭制国家の基準を規定した法律を制定する。すなわち、その国における寡頭制の度合いの強弱に応じて大きかったり小さかったりする金額を定めたうえで、財産がその規定額に達しない者は支配の役職に参加できないことを、宣告するのだ。そして、こうした法律の内容を武器を用いた強制的な力で実行に移し、あるいは、そこに至る前に脅迫することによって、このような国制を確立するわけだ。（551a〜b）

この体制の欠陥は二つあるとされます。その一つは、政治の舵取《かじと》りをする能力の有無にかかわらず、財産のある者だけが支配の座につくことができることです。もう一つは、貧富の差が拡大することにより、階級対立が生まれてこざるをえないことです。そして富の集中が進むなかで、浮浪者と多くのならず者が生みだされるとされます。それでは、そのような精神的に荒廃した社会のなかで育つ若者たちは、どのような人間になるのでしょうか。

名誉支配制的な人間に子供がいたとして、その子供は、最初のうちは父親に負けまいとつとめて、その足跡を追っていたが、やがてその父親が突然、暗礁に衝突するように国家と衝突して、自分の所有物も自分自身も失ってしまうのを目にするとする。つまりその父親は、将軍の地位にあったり、何かその他の重要な役職にあったりしたのだが、やがて法廷に引き出されるような羽目におちいり、中傷者たちに痛めつけられたあげく、死刑にされたり、追放されたり、市民権を奪われて全財産を失ってしまったりするわけだ。（553a～b）

まるで藤沢周平さんの時代小説に出てくるような話——藩政をめぐる陰謀に巻き込まれて父親は切腹、お家断絶の危機に直面して苦悩する孝行息子といった話——ですが、ここには著者プラトンが実際に見聞きした事実が投影されているようにも感じられます。さて、このような父親の非業《ひごう》の死に見まわれた若者は、頼れるのは金だけとばかり、ひたすら金儲けの道に突き進むとされます。

息子のほうは、友よ、こういったことを目にし、自分でもつらい目にあい、財産を失ってしまうと、思うに、恐れをなして、ただちに自分の魂の内なる王座から、それまでの名誉愛や気概の部分を、まっさかさまに突き落とすだろう。そして貧乏のために卑下した心になって、金を儲けることに転向し、けちけちと少しずつ節約したり、せっせと働いたりして金をかき集めるようになる。こうなったとき、そのような人は、金銭を愛する欲望的部分を魂の王座にすえ、立派な冠や首飾りや短剣をまとわせて、自分の内なる大王としてたてまつることになるのだと、君は思わないかね？（553b〜c）

ここで注目されるのは、つねに政治体制における支配者の交替が、同時に個人の心の内における支配者の交代を引き起こすと見られていることです。なるほど、今日の日本社会において父親が殺されるということは幸いにして稀だとしても、いわゆるリストラの目にあうことはしばしばで、それをきっかけとして、よきにつけ悪しきにつけ、息子や娘の価値観が変わるということがあったとしても不思議はないでしょう。あるいは敗戦後のわが国のめざましいまでの経済復興の深層にも、空疎な大義よりもまずは金、といった心理が潜んでいたのかもしれません。

寡頭制から民主制へ

さて、このようにして金儲けが最優先される結果、貧富の差はますます拡大し、ついには金持ちと貧乏な人たちのあいだに内紛が勃発する事態にまで至り、その結果、後者が勝利を収め権力を握るとされます。その原因は、すっかり贅沢《ぜいたく》な暮らしに慣れきって身体の鍛錬を怠っている金持ち階級はすぐ息が切れて、スリムな貧乏人に太刀打ちできないからというわけです。かくして民主制が誕生します。

そこで、思うに、貧しい人びとが闘いに勝って、相手側の人びとのうちのある者は殺し、ある者は追放し、そして残りの人びとを平等に国制と支配に参与させるようになったとき、民主制というものが生まれるのだ。そして大抵の場合、その国における役職は籤《くじ》で決められることになる。(557 a)

ここでもまた、前のオタネスの言葉にあった籤による役職の配分が、民主制の特徴として挙げられていることが注目されます。それでは民主制は、いったいどのような人間を生みだすのでしょうか。

では、まず第一に、この人びとは自由であり、またこの国家には自由(eleutheriā)が支配していて、何でも話せる言論の自由(parrhēsia)が行きわたっているとともに、そこでは何でも思いどおりのことを行うことが放任されているのではないか。(557 b)

ここでは自由が民主主義の旗印として強調されていますが、その自由の中身は、要するに何でも自分のしたい放題に振る舞うことができるということのようです。

たとえ君に支配する能力が充分にあっても、支配者とならなければならない何らの強制もなく、さりとてまた君が望まないならば、支配を受けなければならないという強制もない。また他の人びとが戦っているからといって、戦わなければならないこともなければ、他の人びとが平和に過ごしていても、君が平和を欲しないのなら、むりに平和に過ごさなければならぬということもない。（557e）

あのアリスティッポス（⇩第11講）が聞いたら、これぞ理想の国制だと絶賛することでしょうが、ここでも語り手を務めるソクラテスに言わせると、どうもこの体制にはこの体制の欠陥があるようです。その欠陥とは、アリスティッポスにとっては耳が痛いかもしれませんが、要するに、この社会においては必要な快楽だけでなく、不必要な快楽までが熱心に追求されることにほかなりません。そして、若者たちはその時々の気の向くまま、目前の快楽を追いかけて暮らすことになります。

こうして彼は（中略）その時々に訪れる欲望に耽《ふけ》ってこれを満足させながら、その日その日を送っていくだろう。あるときは酒に酔いしれて笛の音《ね》に聞きほれるかと思えば、次には水しか飲まずに身体を瘦《や》せさせ、あるときはまた体育にいそしみ、あるときはすべてを放擲《ほうてき》してひたすら怠け、あるときはまた哲学に没頭して時を忘れるような様子をみせる、というふうに。しばしばまた彼は国の政治に参加し、壇にかけ上って、たまたま思いついたことを言ったり行ったりする。ときによって軍人たちを羨《うらや》ましく思うと、そちらのほうへ動かされるし、商人たちが羨ましくなれば、こんどはそのほうへ向かっていく。こうして彼の生活には、秩序もなければ必然性もない。しかし彼はこのような生活を、快く、自由で、幸福な生活と呼んで、一生涯この生き方を守りつづけるのだ。（561c〜d）

まるで、自分の息子、娘のことを言われているように感じられた方もいらっしゃるのではないでしょうか。もっとも考えてみますと、一九七〇年代の若者たち——実は私の世代のことなのですが——もあまり変わらなかったのかもしれませんが。

民主制から独裁制へ——人が狼に変身するとき

さて、民主主義から独裁制が生まれてくるというのは逆説のように思えますが、よく言われるように、二十世紀にヒトラー（一八八九〜一九四五）の率いるナチスドイツが最も民主的と言われたワイマール共和国から出現したことを考えれば、それほど不思議なことではないのかもしれません。しかしそこには、いったい、どのようなメカニズムが働いているのでしょう。ソクラテスによれば、まさに際限のない極端な自由の追求こそ、その否定を招き寄せる原因にほかならないとされます。その第一段階は、生活のあらゆる局面における権威の失墜とご機嫌とりの蔓延《まんえん》です。

たとえば（中略）、父親は子供に似た人間となるように、また息子たちを恐れるように習慣づけられ、他方、息子は父親に似た人間となり、両親の前に恥じる気持ちも恐れる気持ちももたなくなる。自由であるためにね。そして居留民は市民と、市民は居留民と、平等化されて同じような人間となり、外国人もまた同様だということになる。（562e〜563a）

前半部分を読むと、つい第18講に登場したストレプシアデースとフェイディッピデース親子を思い出してしまいますが、ただ後半部分で触れられている居留民や外国人と市民の関係については、肯定的に捉えることも可能です。おそらく、アンティフォンやヒッピアス（⇩第5講）のような、フュシス（自然）を重んじる人びとからすれば、身分や国籍の違いは人為的なもの、つまりノモスの所産にすぎず、人間は本来どこに生まれたかによって差別されるべきではないということになるでしょう。この生まれをめぐる差別については次講で、非アテナイ市民の女性、しかも、娼婦出身の女性をめぐる裁判をとり上げて、改めて考えてみたいと思います。

ところで既成の権威の失墜はとどまるところを知らず、最近の学級崩壊ではありませんが、学校にまでも及ぶようです。

次のようなちょっとした状況も見られるようになる。すなわち、このような状態のなかでは、先生は生徒を恐れてご機嫌をとり、生徒は先生を軽蔑し、個人的な養育係の者に対しても同様の態度をとる。一般に、若者たちは年長者と対等に振る舞って、言葉においても行為においても年長者と張り合い、他方、年長者たちは若者たちに自分を合わせて、面白くない人間だとか権威主義者だとか思われないために、若者たちを真似て、機知や冗談でいっぱいの人間となる。(563a〜b)

古今東西を問わず、結局、人間というものはあまり変わらないのかな、という気もしてきます。しかし実は、このような「最高度の自由」の追求が、「もっとも野蛮な隷属」を呼び寄せるのです。

まことに何ごとであれ、あまりに度が過ぎるということは、その反動として、反対の方向への大きな変化を引き起こしがちなものだ。季節にしても、植物にしても、身体にしても、みなそうであって、そして国家のあり方においても、いささかもその例外ではない。（563e〜564a）

さてこの振り子の逆転は、国内の三つの集団間の力関係の変化として説明されます。三つの集団とは、国を率いる指導者層――この集団は針をもった雄蜂にたとえられています――と、富裕階級――これは蜜にたとえられます――と、一般民衆の三つです。

指導者は民衆の要求に応じて富裕層から財産を巻き上げ、ピンハネしたうえで民衆に分配するとされますが、富裕層との対立が先鋭化すると、民衆は一人の指導者を選んでそれを支援するのがつねだとされます。ところが、ほかならぬこの民衆の味方のはずの人間が、狼《おおかみ》のような独裁者に変身するのです。

民衆の指導者となった者が、何でもよく言うことを聞く群衆をしっかりと掌握したうえで、同胞の血を流すことを差し控えることなく、よくやる手口で不正な罪を着せては法廷に引き出して殺し、こうしてひとりの人間の生命を消し去り、その穢《けが》れた口と舌で同族の血を味わい、さらに人を追放したり死刑にしたりしながら、負債の切り捨てや土地の再分配のことをほのめかすとするならば、このような人間は、その次には、敵対者たちによって殺されるか、それとも僭主《せんしゅ》（独裁者）となって人間から狼に変身するか、このどちらかの途《みち》を選ばなければならない運命にあるのではないだろうか?。（565e〜566a）

こうして、彼は身の危険を理由に護衛隊を要求し、やがてそれを私兵化して、ついには、あらゆる権力を手中に収めることに成功するのです。そして独裁者となった彼は、指導者を必要とさせておくために次々と戦争を起こすとともに、自分の座を脅かしそうな有能な人間をすべて排除していくとされます。これはまさに、今日の独裁者と呼ばれる人びともやっていることなのではないでしょうか。

デルフォイの神殿の柱には、ソクラテスにインスピレーションを与えたとされる「汝《なんじ》自身を知れ」という言葉とともに、「度を過ごすなかれ」という言葉も刻まれていたと言われます。われわれはお酒を飲むときだけではなく、国のあり方を考えるときにも、この格言を心のなかに刻む必要があるのではないでしょうか。

（1）訳は、松平千秋訳『歴史』上（岩波文庫）による。
（2）訳は、藤沢令夫訳『国家』下（岩波文庫）による。

参考文献

アテネの民主政全般についての解説として

橋場弦『丘のうえの民主政——古代アテネの実験』東京大学出版会、一九九七年（『民主主義の源流——古代アテネの実験』と改題して講談社学術文庫より再刊、二〇一六年）

第21講　敷居の外で——伝デモステネス『ネアイラ弾劾』をめぐって

プラトンの『国家』における政治体制論について検討した際、民主制における行きすぎた自由の例として、居留民や外国人と正式な市民の関係が挙げられているのを見ました。そこではむしろ、両者が対等に振る舞うことが本来あるまじきことであるかのように語られていましたが、はたしてそうなのでしょうか。それとは逆に、両者が対等の関係にあることこそが、本来、望ましい姿だと見ることもできるのではないでしょうか。本講では、ギリシアの弁論家デモステネス（前三八四～前三二二）の『弁論』五九として伝わる『ネアイラ弾劾』という作品をとり上げて、ともすると、われわれが当然視しがちな偏見と差別の問題について考えてみることとしましょう。

はたしてこの『弁論』が実際にデモステネスが書いたものかどうかは定かでないのですが、当時のマイノリティーとも言うべき外国人や娼婦、さらには女性一般に対して、アテナイの市民たちが抱いていたであろうイメージや見解を知るうえで、この作品がきわめて貴重な資料であることは確かです。というのも、この裁判での原告であるテオムネストスとその共同論述人（synēgoros）——原告の訴えの正当性をサポートする役割の人——であるとともに実質的な原告ともいうべきアポロドーロスが目指しているのは、被告ネアイラを有罪に追い込むことなのですが、その目的達成のために彼らが展開する議論は、当然、裁判官役を務める一般市民にとって説得的なものでなければなりません。しかし、まさにそのためには、聴衆がすでに抱いている価値観に訴えることが不可欠であったはずだからです。

そこでさっそく、弁論を便宜上、弾劾のプロセスにしたがって、順にその内容を追ってみることにしましょう。

告発の動機

まず弾劾の口火を切るのは、原告のテオムネストスという人物です。ちょっとややこしいのですが、彼はアポロドーロスという男の義兄弟（その妻の兄弟）であると同時に、婿《むこ》（二人のあいだにできた娘の夫）でもあります。ところで最初から彼は、裁判の真の標的が被告のネアイラではなく、その夫のステファノスであることを公言します。彼とアポロドーロスの目的は、ネアイラを手段あるいは口実として、ステファノスに対する積年の恨みを晴らすことにあったのです。戦術的に考えると、このように告発の動機が復讐にあることをあからさまにすることは、原告に不利に働くように思われるのですが、しかし、テオムネストスが強調するのは、その報復の正当性です。彼の言うところによれば、そもそも不正と害を加えようとしたのはステファノスであり、自分たちは被害者なのです。それでは、ステファノスが加えようとした不正と害とは、いったい何だったのでしょうか。

最初の事件は、マケドニアのフィリッポス二世（在位、前三五九〜前三三六）に対する戦費調達の方法として、アポロドーロスが国庫の剰余金を軍事費に回すことを民会に提案した際に、ステファノスがそれを違法な提案として訴え、裁判の結果、アポロドーロスが有罪とされた事件だとされます。しかも有罪とされただけでなく、アポロドーロスはステファノスによって、十五タラントン——一タラントンは六十ムナに相当、つまりソクラテスが申し出た罰金額（プラトン『ソクラテスの弁明』38b参照）の二倍で、貨幣価値の変動を無視すれば、職人六千日分の日当に相当する額——という巨額の罰金を求刑されたのでした。

元来アポロドーロスの父パシオンは富裕な銀行家であり、その財産を相続したアポロドーロスも資産家だったはずなのですが、テオムネストスの証言によれば、それでもその財産は三タラントンにすぎず、ステファノスの求刑した額は支払能力をはるかに超えるものだったのです。しかも、支払うことができなければ、国家に対して負債のある者として登録され、財産は没収されることになってしまいます。幸いにして民衆から選ばれた裁判員たちはステファノスの求刑を退け、一タラントンを罰金として科したため、アポロドーロス一家は危うく破滅を免れたのでした。

これに続く第二の事件は、アポロドーロスが逃げ出した奴隷を追って、アフィディナというところまで出かけたとき、何かのことである婦人――その婦人が奴隷をつかまえるのを邪魔したためかどうかは定かでないのですが――を殴《なぐ》って死に至らしめたというかどで、再びステファノスがアポロドーロスを訴えた事件です。しかし、この一件については、ステファノスが人に雇われて偽証したことなどが露呈し、ステファノスの敗北に終わったのでした。

ネアイラの素性の暴露

テオムネストスは、以上の経緯を説明したうえで、自分の年の若さと経験の乏しさを理由に、共同論述人としてアポロドーロスの登壇を要請します。

そこでアポロドーロスは、まず、自分の論述の狙いを要約して次のように述べます。

アテナイ人諸君、ステファノスによって不正を加えられたので、このネアイラを告発しようとして私が登壇したということは、テオムネストスが皆さんに向かってすでにお話ししたところです。しかし、ネアイラが外国人であり、法律に違反してステファノスと一緒に暮らしている（synoikei）ということ、このことを私は皆さんにはっきりと示したいと思います。そこでまず、次の法律を皆さんのために読んでもらうことにします。その法律に従って、ここにいるテオムネストスは訴えを起こしたのですし、この裁判もまた皆さんのところまで持ち込まれることになったのですから。

（デモステネス『弁論』五九 第一六節）[1]

このアポロドーロスの求めに応じて朗読される法律の内容は、次のようなものです。

もし外国人の男が、どのような手段によってであれ、市民の女と一緒に暮らす場合には、アテナイ人のうちの誰でも、その資格をもつ者はテスモテタイ[2]に訴え出ること。そしてもし有罪とされるならば、その男自身とその財産は売られ、その三分の一は勝訴者のものとすること。これに対して、外国人の女が市民の男と一緒に暮らす場合も、同様に扱うこと。さらに有罪とされた外国人の女と一緒に暮らしていた男は千ドラクマ（十ムナに相当）を支払うこと。

（同前）

この法律を読み上げさせたあと、アポロドーロスは直ちにネアイラの素性を暴露しはじめます。アポロドーロスの物語るところによれば、ネアイラは子どものときからコリントスで、ニカレテというやり手の女に育てられたのでした。コリントスという都市は、美しい陶器の産地としても知られ、洗練された雰囲気をもっていたようです。このニカレテという女性はもともとは解放奴隷の身で、料理人のヒッピアスという男と結婚したのですが、ネアイラを含め美しくなりそうな少女たちを引き取って育てていたのでした。その狙いは、将来、その少女たちに客をとらせ、売春宿を経営することにありました。その客の一人にリュシアスという人物がいたのですが――おそらくは有名な弁論作家のリュシアス（前四五九ころ〜前三八〇ころ）と同一人物――、あるとき、彼はメタネイラというお気に入りの娘をニカレテと一緒にアテナイに連れていきます。そしてその折にネアイラも同行し、生まれてはじめてアテナイに足を踏み入れたのですが、その体験はおそらく少女の心に強い印象と憧れを植えつけたに相違ないと思われます。その後にも、ネアイラはシモスという男に伴われてお祭り見物のために再びアテナイを訪れるのですが、その逗留《とうりゅう》先で、大勢の男たちと一緒に飲食を共にした事実が強調されます。というのも、そうした振る舞いは堅気の女性のすることではないと見なされていたからです。

　このように、二度にわたるネアイラのアテナイ訪問についての描写のなかでアポロドーロスが印象づけようとしているのは、ネアイラが外国の出身であるだけでなく、娼婦（hetaira, pornē）であり、少女のときから「体で仕事をしていた（体を売っていた）」（ērgazeto tō sōmati）という事実なのです。ここでひとつ付け加えますと、娼婦を意味する“pornē”（ポルネー）というギリシア語こそは、今日の「ポルノ」の語源なのです。

　さて、その後も多くの客がネアイラの馴染《なじ》みになりますが、やがて二人の若者が現れて、彼女を身請けすることになります。彼らはニカレテのがめつさにうんざりし、いっそ身請けしたほうが安上がりと考え三十ムナの金額を支払ってネアイラを共同で囲うことにしたのでした。しかし、やがて二人もそれぞれ結婚するときがやってくると、彼らはネアイラに対して、身請け代のうちの三分の一に相当する十ムナ分は放棄すること、そして、残りの二十ムナを彼女自身が工面して彼らに払えば自由の身にすることを提案します。何だか気前が良いような悪いような半端な感じのする申し出ですが、ネアイラはこのチャンスをつかもうとします。そこで彼女は昔の客に使いをやって無心するのですが、そのなかの一人のフリュニオンという男が彼女の願いを聞いて、金を出してくれることになります。かくして、ネアイラは、コリントスでは商売しないという条件で解放されたのでした。

ところが、このフリュニオンという男、あまりスケールの大きな男ではなかったのか、金でネアイラを手に入れてアテナイに戻ると、自慢するために至るところに彼女を連れ歩きます。あげくの果てに、ある晩、宴席でフリュニオンが居眠りしているあいだに、その場にいた男たち——その家の奴隷も含めて——が順番にネアイラをもてあそぶといったことも起きます。可哀想にネアイラはこのような仕打ちに耐えかねて、金目のものを懐《ふところ》に、二人の下女を連れてフリュニオンの家を飛び出し、メガラへ逃げ出します。この間の事情について、パオーリという学者は、次のように推測しています。

ネアイラは一人の女、若くて生活を享受する女だった。身を飾る品といい暮らし、この世の生活が与える満足を彼女は好んだ。しかし、彼女は愛もまた必要としたのであった。そしてのちに彼女が、変わらぬ愛で彼女を包み守ってくれた男（ステファノス）に絶望的なまでにしがみついたように、彼女はフリュニオンを軽蔑したのであった。なるほど彼は彼女に自由を購《あがな》う手段を与えてはくれたものの、その代わりに、彼女を自分の奴隷と見なし、あらゆる社交の機会に、彼女を高価なおもちゃ、あるいは贅沢《ぜいたく》な愛玩動物として見せ物にしたのである。（パオーリ『ネアイラの物語』(3)）

その後、ネアイラはメガラという町に二年間とどまるのですが、そのあいだの暮らしは必ずしも楽ではなかったようです。それは、もともとメガラ人はけちなことで有名で、無《む》駄《だ》遣いしないうえに、当時は戦争中で訪れる外国人も少なかったためだとされます。そんなとき、たまたまネアイラの客となったのが、ステファノスだったのでした。彼はネアイラの身の上話を聞き、彼女がフリュニオンのところから持ち出した品をもらうと大見得を切って、フリュニオンには手出しさせないこと、ネアイラと結婚し、彼女の子どもたちを自分の子どもとして市民団に登録することを約束したのです。

ステファノスがこのような態度をとったことについて、アポロドーロスは、彼には二つの狙いがあったのだとします。一つは、ただで美しい女性を手に入れられること、もう一つは彼女の稼ぎで一家を養うこと――つまり、世に言うところの「ヒモ」になること――です。しかし、この裁判の判決が出たあと――残念ながら、われわれはその結果を知ることができないのですが――はともかく、少なくともこの裁判に至るまでの年月、ステファノスがネアイラと別れもせず、あとに見るように義理の娘ファノーのために危ない橋を渡っていることを考えると、鼻つまみ者の男と裏の世界に生きる女のあいだに、それぞれの打算以上の感情が芽生えたと考えることも十分可能だと思われます。先ほどのパオーリの言葉にもあるように、少なくともネアイラは、自分を愛してくれる男を見つけたと信じたのかもしれません。

かくして二人はアテナイで暮らすことになるのですが、それを聞き知ったフリュニオンはネアイラを奪還すべくステファノスのもとに押しかけます。しかし、らちがあかないため、ステファノスを相手に訴訟を起こします。彼は、ステファノスがネアイラを奪って彼女が自由の身だと主張したこと、また、ネアイラが持ち去った金品を自分のものにしたことなどを訴えたのでした。しかし、この一件は仲裁人のおかげで示談となります。ただその内容は、次のような驚くべきものでした。

すなわち、ネアイラは自由の身であること、しかし、彼女が持ち去った財産は、上着や下女などを除いてフリュニオンに返還すること、そして、なんと、ネアイラは一日交替で二人のうちのそれぞれと暮らすこと（！）、というものだったのです。この現代の常識からはかけ離れた裁定に関して、パオーリはまた、次のように述べています。

この状態はどのくらい続いたのであろうか。われわれはそれについては知らない。われわれが知っているのは、次のことだけである。つまり、この稀な転変にもかかわらず、ステファノスとネアイラはお互いの愛と一致を貫きとおしたという事実である。われわれの物語のどの局面においても、われわれは二人の仲が睦まじいのを見いだす。可能性が高いのは、フリュニオンが、自分の意志を貫徹し、自分の気持ちを満足させ、盗まれた品を取り戻したとき、自分に耐えることのできなかった以前の愛人をついに手放したというところであろう。（同前）[4]

ステファノスの悪行の暴露

ネアイラの素性の暴露に続いてアポロドーロスは、ステファノスの度重なる悪行の暴露に着手します。まずとり上げられるのは、ステファノスがネアイラの子であるファノーを自分の娘と偽って、正式のアテナイ市民の男性と結婚させたことです。その相手は、フラストルという男で、彼は三十ムナの持参金をもらって、ファノーを嫁にもらいます。ところが、ファノーが贅沢でだらしないうえに言うことを聞かず、さらには彼女がステファノスの実子ではなく、外国人であるネアイラの娘であることを聞くに及んで、怒って彼女

――そのときファノーは妊娠していたのですが――を家から追い出してしまいます。これに対して、ステファノスはフラストルが持参金を返さないのに腹を立てて、訴えます。他方、フラストルのほうもまた、外国人の産んだ娘を自分の娘であると偽って自分に押しつけたという理由で、逆にステファノスを訴える泥仕合となります。フラストルがそれをよりどころとしてステファノスを訴えた法律というのは、次のようなものです。

ある者が外国人の女をアテナイ市民の男に対して自分の身内であるかのようにして嫁がせた場合には、その市民権を剝奪するとともに、その者の財産は没収し、その三分の一は勝訴者のものとすること。市民権詐称の場合と同様、その資格をもつ者はテスモテタイに訴え出ること。（デモステネス　前掲書　五二節）

この法律は、最初に引用された法律が外国人との結婚そのものを禁止しているように見えるのに対して、結婚そのものを禁止するものではなく、外国籍の女を市民であるかのように偽って嫁がせることを禁じたものであり、直接的にネアイラの身分を問うものではありません。しかし、娘のファノーの身分が問題とされれば、その母親の身分が問題となるのは当然であり、形勢不利と見たステファノスは訴えを取り下げ、それに応じてフラストルもまた訴えを取り下げて両者の争いは終わります。

ところがその後、事件は意外な展開を遂げることになります。というのは、フラストルが重病にかかって病の床に伏してしまったからです。フラストルはもともと意固地な性格で、親族とも仲が悪く、誰も世話をしてくれる人間がいなかったのですが、その彼の看病をしてくれたのが、ネアイラ母子だったのです。すっかり感激したフラストルは、二人の願いを聞き入れ、元気になった暁には、彼とファノーのあいだに生まれた息子を、一族の者として登録することを約束します。このようなフラストルの心変わりを解説して、アポロドーロスは言います。

皆さん自身も、病気の際に、病人にとって女がそばにいてくれるのがどれほどありがたいか、きっとよくご存知でしょう。（同前 五六節）

しかし、アポロドーロスはそうしたフラストルの振る舞いが、あくまでも病気で気が弱くなったせいであることを強調して、その証拠にフラストルが健康を回復するやいなや別の正式な市民の女性と結婚した事実を指摘します。しかし息子については、フラストルは約束どおり、一族の者として登録すべく自分の属するフラトリア（兄弟団）に申請するのですが拒絶されてしまいます。そこでフラストルは訴訟を起こしますが、息子が市民の女性から生まれたことを宣誓することを求められると、それを拒否してしまいます。アポロドーロスは、その事実こそ、ファノー、ひいてはネアイラが外国人であることを証拠立てるものだと強調します。

この事件についで槍玉に挙げられるのは、一種の恐喝《きょうかつ》事件です。その被害者となったのは、エパイネトス——皮肉にも、その名前は「称賛に値する人」という意味なのですが——という名の、ネアイラの昔からの馴染《なじ》み客です。エパイネトスはアテナイに来るたびにネアイラのもとを訪れ、そこに逗留することが多かったのですが、ある日、ステファノスはエパイネトスが娘のファノーに手を出したという理由で彼を監禁し、三十ムナをゆすり取ったのでした。これに対してエパイネトスのほうも、解放されると、今度は逆にステファノスを不法監禁の罪で訴え、調停に持ち込まれることになります。その場で、ステファノスはエパイネトスに対して、離婚したファノーのために持参金を援助することを要求し、その結果、エパイネトスから千ドラクマをせしめたのでした。

このようにステファノスという男も、相当な悪《わる》のようなのですが、しかし、数あるステファノスの悪行のなかでも、アポロドーロスがその極めつきとして強調するのは、ファノーの二度目の結婚をめぐるスキャンダルです。

今回のファノーの結婚相手となるのは、テオゲネスという、「生まれは良いが、貧乏で世間知らずの人間」です。そのテオゲネスが抽選でバシレウス——文字どおりには王を意味します——の官職に選ばれますが、その折に不慣れな彼を何かと助けたのがステファノスだったのでした。テオゲネスはステファノスをすっかり信用して補佐役（paredros）に任命し、さらにはその娘ファノーを妻に迎えます。しかし、この結婚は、ファノーの最初の結婚とは比較にならないほど重要な結果を招くものでした。というのも、バシレウスという官職は、すでに王の権力をもつものではなかったのですが、国の宗教行事をつかさどる権威ある地位で、その妻は一般の正式な市民の妻さえ垣間見ることのできない宗教的儀式を執り行うことになっていたからです。

そして、そのような大役を務めるバシレウスの妻となる女は、法律によって、市民であるとともに処女でなければならないとされていたのですが、この点に疑問を抱いたアレイオス・パゴス会議（殺人や宗教をめぐる事件を扱う機関）の委員会は調査の結果、ファノーがネアイラの娘であることを突き止め、テオゲネスを喚問する事態となります。その場でテオゲネスは自分がその事実を知らなかったことを主張し、それがほんとうであることを示すために、ファノーを家から追い出すとともに、ステファノスを解任します。かくして、哀れなファノーは再び独り身となったのでした。

アテナイの歴史における市民権の貴重さと資格の厳格さ

ステファノスの度重なる悪行を列挙したあとにアポロドーロスが述べるのは、アテナイ市民となることを制限する法律の存在とその条件の厳しさです。彼は三つの要件に言及しています。まず第一には、アテナイの民衆に対する傑出した功績です。次に、第一の条件を満たした者については民会で秘密投票が行われ、市民の六千人以上の賛成がなければならないとされます。第三には、この投票を経て市民に加えられた者についても、その後、その市民権の付与が法に違反していたとする訴えを誰でも起こすことができるとされます。そして実際、市民権をいったん与えられたあとになって、それを剝奪されたケースが複数挙げられます。

こうした困難に加えて、仮にこのような難関を突破して市民権を得たとしても、それは他の従来からの市民と同等の権利を保障するものではありませんでした。すなわち別の法律の定めによれば、九人のアルコン（行政官）に選任されることは許されず、また、神官職につくことも許されなかったのです。ただし、彼らとアテナイ市民の女性のあいだに正式な結婚にもとづいて生まれた子どもについては、まったく平等の権利が認められたとされます。

さてアポロドーロスは、新たに市民権を獲得することがいかにむずかしいかを指摘したうえで、その貴重さ、例外的に与えられる特典としての性格をさらに強調するために、第一回ペルシア戦役（前四九〇年）以来、アテナイとの友誼《ゆうぎ》を守るために多大の犠牲を払った末に市民の列に加えられたプラタイア人たちの苦難の歴史を物語ります。そして彼は、アテナイの恩人とも言うべきプラタイア人を迎えるに当たっても、アテナイが彼らの一人一人について厳格な審査を行ったことをつけ加えます。

裁判の結果とその影響

アポロドーロスが最後に力説するのは、裁判の結果が一般の風紀に及ぼす影響です。彼はネアイラが無罪とされた場合を想定して言います。

そうなったらもう、女のなかでも最も慎み深い者たちは、皆さんに対して腹を立てることでしょう。それというのも、皆さんはこの女（ネアイラを指す）が彼女たちと同じように国家の行事と宗教行事に与《あずか》るにふさわしいと見なしたからです。他方、無分別な女に対しては、何でもしたいようにしていいということをはっきり示したことになるのです。なにせ、法律を恐れる必要がないということを皆さんが認めたのですから。（中略）そして法律は皆さんのもとでは権威を失い、娼婦の暮らし方が力を得て、何でも好きなことをやり遂げることになるでしょう。

（デモステネス 前掲書 一一一～一一二節）

アポロドーロスにとって絶対に阻止されなければならないのは、ネアイラのような女――外国人でしかも娼婦――が、正式の市民の妻や娘と同等に扱われることだったのです。

皆さんの一人一人にこう考えて欲しいのです。ある者は妻のために、ある者は娘のために、ある者は母のために、またある者は国家と法律と宗教のために投票するのだと。それは彼女たちがこの娼婦と等しい扱い（ex isou）を受けていると見えないためであり、また親族によって多大のうるわしい慎み深さと配慮とともに育て上げられ、法律にのっとって嫁いだその女たちが、数多くの粗野なやり方で毎日何回も多くの男と、それぞれの男が欲するままに交わった女と等しい権利に（en tō isō）与《あずか》っているように見えないためでもあるのです。（同前 一一四節）

そして、アポロドーロスは、ネアイラを有罪とすることが「正義にかなったこと」（ta dikaia）であり、それが神々のみならず市民自身のための報復でもあることを述べて、その弾劾を終えるのです。

正義はどちらに？

はたして、アポロドーロスの言う「正義にかなったこと」が成就されたのかどうかについては、裁判に関する他の資料が残っていないために、われわれは知ることができません。しかし、今日の読者は裁判の結果について知りたいと思う以前に、アポロドーロスの説く正義だけが正義なのか疑問に思うのではないでしょうか。そもそも、外国人と自国民、娼婦と一般の女性を市民権に関して差別するのは正当なことなのかと。実はすでに見たように、このような疑問と既存の法律および制度に対する批判は、ヒッピアスやアンティフォンなどの一群のソフィストたちによって提出されていたのです。

しかし、彼らが国籍や民族による差別批判を行った時期から半世紀以上たったのちにアポロドーロスの弁論が行われている事実は、社会的マイノリティーに対する偏見がいかに根強いものであったかを物語るものとも言えましょう。もちろん、外国人であることと娼婦であることを同列に論じることは適当ではないかもしれません。しかし少なくともネアイラの場合には、娼婦になったこともいわば運命であり、自分のせいでないことを思えば――これは当時のギリシアに限らず、今日においても、多くの国々においてあてはまることなのかもしれないのですが――アテナイではなく別の国に生まれたという事実同様、差別の対象とされることは不当だと思われます。しかし、今日の世界においても、偶然の産物をまるで自分の功績であるかのように錯覚し、みずからの民族や国籍あるいは家柄を誇り、自分とは異なるものを軽蔑もしくは敵視する人間が、相変わらず少なくないのではないでしょうか。

（1）　テキストは A. T. Murray, *Demosthenes VI*, The Loeb Classical Library, Harvard, 1956. を用い

た。なお、この『弁論』の執筆年代は、前三四三〜前三四〇ころと推定されている。

(2) テスモテタイは、アルコン(行政官)の一人で、さまざまな訴訟を取り扱ったが、その一つが市民権詐称に関するものであった。アリストテレス『アテナイ人の国制』五九章を参照。

(3) Paoli, U. E., *Die Geschichte der Neaira*, Francke, 1953. S. 70(パオーリ『ネアイラの物語』七〇頁)

(4) パオーリ同前、七八頁。

参考文献

ネアイラ弾劾の史的背景について

伊藤貞夫「『ネアイラ弾劾』の史的背景―ペリクレスのいわゆる市民権法について―」(伊藤貞夫『古典期のポリス社会』所収、岩波書店、一九八一年)

市民と非市民について

桜井万里子『ソクラテスの隣人たち――アテナイにおける市民と非市民』山川出版社、一九九七年

第22講　理想国の女性たち——「哲人女王」への道

前講ではネアイラという外国人の女性、しかも「売春」という過去をもつ女性が被告とされた裁判についてとり上げました。そこでは彼女の過去が容赦なく暴《あば》かれるとともに、良家の子女たちへの悪影響を避けるためという理由で厳しい罰を下すことが求められていました。しかし、そのようにして守られるべき良家の子女たちに与えられてきた役割は何かといえば、家にこもって夫に仕えるということ以上のものではありませんでした。こうした伝統的な女性観と比較するとき、プラトンが『国家』のなかで展開している女性論がいかに革命的なものであるかが理解されます。本講では、同書における女性論をとり上げ、その今日的意義について検討してみたいと思います。

教育における男女平等論

プラトンはソクラテスの口をとおして、理想の国家の柱ともなるべき三つの政策を語らせていますが、同時にまた、それが当時の世間の常識といかにかけ離れたものであるかも強調させています。そして、それらの新政策を「三つの大波」にたとえています。まず第一の大波として挙げられるのは、教育における男女平等の理念です。それは男子に与えられるのとまったく同じ教育が女子にも与えられなければならないという考えなのですが、この考え方はまた、国家において男女が同一の任務を果たすべきだという考えにもとづいています。

まずは、この任務の同一性に関するソクラテスとグラウコン青年のやり取りを見ることにしましょう。ソクラテスは、なんと人間を番犬にたとえて次のように問いかけます。

「いったい番犬のうちの女の犬たちは、男の犬たちが守るものと同じものをいっしょに守り、いっしょに獲物を追い、またそのほかの仕事も共通に分担しなければならないと、われわれは考えるだろうか？　それとも、牝犬《めすいぬ》のほうは、子犬を産んで育てるためにそうした仕事はできないものとして、家の中にいるべきであり、牡犬《おすいぬ》が骨折り仕事や羊の群れの世話いっさいを引き受けなければならない、と考えるだろうか？」

「すべての仕事を同じように分担しなければなりません」

（プラトン『国家』(1) 451d〜e）

しかし、同じ仕事に就くためには、同じ教育を受ける必要があります。

「そうすると、女子も男子も同じ目的のために使おうとするなら、女たちにも同じことを教えなければならないわけだ」
「ええ」
「しかるに、男子には音楽・文芸と体育とが課せられたのだった」
「ええ」
「してみると、女子にもこの二つの術を課するほか、戦争に関する事柄も習わせ、そして男子と同じように扱わなければならないことになる」（451e〜452a）

なるほど、理屈のうえではこのとおりなのですが、ほんとうに実施した場合、従来の慣習になれた目には滑稽《こっけい》に映る事態が生じてきそうです。ソクラテスはそうしたなかでも、極めつきのケースとして次のような光景を挙げます。

むろんそれは、女たちが裸になって、相撲場で男たちといっしょに体を鍛練している情景だろうね？　それも若い女性だけでなく、もっと年取った女までもが、ちょうどおじいさんたちが体操場で、皺《しわ》もよって見た目に快い身体でもないのに、せっせと体育にいそしんでいるのと同じようにやっているところだろうね？（452a〜b）

思わず吹き出してしまいそうな描写ですが、同時にシリアスな議論のなかにも笑いの要素を巧みに織り込むプラトンの懐《ふところ》の深さに感心してしまいます。

このようにして男女が同一のカリキュラムで教育を受けることについては同意されるのですが、その後になって、いま一度、その前提となっていた想定、すなわち、男女は同じ仕事に就くべきであるという想定が正しいかどうかが問い直されます。

性差よりも個人差が重要

というのも、実はソクラテスたちは理想の国家の青写真を描くに当たって、それぞれの人間は自分の自然本来の素質に応じた一つの仕事にしか就いてはいけないと定めていたのですが、もし「自然本来の素質」ということが男女の性差を意味するとすれば、男女が同一の仕事に就くことは許されなくなってしまうからです。そして、この疑問を解決するために導入されるのが、次にみる卓越した議論なのです。

どうやらわれわれは、われわれ自身に向かってこう尋ねることもできそうだね――髪の毛が少ししかない人たちと、髪がふさふさした（長髪の）人たちとでは、自然的素質は同じであって反対ではないのか、と。そしてわれわれがそれは反対であると同意したら、それなら髪の毛が少ししかない人たちが靴作りをすれば長髪の人たちにはその仕事を許さないのか、あるいはまた、長髪の人たちが靴作りを仕事とするなら、他方の人びとにはそれを許さないのか、とね。（454c）

なるほど、髪の毛が多いか少ないかということと、靴を作るのが巧《うま》いかどうかということとは、あまり関係があるようには思えません。問題はまさに、この〈関係があるかどうか〉という点に尽きるようです。

もともとわれわれはあのとき、自然本来の素質が同じであるとか異なっているとかいうことを、決してどんな意味での異同でもよいと考えていたわけではなくて、ただ当の仕事そのものに関係するような種類の相違と類同だけに、注意しなければならないというつもりだったからではないかね？　われわれが言おうとしていたのは、たとえば、医者に向いている人どうしは同じ自然的素質をもっている、ということなのだ。（454c〜d）

そう思わないかね？

要するに違いがあるといっても、重要なのは、問題となっている仕事や事柄に直接関係するような違いだけだということです。これはたしかにそのとおりで、大相撲の新弟子検査の場合には、身長・体重の差が大いに問題になりますが、大学の奨学金の選考で問題になるのは身長・体重でもなければ、瞼《まぶた》が一重か二重かでもなく、成績と経済状態です。
この議論にもとづいて、ソクラテスは次のように結論します。

男性と女性の場合についても同じように、もしある技術なり仕事なりにどちらか一方がとくに向いているとわかれば、そういう仕事をそれぞれに割り当てるべきだと、われわれは主張するだろう。けれども、もし女は子供を生み男は生ませるという、ただそのことだけが両性の相違点であるように見えるのならば、それだけではいっこうにまだ、われわれが問題としている点に関して女が男と異なっているということは、証明されたことにはならないと主張すべきだろう。そしてわれわれは依然として、われわれの国の守護者たちとその妻女たちとは、同じ仕事にたずさわらなければならないと考えつづけるだろう。（454d～e）

至極もっともな結論と言うべきではないでしょうか。この考え方に立てば、男性・女性を問わず、能力のある者が国家公共の仕事にたずさわるべきだということになります。もちろん、全般的傾向としては女性のほうが力が弱いということが言われていますが、しかし原理的には、ここにおいてすでに「哲人女王」への道がひらかれたと言っても差し支えないでしょう。

妻子もしくは夫子共有論

かくして、第一の大波は首尾よくくぐり抜けることができたのですが、その次に押し寄せる大波は、さらに手ごわいとされます。それは、いったいどんな大波なのでしょう。

これらの女たち（国の守護職に就く女性）のすべては、これらの男たち（守護職の男性）すべての共有であり、誰か一人の女が一人の男と私的に同棲することは、いかなる者もこれをしてはならないこと。さらに子供たちもまた共有されるべきであり、親が自分の子を知ることも、子が親を知ることも許されないこと、というのだ。（457c〜d）

この過激なアイディアには、さすがのグラウコン青年も驚いた様子です。

これはまた（中略）、その可能性も有益性も容易には信じられないということにかけて、さっきのよりもはるかに大きな波ですね。（同前）

ここで提出されている考えは一般に妻子共有論と呼ばれることが多いのですが、しかし、直前に見た男女の平等論の趣旨からすれば、妻子の共有であると同時に夫子の共有でもあると考えるべきでしょう。

それはともかく、そもそも、このおよそ非現実的とも思える発想が出てきた理由は何なのでしょう。その理由は、国全体が一つの家のようになり、すべての国民がお互いを肉親と考えるようになれば、現在あるような無用な対立や争いごともなくなるだろうということにあります。それはちょうど国全体が一つの身体になって、苦しみであれ喜びであれ、一部に生じた体験を全員が自分のこととして感じるようなものとされます。またこの従来の夫婦・親子関係の廃棄とあわせて、家や土地についても私有を認めず、共有財産としなければならないとされます。

しかし、すべてを共有にすれば、ほんとうに万事うまくいくのでしょうか。この点で参考になるのは、プラトンの弟子のアリストテレス（前三八四～前三二二）による批判でしょう。アリストテレスは、『政治学』のなかで、以上に見た共有論を複数の観点から批判していますが、そのなかでも最も重要に思われるのは次の指摘です。

しかし、これらに加えてこの主張は他の難点をもっている。なぜなら大多数の人びとにとって共同なものは気遣われることの最も少ないものだからである。なぜなら、彼らは自分のものといえば最も多く気にかけるが、しかし共同のものはあまり気にかけないか、あるいはそれぞれの人に係わりのある範囲において気にかけるかであるから。というのは他にも訳《わけ》があるが、それ以外に、他の人が気にかけていると考えて、それだけなおざりにするからである。
（アリストテレス『政治学』[2] 第二巻 第三章）

たしかにアリストテレスが指摘するように、われわれの日常の経験に照らしてみても、とかく〈皆のもの〉イコール〈自分のものではないもの〉イコール〈自分に責任のないもの〉と感じがちのようです。それは道路や公園に落ちているゴミなどを見たときに感じる気持ち――そこには、ちょっとした自己弁護の気持ちも働いているように思いますが――ではないでしょうか。もっとも最近の日本では、せっかくゴミは拾ったものの、捨てようとしてもゴミ箱がさっぱり見あたらないということも少なくないのですが。
また、愛情をめぐる次のアリストテレスの指摘も重要だと思われます。

ソクラテスが子供や妻に関する法を以上のごとく定めなければならぬのはこんな原因でだと考えているところの原因とは正反対のことが起こってくるのは必然である。なぜなら、われわれは友愛（philiā）を国に対する善のうちで最大なものだと思っている（中略）し、またソクラテスは国が一つであることを口を極めて称《たた》えているが、これは友愛の生みだす結果であると思われるうえ、あの人もまたそう言っているからである。（中略）しかし、国においてはこのような共有によって友愛は水くさくなり、息子が父を、あるいは父が息子を「私の」と呼ぶことの最も少なくなるのは必然である。なぜなら、少しの甘い酒が多量の水に混合されると、その混合が感じられないようになるのと同様に、父とか子とかいう名前から起こってくるお互いの親しさも感じられなくなるからである。
（同前　第四章）

ここで「友愛」と訳されている"philia"（フィリア）という言葉は、「エロース」よりも幅が広く、肉親に対する愛情から友人や仲間に対する友情まで含むのですが、アリストテレスはこの友愛を人間生活に欠かすことのできない要素と見なしています(3)。同時に彼は人間が抱く友愛の量にも限りがあり、多くの人間に対して本来の意味での友愛の情を抱くのは不可能であるとも語っています(4)。たしかにアリストテレスの言うように、共に過ごすために割ける時間に限りがあるように、人に注ぐ愛情にも限界があるように思われます。その限りにおいて、このアリストテレスの指摘は正しいと言えるのではないでしょうか。

哲人政治は望ましいか

さて、まだもう一つ大波と言われるものが残っていたはずですが、それはいったいどのような大波なのでしょうか。ソクラテスは、いよいよその最後の関門にさしかかったことを告げて言います。

われわれが最大の波にたとえていたものに、ぼくは直面するときがきた。だが、とにかく、それは語られなければならぬ。たとえそれが、文字どおり笑いの大波のように、嘲笑と軽蔑《けいべつ》でぼくを押し流してしまうことになろうとも。

（プラトン『国家』473c）

嘲笑と軽蔑の渦を巻き起こしそうな新政策とは、いったいどういう奇抜なアイディアなのでしょう。

哲学者たちが国々において王となって統治するのでないかぎり（中略）、あるいは現在王と呼ばれ、権力者と呼ばれている人たちが、真実にかつ十分に哲学するのでないかぎり、すなわち、政治的権力と哲学的精神とが一体化されて、多くの人びとの素質が、現在のようにこの二つのどちらかの方向へ別々に進むのを強制的に禁止されるのでないかぎり、親愛なるグラウコンよ、国々にとって不幸のやむときはないし、また人類にとっても同様だとぼくは思う。さらに、われわれが議論のうえで述べてきたような国制のあり方にしても、このことが果たされないうちは、可能なかぎり実現さ

れて日の光を見るということは、決してないだろう。（473c～e）

これは、またなんと常識はずれな！と思われた方もいらっしゃるかもしれません。昔も今も、そもそも哲学者などというものは、やたら難解な言葉を振り回しては得意になっている、世間知らずの子どもじみた連中と思われているのではないでしょうか。こともあろうに、そんな連中に国の舵取《かじと》りを任すなんてとんでもない、と言われてしまいそうです。実はソクラテス自身もまた、そうした世間一般の反応を予測していたようです。

さあ、これがずっと前から、口にするのをぼくにためらわせていたことなのだ。世にも常識はずれなことが語られることになるだろうと、目に見えていたのでね。実際、国家のあり方としては、こうする以外には、個人生活においても公共の生活においても、幸福をもたらす道はありえないということを洞察するのは、むずかしいことだからね。（473e）

どうもソクラテスの口ぶりからすると、世間の常識には反していても、世の中をよくするためには冗談ではなく、本気で「これしかない」と考えているようです。ただ、プラトンの『ソクラテスの弁明』を通読されたことのある方のなかには、妙に思われた方もいらっしゃるかもしれません。というのも、そのなかではソクラテスは自分の生き方に触れ、政治に関与することについては、なるべく避けてきたと述べているからです。もし、それが事実だとすると、ここでソクラテスが述べていることは、その生き方と真っ向から対立するように思えるからです。この矛盾について、どう考えればよいのでしょう。

私は、この事実を、前にも述べたことがあると思うのですが——一般的な見解、つまり『国家』におけるソクラテスを著者プラトン自身の見解の代弁者と見なす立場を支持する、有力な根拠のひとつだと考えます。このことはまた、おそらくはプラトン自身、もしくは彼に近い人物が書いたものと推定される『第七書簡』と呼ばれる手紙のなかでも、まったく同じ考えが披瀝《ひれき》されている事実によっても裏書きされます。

さて少し前のところで、哲学者に対する世間一般のイメージについて述べたのですが、この作品に登場するソクラテスによれば、そうしたイメージに対して、真の哲学者とはいかなるものであるのかを明確に規定する必要があるとされます。

さて、そこで思うのだが、もしわれわれが君の言うような連中の攻撃を何とかのがれようとするなら、哲学者たちこそが支配の任に当たるべきだとわれわれがあえて主張する場合、われわれが〈哲学者〉というのはどのような人間のことなのかを、彼らに向かって正確に規定してやらねばなるまい。（474b）

それでは、どのように規定されることになるのでしょう。ソクラテスは「哲学者」、つまりphilosophosの語源に立ち戻って、哲学者は「知」を「愛する者」（philos-sophos）である以上、その名のとおり、あらゆる学問を好んで学ぼうとする者でなければならないとします。そしてそのような人物は、物事のうわべだけにとらわれるのではなく、その根底に潜む真実そのものを観ることを欲する人であり、真の意味で目を覚ましている人だとされます。

〈美〉そのものが確在することを信じ、それ自体と、それを分けもっているものとを、ともに観てとる能力をもっていて、分けもっているもののほうを、元のもの自体であると考えたり、逆に元のもの自体を、それを分けもっているものであると考えたりしないような人、このような人のほうは、目を覚まして生きていると思うかね、夢を見ながら生きていると思うかね？　（476c〜d）

どこかで聞いたことのある言葉ではないでしょうか。そうです、第15講に出てきたあのディオティマのエロース論に出てきた「美の階梯《かいてい》」を思い起こさせる言葉です。要するに美の階梯をいちばん上の段まで登りつめた人、その人がここで「哲学者」と呼ばれる人だと考えてよいでしょう。いかにも、彼のまなざしは移ろいゆくこの世の儚《はかな》い事象を超えて、永遠不滅の美そのもの、善そのものへと向けられているのです。

> それぞれのもの自体を——恒常不変に同一のあり方を保つものを——観得する人たちについては、どのように言うべきだろうか？　そのような人たちこそは知っているのであって、思惑しているのではない、と言うべきではあるまいか？　（479e）

こういう人たちに政治を任せればまちがいない、というわけですが、しかし、はたしてそう巧《うま》くいくでしょうか。正直なところ、私自身は少し、いや大いに懐疑的です。というのは、たとえどんなに優秀な人であろうと、やはり人間である以上は限界があり、権力の集中化はさまざまな弊害を生みだす可能性が高いと思うからです。この点で私は、オタネスの見解（⇩三四二〜三四四頁）に賛成するものです。そしてその見解の正しさは、崩壊した東欧諸国の体制が歴史をもって証明しているのではないでしょうか。

それと同時に、人間が到達しうる知識の範囲についても、私は『国家』におけるソクラテスの主張よりも、『ソクラテスの弁明』におけるソクラテスの主張のほうに賛成したいと思います。絶対的な真理に到達したと思うことこそが、最も危険なことなのではないでしょうか。むしろ大切なのは、人間としての己《おのれ》の知の限界を自覚し、あくまでも謙虚に真理を探究し続けていくことだと思います。

第6講でとり上げた『クリトン』に明確に示されているように、実践に関しては、そのつど一定の原則を立て、それに照らして決断していかないわけにはいかないのですが、その原則もまた、あくまでも暫定的なものにすぎないことを忘れてはならないでしょう。ただ、決して政治をないがしろにしてはいけないことも確かです。例えば『国家』の一節で、哲学者のひとつの生き方として、次のような可能性が示唆されていますが、それは必ずしも望ましい生き方だとは思えません。

彼らはまた、次のような現実を思い知らされるわけなのだ。すなわち、国の政治に関しては、およそ誰ひとりとして、何ひとつ健全なことをしていないといっても過言ではないし、正義を守るために相共に戦って身を全《まっと》うすることのできるような、味方にすべき同志もいない。野獣のただなかに入り込んだひとりの人間同様に、不正に与《くみ》する気もなければ、単身で万人の凶暴に抵抗するだけの力もないからには、国や友のために何か役立つことをするよりも前に身を滅ぼすことになり、かくて自己自身に対しても他人に対しても、無益な人間として終わるほかはないだろう……。
すべてこうしたことをよくよく考えてみたうえで、彼は、静かに自分の仕事だけをしていくという道を選ぶ。あたかも嵐のさなか、砂塵や強雨が風に吹きつけられてくるのを壁の陰に避けて立つ人のように、彼は、他の人びとの目にあまる不法を見ながらも、もし何とかして自分自身が、不正と不敬行為に汚されないままこの世の生を送ることができれば、そしてこの世を去るにあたっては、美しい希望を抱いて晴れ晴れと心安らかに去っていけるならば、それで満足するのだ。（496c〜e）

なにか、書いているプラトン自身の気持ちを綴《つづ》ったような気もする、心に響く言葉です。あるいはフィロクテテスやネオプトレモス（⇩第8講）もまた、こうした気持ちを抱いたことがあるかもしれません。しかし、作中のソクラテスはこうした生き方に対して一定の評価は与えながらも、それで良しとするわけにはいかないとしています。

たしかに現在の世界においても、いったんは政治に志したものの、権力者の横暴や場合によっては民衆自身の身勝手さに嫌気がさして、自分の世界――それは仕事であったり、趣味であったりするでしょうが――に閉じ込もろうとする人も少なくないかもしれません。しかしそうは言っても、政治が最終的には一人一人の運命を左右する力を有するものであることを考えれば、われわれはオール・オア・ナッシングではなく、自分のできる範囲で政治にも関わっていく必要があるのではないでしょうか。

（1） 訳は、藤沢令夫訳『国家』上・下（岩波文庫）による。なお同一人物の発言の途中に挿入される

「と彼は言った」といった文章は省略した。

（2）訳は、山本光雄訳「政治学」（『アリストテレス全集15』所収、岩波書店）による。他に、三浦洋訳（光文社、古典新訳文庫）。

（3）アリストテレス『ニコマコス倫理学』下（高田三郎訳、岩波書店）第八巻 第一章参照。

（4）前掲書 第八巻 第六章参照。

参考文献

瀬口昌久『魂と世界――プラトンの反二元論的世界像』京都大学学術出版会、二〇〇二年
高橋雅人『プラトン「国家」における正義と自由』知泉書館、二〇一〇年
納富信留『新版 プラトン 理想国の現在』ちくま学芸文庫、二〇二三年
内山勝利『プラトン「国家」――逆説のユートピア』岩波書店、二〇一三年
栗原裕次『プラトンの公と私』知泉書館、二〇一六年
岡部勉『プラトン「国家」を読み解く――人間・正義・哲学とは何か』勁草書房 二〇二一年
納富信留『プラトンが語る正義と国家――不朽の名著「ポリテイア（国家）」読解』ビジネス社、二〇二四年

第23講　哲学者と自殺——ソクラテスからストア派まで

「哲人王」もしくは「哲人女王」という世間の常識に反する着想の妥当性に関連して、あらためて「哲学者とは何か」が問題となりましたが、『国家』のソクラテスによれば、本物の哲学者かそうでないかを見分ける重要なポイントは、この世のあれやこれやの美しいものに目を奪われてそこに埋没してしまうか、それとも生々流転の現象界の彼方にある美そのもの、あるいは善そのものにまなざしを向けることができるかにありました。この考え方からすれば、われわれが日ごろ、実在の世界と考えているこの目で見、手で触れることのできる世界が実は影のような世界であり、実在の世界はそのような感覚では捉えることのできない世界ということになってしまいそうです。

なるほど、『国家』のなかでは、人間が生まれながらにそのなかに囚《とら》われている洞窟を出て実在界を仰ぎ見た哲学者——彼もしくは彼女——は、もう一度その洞窟の闇のなかに帰還しなければならないとされてはいますが、しかし、基本的に洞窟——つまりこの世——が光あふれる真に実在する世界にくらべて薄暗い影のような世界と見なされていることは確かなようです。

実は、このような現世否定的な考えはプラトンの作品に通底する一つの特徴とも言えるのですが、生活力にあふれる一般市民の人たちからは、そんなにこの世がいやなら、さっさと自殺してあの世に行ったら、と言われてしまうかもしれません。ところが話は、そう単純ではないようなのです。今回はこの哲学者と自殺という問題について、プラトンをはじめとする人びとの見解を検討してみることにしましょう。

プラトン『ファイドン』における自殺否定論

まずは、プラトンの作品のなかでも最も現世否定的な色彩が濃厚な『ファイドン（パイドン）』という作品をとり上げてみることにしましょう。しかし考えてみれば、この作品が現世否定的な傾向が強いのは当然のことかもしれません。というのも、この作品は、裁判で死刑の判決を受けたソクラテスに対して、刑が執行される当日にソクラテスと親しい友人たちのあいだで交わされた対話を描いているからです。

この作品全体の主題は、はたして人間の魂は不滅かどうか、ということであり、魂の不滅を証明するための議論が複数提出されることになるのですが、自殺の是非をめぐる話は本格的な議論が始まる前の部分で行われています。しかし、自殺についての議論をとり上げる前に、まずはソクラテスの奥さんのクサンティッペの様子から見てみることにしましょう。語り手のファイドンはこんなふうに描写しています。

なかへ入ると、いましがた鎖から解かれたソクラテスと、クサンティッペが——むろん、ご存知でしょう——あの方の子供を抱いて側《そば》に座っているのが見えました。クサンティッペはわれわれを見ると、大声をあげて泣き、女たちがよく言うようなことを言いました。「ああ、ソクラテス、いまが最後なのですね、この親しい方々があなたに話しかけ、あなたがこの方々に話しかけるのも」。すると、ソクラテスはクリトンのほうを見てこう言いました。「クリトン、誰かがこれを家へ連れていってくれるとよいのだが」

こうして、大声で泣き叫び胸を打って悲しむクサンティッペを、クリトンの家の者たちが連れ去ったのです。

（プラトン『パイドン』(1) 60 a）

これを読むと、クサンティッペに同情したくなるのではないでしょうか。感情を抑えきれず、あたりをはばかることなく泣き叫ぶクサンティッペとの対比によって、ソクラテスの哲学者にふさわしい落ち着きぶりが一段と強調されているとも言えるのですが、クサンティッペの側に立ってみれば、まだ小さな子どもを抱えて夫に先立たれてしまうのですから、悲嘆にくれるのも当然です。いつのまにか「悪妻」の代名詞のようにされてしまった彼女ですが、こういうふうに嘆き悲しんだのが事実だったとすれば、彼女は彼女なりに夫ソクラテスを愛していたのでしょう。それを思うと、ソクラテスの態度はちょっと冷たすぎるようにも思えるのですが、どうでしょうか。

さて、クサンティッペが無理やり連れ去られてしまったあと、ソクラテスとそこに集まった人びとのあいだで話が始まります。そこでケベスという人物が、どうしてソクラテスは牢獄に入ってから詩などを作りだしたのか、と訊《たず》ねます。そしてその理由を、エウエノスという友人に訊ねられたときに話してやれるように、ひとつ説明してくれ、と頼みます。

これに対してソクラテスは、それまでの人生においてたびたび同じ夢を見たこと、その夢のなかで文芸（mousikē）に従事するように言われたこと、それを受けて、自分も哲学にいそしんできたけれども、ひょっとすると普通の意味での文芸としての詩作をすることも求められていたのではないか、と考えたことを理由として挙げます。

そんなわけで、手始めにアイソポス——イソップのことですが——の物語（寓話集）を韻文に直したり、アポロン神への讃歌を作ったりしてみたのだと説明するのですが、最後にこんなことを言います。

> さあ、以上のことを、ケベス、エウエノスに言ってくれたまえ。それから、さよならもね。そして、もしも彼に思慮があるならば、できるだけ早く僕のあとを追うようにとね。僕は今日、この世を立ち去るらしい。アテナイ人がそう命じているのだから。

これを聞いたシミアスという人物は、何ということをエウエノスに勧めるのかと驚くとともに、エウエノスはそうしないだろうと言うのですが、それに対して、ソクラテスは次のように言います。

エウエノスにしても、誰にしても、この哲学という仕事にふさわしく関わっている者ならば、僕の勧めに従おうとするだろう。だが、おそらく、彼は自殺はしないだろう。なぜなら、それは許されないことだ、と人びとは言っているから。（61c）

実はこの言葉の前半でソクラテスが言っていることには、多少の皮肉が込められているかもしれません。というのも、『ソクラテスの弁明』（20b～c）では、五ムナという手ごろな授業料で子弟の教育を引き受ける職業教師としてのエウエノスの名前が挙げられ、皮肉られているからです。しかし、エウエノスについては皮肉が含まれているとしても、哲学をすることと、この世に「さよなら」することがどうして結びつくのか、不思議に思われるかもしれません。ところが、ソクラテスに言わせると不思議どころか当然だというのです。

ほんとうに哲学にたずさわっているかぎりの人びとは、ただひたすらに死ぬこと、そして死んだ状態にあること、以外の何ごとをも実践しないのだが、このことにおそらくは他の人びとは気づいてはいないのだ。さて、もしもこれが真実だとすれば、全人生をかけて死以外の他の何ごとをも望んでこなかったというのに、それが到来したら、ずっと望んできてそれを実践してきたそのことに憤慨するというのは、まったく馬鹿げたことだろう。（64a）

要するに哲学とは死の練習・稽古にほかならないというわけですが、そもそもここで言われている「死」とは何なのでしょうか。ソクラテスは次のように問いかけます。

死とは、魂の肉体からの分離にほかならないのではないか。すなわち、一方では、肉体が魂から分離されてそれ自身だけとなり、他方では、魂が肉体から分離されてそれ自身単独に存在していること、これが死んでいる、ということではないか。（64c）

つまり「死」イコール「魂の肉体からの分離」となりますが、その練習をするということは、飲食からセックスに至る肉体的な快楽を含め、なるべく肉体から離れて、魂だけの状態に近づくように努力することだとされます。これではアリストファネスの『雲』に登場したフェイディッピデース君が嫌がるのも無理はないかもしれません。

それはともかくとして、もしも哲学がひたすら肉体からの離脱を求めるものであるとするならば、たしかに練習ばかりしていないで、さっさと自殺してしまえばよさそうにも思われます。それがいけない理由は何なのでしょう。ソクラテスは、それに関連して次のような説を紹介します。

この説（自殺してはいけないという説）には、おそらく、ある根拠があるのだ。実際、これらについては秘教の教義のなかで語られている根拠があるのだが、それによると、われわれ人間はある牢獄のなかにいて、そこから自分自身を解放して、逃げ出してはならないのである。これは、僕にはなにか高邁《こうまい》な、容易にはその真意を見抜けない思想のように思われる。それにもかかわらず、少なくともこのことは、ケベス、僕には正しく語られていると思われる。すなわち、神々はわれわれ人間を配慮する者であり、われわれ人間は神々の所有物の一つである、と。君にはそうだと思われないかね。（62b）

ここで言われている二つのこと、つまり、人間にとってこの世の生活は牢獄に閉じ込められているのと同じで、勝手に牢破りをしてはいけないということと、他方、人間は神々の配慮を受ける所有物であるということ、そのことがどういう関係にあるのか必ずしも明確ではないのですが、私としては、別の説ととりたいと考えます。というのは、最初のほうの考えからすると、人間は神々によって罰せられて服役中の罪人ということになりますが、そのことと、神々が人間のために配慮をしてくれるという後半の表現はしっくりしないように思えるからです。それはともかくとして、ソクラテスは後半のほうの想定にもとづいて、次のように結論します。

それなら、君にしたって、君の所有物の一つが、君がそれの死を望むという意思表示もしていないのに、自分自身を殺すとすれば、それに対して腹を立て、もし何か処罰の手段をもっていれば、処罰するだろう。（62c）

そしてソクラテスは、同じ理屈が神々と人間のあいだにも成り立つと言います。

では、その意味では、おそらく、現にわれわれの眼前にあるような何らかの必然を神が送りたもうまでは、自分自身を殺してはいけない、ということは、根拠のないことではない。（同前）

ここで「所有物」(ktēmata)という言葉で何が考えられているのかもあまり明確ではありませんが、当時であれば、家畜や奴隷などを連想するのが一般的だったかもしれません。そうだとすると人間と神々の関係も、主人と奴隷のような単なる支配・被支配の関係になってしまいかねません。しかし、私としてはむしろ、「所有物」のなかに息子や娘なども含まれると考えたいと思います。というのは、第9講でとり上げたプラトンの『ラケス』の或る箇所においては、息子たちが「最大の所有物」と呼ばれ、だからこそ彼らを導くにふさわしい人物を見つけることが大切なのだと言われているからです。

同時にまた、そこに登場する父親の一人であるリュシマコスの発言をはじめとして(⇩一四九頁)、同じ『ラケス』のなかで「配慮する」(epimeleisthai)という言葉が繰り返されていることにも、注意を促しておきましょう。

アリストテレスの自殺否定論

プラトンの弟子のアリストテレスもまた、『ニコマコス倫理学』のなかで、自殺の是非について論じています。その最初の箇所は、第10講にとり上げた彼の勇気論(⇩一六八~一七八頁)の結論に相当する部分です。

かくして既述のように、勇敢とは述べられたごとき場合においての、平気なおよび恐ろしいことがらに関しての中庸《ちゅうよう》であり、こうした人は、そういった行為がうるわしくあるがゆえに、ないしはそれをなさないことが醜悪であるがゆえにそれを行うことを選び、それに耐える。貧乏とか恋愛とかなどの苦しみをのがれて死につくごときは勇敢な人のなすことでなく、それはむしろ怯懦《きょうだ》（臆病）な人に属する。けだし、煩労《はんろう》（苦労）から逃げ出すということは「我慢のなさ」でしかなく、自殺する人があえて死につくのは、そのことがうるわしくあるがゆえにではなく、かえって悪しきをのがれんがためなのだからである。（アリストテレス『ニコマコス倫理学』[2]第三巻 第七章）

要するにお金に困ったり、失恋したり、あるいは病気などを苦にして自殺するのは、逃避であって、卑怯《ひきょう》な仕業だというわけです。そうはいっても、実際に自殺してしまう人からすれば、勇気があるかないかなんて考えている余裕なんかないから自殺するんだということになるかもしれません。ただここで重要なのは、勇気があるかないかではなくて、むしろ本人自身の利益から考えてほんとうに得になるかどうか、という計算ではないでしょうか。

会社の倒産とか、失恋とか、末期癌が発見されたとかの出来事は、なるほど「もう駄目だ」と思わせがちな出来事ではありますが、こう考えることもできると思います。

つまり、最初の二つの場合には「別に命を取られるわけではなし」と考えることができるでしょうし、三番目の場合については、「残り少ない命なら、わざわざ自分で寿命を縮めることもない」と考えることができるのではないでしょうか。

ところで、アリストテレスは、自殺の是非について、社会との関係においても考察していますので、そちらのほうも見ておくことにしましょう。彼は正義とは何かを論じている『ニコマコス倫理学』の第五巻の一節で、次のように述べています。

怒りにまかせてみずからを殺害する人は、正しきことわりに背いて、みずからすすんでこの行為を行っているのであって、法はこれを認めない。してみれば、彼は不正を働いているわけである。だが何びとに対してか。それはむしろ国に対してであり、自分自身に対してではないのではなかろうか。けだし、みずからすすんでこれを招く人はあっても、何びとといえども、すすんで不正を働かれる人はないのだからである。

(同前 第五巻 第十一章)

少し込み入った説明になっていますが、要するに自殺は法によって禁止され、自殺者に対しては国によって罰則が与えられている——残酷な話ですが、アテナイでは自殺者の腕は胴体から切り離されて埋葬されたとのことです——が、それは自殺が国家に対する不正と見なされているからだ、ということです。その場合、自分で自分に不正を加える人間はいないと想定されています。

この議論は、もう一つぴんとこないかもしれませんが、個人はあくまでもポリスの一員であり、全体に対する義務を果たすことを最優先しなければならないという人間観がその根底にあると見ることができるでしょう。

いずれにせよ、アリストテレスも自殺に対しては否定的な立場をとっているわけですが、これに対して自殺を実践した哲学者たちも少なくありません。とくにストア派と呼ばれる哲学者たちは、その代表と言えるでしょう。次に、彼らの言行について見ることにしましょう。

ストア派と自殺

さて、ストア派という名称は、開祖とも言われる、キプロス島のキティオン出身のゼノン（前三三四ころ～前二六二ころ）がアテナイにあった柱廊（stoa）で講義を始めたことに由来し、ゼノンに始まってローマ時代の政治家にして哲学者のセネカ（前四ころ～後六五）やエピクテートス（五五ころ～一三五ころ）に至る一連の哲学者たちに対する総称となっています。彼らに共通するのは、「徳」のみを唯一の善と見なす思想と禁欲的な生活態度です。同時に彼らの多くは、主体的な自由を重んじ、自殺をもってこの世に別れを告げた、

古代アゴラとアクロポリス　アクロポリスの下に古代アゴラの遺跡がある。アゴラは都市の中心広場であった。

柱廊　アゴラ（広場）に面した柱廊は、市民の憩いと歓談の場であり、学習の拠点でもあった。

と伝えられます。例えば、ゼノンの最期について、ディオゲネス・ラエルティオス（二世紀末～三世紀ころ）は次のように伝えています。

ところで、彼の最期の模様は次のようなものであった。すなわち、彼は学園から出かけて行こうとしたとき、つまずいて倒れ、足の指を折った。それで彼は、大地を拳《こぶし》で叩いて、『ニオベ』（ティモテウスの劇）のなかから、

いま行くところだ、どうしてそう、私を呼び立てるのか。

という一行を口にした。そしてその場で、自分で息の根を止めて死んだのであった。

（ディオゲネス・ラエルティオス『ギリシア哲学者列伝』(3) 第七巻 第一章 二八節）

残念ながら、当時はまだ、あまりバリアフリーが普及していなかったのでしょう。それにしても息を止めて自殺するというのは、よほどの精神力が要《い》るに違いありません。よくしゃっくりが止まらないときに、しばらく息を止めてみるという方法がありますが、実際に自分でやってみると、すぐ息苦しくなってなかなか続けられないものです。

また、ゼノンの弟子のクレアンテース（前三三〇ころ～前二三〇ころ）の最期については、次のように報告されています。

彼の最期は次のようなものであった。すなわち、彼の歯茎は炎症を起こして腫《は》れ上がった。それで、医者たちが禁止するので、彼はまる二日間食事を絶った。すると、これによってある程度よくなったので、医者たちは彼にいつもどおりの食事をとることを許した。しかし、彼はそれを肯《がえ》んじないで、自分はすでに人生の道のりをあまりにも遠くまで歩みすぎてしまったと言って、その後も絶食を続け、ある人たちの言うところによれば、ゼノンと同じ年齢で死んだのである。（同前　第五章　一七六節）

ゼノンと同年齢で死んだかどうかについては疑問が残るにせよ、私もよく歯や歯茎の具合が悪くなって、歯医者さんのお世話になるのですが、死ぬにはまだちょっと早すぎる気がしています。

さて、二人とも怪我や病気をきっかけとして息を止めたり、絶食して自殺しているのですが、あるいは彼らはそうした出来事を、『ファイドン』のなかのソクラテスが言うところの、神からの「合図」と受け取ったのかもしれません。しかし、あくまでも自分の行為が直接の死因となっている点においては、やはり彼らの死は自殺と言うべきでしょう。彼ら自身はとくに自殺の是非を論じていないようですが、セネカは、理論的に自殺肯定論を展開していますので、最後に彼の主張をとり上げてみることにしましょう。

セネカの自殺肯定論

セネカはその『道徳書簡集』の第七十で、自殺について論じています。彼は生に執着することを戒めて、『クリトン』におけるソクラテス同様、重要なのは「(単に)生きること」ではなくて「よく生きること」なのだと述べて、次のように結論します。

したがって賢者(sapiens)というものは、生きられるだけ生きようとするのではなく、生きるべき量を生きるのである。

(セネカ『道徳書簡集』第七十)[4]

セネカはまた、「早く死ぬか、遅く死ぬか」が問題なのではなく、「よく死ぬか、悪しく死ぬか」が重要なのであり、「よく死ぬ」ということは「悪しく生きるという危険から逃れること」にほかならないと言います。彼はソクラテスにも言及していますが、しかし他方では、自殺を罪と見なす哲学者を批判して、そうしたことを主張する者は「自由への道」をみずから閉ざす者だと述べて、次のように問います。

拷問のただなかを抜け出し、災いを取り除くことができるのに、私は病気や人間の残酷な仕打ちを待っているべきなのだろうか。

(同前)

人間の残酷さ——拷問だけでなく、ローマでは人間をライオンと戦わせたりすることも行われていたようですが——だけでなく、病気も挙げられていることからすれば、セネカの念頭には現代の尊厳死に相当する考えもあったのかもしれません。こうしたセネカの見解は、その基本において、切迫した事態における一種の緊急避難措置として自殺を捉える立場とも言えるでしょう。その限りにおいては、必ずしも先に見たプラトンやアリストテレスの著作のなかで主張される自殺否定論と排除しあうものでもなさそうです。

いずれにしても、失恋や受験の失敗、あるいは親がおもちゃを買ってくれないといった理由での若年者の自殺とは違ったレベルの話のようです。最後に、私の敬愛する哲学教授の、いわば長屋のご隠居風の味わいのある批評をご紹介して終わることにしましょう。

同じく自殺といっても、特定の高層建築物の屋上に自殺者たちが集中するのを見ると、現代でも多くの自殺は流行現象であって、単なる物真似にすぎないように思われてならない。そうした自殺者たちがどこまで徹底した自殺理論の持ち主であったかは、はなはだ怪しいものである。(中略)

伊藤整はそのエッセイ『自殺』の中で、「理論的に考えて死ぬ方がいいときめた人だけは、死なせた方がいい」と言っているが、そうした理論家は少ないであろうし、そうした限られた人たちの自殺は承認しないわけにもいかないだろう。しかし人々が安易に自殺を肯定し、自殺が社会的に公認されるとなると、そのような社会はどういう社会であろうか。われわれはそうした冷酷、酷薄な社会に耐えることができるであろうか。（齋藤忍随『幾度もソクラテスの名を』Ⅱ）[5]

近年、若年層の自殺増加が伝えられますが、緊急避難的な自殺は別として、自殺したくなる若者が増える社会というのは、決して幸福な社会とは言えないのではないでしょうか。

（1）訳は、岩田靖夫訳『パイドン』（岩波文庫）による。他に、納富信留訳（光文社、古典新訳文庫）など。
（2）訳は、高田三郎訳『ニコマコス倫理学』上（岩波文庫）による。
（3）訳は、加来彰俊訳『ギリシア哲学者列伝』中（岩波文庫）による。
（4）テキストは、L. D. Reynolds, *L. Annae Senecae ad Lucilium epistulae morales*, Oxford, 1976 による。
（5）『幾度もソクラテスの名を』Ⅱ（みすず書房）三〇九頁。なお、引用文中の伊藤整は評論家・小説家（一九〇五〜六九）。

第24講　ソクラテスと老い――クセノフォン『ソクラテスの弁明』をめぐって

前講では自殺をめぐる哲学者たちの見解について検討しました。そしてプラトンの『ファイドン』のなかでソクラテスによって語られる自殺否定論についても見ました。ところが、ほかならぬソクラテスの死を一種の自殺と見なす見解があるのです。それはクセノフォンによって書かれた『ソクラテスの弁明』です。

一般に『ソクラテスの弁明』と言えば、誰しも第1講でとり上げたプラトンによる『ソクラテスの弁明』を思い浮かべるのですが、実はほかにも同名の作品があるのです。著者のクセノフォン（前四二八ころ～前三五四ころ）については、第11講でアリスティッポス（前四三五ころ～前三五五ころ）をとり上げた際に別の作品をご紹介したことがあるのを覚えておられる方もいらっしゃることと思います。それは異端児アリスティッポスとソクラテスの興味ぶかいやり取りを含む、『ソクラテスの思い出』という作品でした。この作品はクセノフォンがソクラテスを弁護する目的で書いたので、ソクラテスの言行全般について包括的に取り扱っていますが、『ソクラテスの弁明』のほうは、プラトンの作品同様、前三九九年にアテナイで行われた裁判の場におけるソクラテスの言動に焦点を合わせています。

ソクラテスは、なぜかくも挑発的な発言をしたのか

クセノフォンはまず執筆の動機に触れて、すでに他の著者たちもソクラテス裁判を主題とする作品を書いてはいるものの、ソクラテスの挑発的とも言える発言の真因についての解明が不十分であることを指摘します。

ソクラテスについてその記憶を記録にとどめ、かれが裁判に呼び出されたとき、弁明ならびに人生の終わり方についてどのように思索したかについて記すことは、価値があることと私には思われる。たしかに、そのことについては他の人びともまたすでに書いているし、そのすべての者がかれの高言（メガレーゴリア）に触れている。そのことからして、ソクラテスによって実際にそのように語られたことは明らかである。そしかし、もはや死のほうが生よりも自分にとって望ましいものであるとかれが考えていたという事実、――そのことを他の人びとは十分に説き明かしていない。その結果、かれの高言は、いささか思慮に欠けたものであるように見えるのである。

（クセノフォン『ソクラテスの弁明(1)』）

では、そういうクセノフォン自身は、「高言」——原語はメガレーゴリアで、文字どおりには「大口を叩く」といった意味です——の原因がどこにあると考えているのでしょう。彼によれば、ソクラテス自身がもう「死にどき」と考えていたのが最大の原因とされます。クセノフォンは裁判の前に交わされたヘルモゲネスという生真面目な青年とソクラテスとの対話を紹介していますが、そのなかでソクラテスに次のように語らせています。

神様にもぼくがもう生を終えたほうがよいと思われるということを、はたしてきみはびっくりするようなことだと思うのかね。今にいたるまで、ぼくは誰に対しても、その人がぼくよりも善く生きたということは認めたことがないということをきみは知らないのかね。というのもまさにこのこと、つまり自分が全人生にわたって敬虔《けいけん》に正しく生きてきたことを自覚しているということこそ、いちばん心楽しいことだからだ。だから、ぼくは自分自身に賞賛の念を強く抱いているし、このぼくと一緒にいる仲間たちもまた、ぼくについて同じ思いを抱いているのを見いだすのだ。（同前）

ちょっと自画自賛が強すぎて、あまり感じがよくないと思われる方もいらっしゃるかもしれません。実はクセノフォンの作品に登場するソクラテスは、かなり自信家で、自賛することもしばしば、そこにクセノフォンのソクラテス理解の限界が露呈していると言えるかもしれません。というのは、およそ人がみずからの徳を誇ること自体がその人柄を疑わせるに十分な理由になると考えられ、ソクラテスにこんなふうに自分の立派さを自賛させることは、逆効果としか思えないからです。これに対して、プラトンのほうはさすがにその事情を心得てか、自分の作品に登場するソクラテス――例えば以前に見た『ラケス』に登場するソクラテス――に自賛させてはいません。この点が両者の描き方の決定的に違う点ですが、しかしそうは言っても、こと裁判の場におけるソクラテスの発言に関しては、共通する点も少なくありません。プラトンの『ソクラテスの弁明』に登場するソクラテスもまた、十分あるいは十分すぎるぐらい挑発的と言ってよいでしょう。それはともかく、これほどまでにソクラテスが死を歓迎するのはどういうわけでしょう。その秘密は、「老い」にあります。ソクラテスは先ほどの自賛の言葉に続けて、次のように語ります。

ところが、これからもっと年を重ねて高齢になるならば、老年につきものの厄介をすべて背負い込むことになって、目も悪くなれば、耳も遠くなり、理解力も落ちれば、習ったことも忘れやすくなるのは必然だということが、ぼくには分かっているのだ。だが前よりも衰えた自分に気づき、ぼく自身を責めることになれば、どうしてぼくは――とかれは言ったそうであるが――これからも心楽しく生きていくことができるだろう。実際、おそらく――とかれは言ったそうである――神様もまた、ご好意からぼくのために、ちょうどよい年齢で生を終えるように取りはからってくださっているだけでなく、また最も楽に終えることができるように取りはからってくださっているのだろう。（同前）

目が悪くなる、耳が遠くなる、理解力も落ちれば物忘れもひどくなる、――どれをとってみても現在もおなじみの永遠の老化現象ですが、ただ眼鏡や補聴器があるぶん、今日のお年寄りのほうが恵まれていると言えるかもしれません。もっとも補聴器はあっても、使うのを嫌がる方も少なくないようですが、私の見るところ、補聴器をうまく使いこなすことが老いとじょうずにつき合う秘訣《ひけつ》のようです。というのも、理解力うんぬん以前に、まず情報がきちんとインプットされることが必要で、それがうまくいかないと、日常的なコミュニケーションがむずかしくなって疎外感や被害妄想にかられる可能性があるからです。いったんそうなってしまうと、ソクラテスの言うとおり、

老いの淵というものには、つらくて心を陽気にさせるところなどひとかけらもないことのすべてが、ひとまとめに流れ込んでいるのだ。（同前）

ということになりかねません。はたして、ソクラテス自身が老化現象を感じていたかど

うかは分かりませんが、クセノフォンの解釈によれば、まさにこのような老いを避けるためにソクラテスは死刑を望んでいた、それだからこそ、裁判官役の民衆がどう反応するかはまったく気にすることなく、思っていることを率直に述べたのだということになります。要するにこれが、世上言われるソクラテスの「高言」の真の原因というわけです。が、別の言い方をすれば、ソクラテスの刑死は仕組まれた自殺だったということになります。

ソクラテスと神

たしかに裁判の場でソクラテスは挑発的な言辞を連発していますが、そのなかでも注目されるのは、裁判の最大の争点ともいうべきソクラテスの信仰をめぐる発言でしょう。すでに第1講で見たように、プラトンが伝えるところによれば、ソクラテスに対する告発は、宗教と教育をめぐるものでした。すなわち、ソクラテスは国家の認める神々を崇《あが》めず、新しい神格を導入するとともに、若者たちに有害な影響を及ぼしているというのが告発理由でした。クセノフォンもまた同じ告発理由を挙げていますが、その告発に対するソクラテスの反論の内容は、プラトン版と少し趣を異にしています。ソクラテスはまず次のように反論を開始します。

いや諸君、私としてはメレトスに関して、まず次のことに驚いているのです。つまり、いったいかれは何によってそのことを知って、国家が崇めている神を私が崇めていないと主張しているのかということにです。と申しますのも、国全体のお祭りに際して、また公の祭壇に私が犠牲を捧げているところを、たまたま通りかかった他の人たちも見ていますし、メレトス自身も、もし見たいと思えば見ることができるからです。（同前）

この言葉のなかで注目されるのは、ソクラテスが自分の信仰の正統性の根拠として、祭壇に犠牲を捧げるといった伝統的な宗教上の慣習の遵守《じゅんしゅ》を強調していることでしょう。はたして、そのような形式的・外面的基準だけでその人の信仰が測れるかどうかという点は問題にされていませんが、クセノフォンとすれば、何よりもまずソクラテスが伝統に忠実であることを強調したかったのだと思われます。わが国で言えば、さしずめ「あの人は神社仏閣にきちんとお参りを欠かさない感心な人だ」といったところでしょうか。

ところで、ソクラテスが伝統的宗教を捨てて何やら怪しげな新しい神を祀《まつ》っているのではないか、という疑いが生まれたのには理由があります。それは昔から「ソクラテスのダイモニオン」として知られる現象です。クセノフォンもまたこの現象について、ソクラテスに説明させています。

実際また、新奇な神格と称するものにしても、何をなすべきかを示す神の声が私に現れると述べるだけで、どうしてそれを導入していることになるのでしょう。というのも、鳥の鳴き声や人間の発する言葉を用いる者たちもまた、たしかに声を頼りに判断しているからです。雷鳴について、音を立てていないとか、最大の予兆ではないとか言って問題にする人が誰かいるでしょうか。そしてピュートーの地で三脚の座にまします巫女《みこ》ご自身もまた、声によって神のお告げを伝えられるのではないでしょうか。いや実際また、神様はこれから起こることをあらかじめ知っておられ、お望みの者に対してあらかじめ示されるということ、このことについてもまた、まさに私が主張するとおりに、すべての人が語りもすれば、そう見なしてもいるのです。しかし、そのあらかじめ示す者を人びとが鳥や発せられた言葉や徴《しるし》や占い師と名づけているのに対して、私はそれを何か神格に由来するもの（ダイモニオン）と呼ぶのですが、そのように名づけることによって、私のほうが、神々にそなわる能力を鳥に献呈する者たちよりも、真実かつ敬虔《けいけん》に語っていると思うのです。（同前）

ここでまず興味をひくのは、当時用いられていたと考えられるさまざまな占いの種類が並べられていることです。鳥や雷などに加えて、デルフォイの巫女も挙げられています。ピュートーというのは、デルフォイ一帯の古い地名です。またここでは挙げられていませんが、ほかに犠牲として捧げる獣の焼け具合などによる占いもあったようです。そのなかでも、ソクラテスとの関係でとくに重要なのは、これまでにもたびたび登場したデルフォイの神託です。第1講でも触れましたが、一説によると、デルフォイにおける神託には二通りのやり方があったと言われます。その一つはここにあるように巫女が声で伝えるやり方、もう一つはお伺いを立てる者がみずから壺《つぼ》に入った豆を取り出す方法だったとされます。最初の場合は、巫女が神憑《かみがか》りの状態になって譫言《うわごと》のように神のお告げを口走り、あとの場合は、白黒二種類の豆が入った壺に手を突っ込んで取り出した豆が白であればイエス、黒であればノーを意味したそうです。そして、前者のほうが正式なやり方だったようですが、そのぶん値段も高く、貧乏なカイレフォン君がお伺いを立てたのは、チープ（安価）な後者の方法だったのではないかとも推測されています。

なるほど、そう言われてみれば、プラトンの『ソクラテスの弁明』で語られるカイレフォンの質問は、「ソクラテスよりも知恵のある者はいるか」というイエス・ノーで答えられる形式の問いであり、それに対する答えも、「いない」という単なる否定なので安上がりな方法と一致します。それではクセノフォンの場合はどうでしょうか。先ほどの言葉の少しあとで、クセノフォンもまたソクラテスにカイレフォンと神託のエピソードについて語らせています。

さあそれでは、皆さんのうちで誰でもそうしたい方は、私が神格によって重んじられてきたということに疑いの気持ちをいっそうお持ちになるように、ほかのことも聞いてください。それというのは、カイレフォンがかつてデルフォイで私についてお伺いを立てたとき、アポロン神は大勢の人のいる前で、人間のなかでこの私よりも自由な人間もいなければ正しい人間もおらず、節度に満ちた人間もいない、と答えられたのです。（同前）

最初の部分はもちろん皮肉ですが、問題は後半部分です。こちらの答えも結論的には「いない」ということですので、「ソクラテスよりも自由で正しく節度に満ちた人間はいるか」という問いを立てたうえで、壺のなかに手を突っ込んで黒い豆をつかみ出したということは可能です。その点ではプラトン版同様、チープ説――つまり、お寿司ではありませんが、「上」ではなく「並」の神託ということになるでしょうか――を支持するかに見えますが、むしろ、ここにおいても印象的なのは、ソクラテスの突出した自賛ぶりです。前にも少し触れましたが、はたしてほんとうに節度のある人が「自分はこの世でいちばん節度がある」と言うでしょうか。どうもこのへんに、クセノフォン描くところのソクラテス像に「？」がつく所以《ゆえん》がありそうです。

それはともかくとして、ここで重要なのは、「ダイモニオン」が一つの声として捉えられている点です。そして、この点ではプラトンの伝えるところも同じです。プラトンもまた、ソクラテスに次のように語らせています。

さて私が個人的には、あちこち巡り歩いては以上のことを忠告してまわって忙しくしているのに、公の場では、群衆の真ん中で壇上に上がって国家のために皆さんの利益となることを助言することをあえてしないという事実は、ひょっとすると奇妙に見えるかもしれません。その原因は、私がいたるところで話すのを皆さんが再三聞かれたことのあるものにあるのです。すなわち、私には何か神と神格に関わりのあるもの(ダイモニオン)が生じるのです。そしてそれこそは、訴状においてもメレトスが茶化して書いたところのものなのです。それは子供のとき以来、私につきまとい、ある種の音声として生じるのですが、それが生じるときにはいつでも、それが何であれ、私がまさに行おうとしていることを私にやめさせようとするのです。それに対して、決して何かをするように促しはしないのです。それこそが、私が国政に関与することに反対しているところのものなのですが、その反対はまた実に適切であるように私には思えるのです。

(プラトン『ソクラテスの弁明』(2) 31c〜d)

ここでも「ダイモニオン」は一つの声として説明されています。ただクセノフォンの場合と決定的に違うのは、何かを為《な》せと命じるのではなく、逆にソクラテスが何かしようとしているのを、やめさせようとすると述べられている点です。この場合で言えば、ソクラテスが政治に積極的に関与するのを阻止しようとしたとされています。このようにソクラテスをめぐる二人の報告には少なからぬ食い違いがあり、昔から、どちらにより多くの信《しん》憑性《ぴょうせい》があるのか論争されてきたのです。

しかし、仮にわれわれ自身の経験に照らして考えることが許されるとすれば、少なくともこのダイモニオンに関しては、プラトンのソクラテスの説明のほうがリアルであるように思えます。というのは、われわれ自身も何かをしようとしているときに、何となく胸騒ぎがしたり、悪い予感がしたりして、それをきっかけにそのことをするのをやめたり、延期したり、あるいはその是非についてもう一度検討したりすることがある、と思うからです。そしてまさに、このわれわれ自身の経験をも特徴づける「何となく」という曖昧さ、ファジーさと、先ほどのプラトン版のソクラテスによるダイモニオンの説明、あるいはそもそも「ダイモニオン」、つまり「何か神と神格に関わりのあるもの」という持ってまわった慎重、もしくは曖昧な言いまわしは、ぴったり適合していると思うのです。

ただここで、一つの疑問が浮かんでくるかもしれません。それは『ラケス』のなかでニキアスが強調していたような、しつこいまでのソクラテスの理論的吟味（⇩一五四～一六四頁）と、ここで言われているような、いわば神様からの「待った」との関係はどうなっているのだろうかという疑問です。この点についてもいろいろな議論があるのですが、私の考えでは、ダイモニオンはあくまでも一種のサイン、黄色信号にすぎず、どうして進んではいけないのかの理由は、ソクラテス自身が考え出さなければいけないのです。先ほどの政治への参加断念の件についても、ソクラテス自身がダイモニオンの介入が適切であった理由を説明しています。

というのも、アテナイ人諸君、よく分かっていただきたいのですが、仮に私が以前から国政に関わる事柄に手を染めていたなら、とっくに破滅して、皆さんを益することもまったくできなければ、私自身を益することもできなかったことでしょう。そして私が真実を語っても、私に腹を立てないでください。なぜなら、皆さんに対してであれ、ほかのどんな群衆に対してであれ、誠心誠意反対し、多くの不正と違法なことが国家において生じるのを妨げようとして生きながらえる者は、人間のうちに一人もいないのであって、正義のためにほんとうに戦おうとする者は、たとえ少しのあいだでも生きながらえようとするならば、公的に活動するのではなく、私的なかたちで活動せざるをえないからです。（31 d～32 a）

こうした説明にも見られるプラトンの『ソクラテスの弁明』の理論的な面での周到さと

比較すると、いろいろな点でクセノフォンの作品の不十分さが目につくのですが、しかし、老いの忌避という視点からする「高言」の解釈をはじめとして、興味ぶかい論点も少なくありません。また、ソクラテスの人間味といったものを感じさせる部分もあって、それがこの作品にプラトンのソクラテスものとはひと味違った魅力を与えていると言ってよいでしょう。最後にそのような一節をご紹介することとしましょう。

ソクラテスの微笑

さてクセノフォンによれば、弁明を終えたソクラテスは、

語られたことにいかにもふさわしく、瞳も、姿勢も、歩みも、燦然《さんぜん》と輝くばかりの様子で退場した。（クセノフォン『ソクラテスの弁明』）

とされますが、彼のあとに付いてきた者たちが泣いているのに気がつくと、こう声をかけたそうです。

いったいどうしたのかね。きみたちは今になって、泣いているのかい。だって、きみたちにはずっと前から分かっていたのではないかね。ぼくが生まれたその瞬間から、

ソクラテスの死　プラトン『ファイドン』の「終曲」で語られるソクラテス最期の場面。ソクラテスは人々を励ましたうえで、悲嘆にくれる友人たちをよそに、悠然と毒杯を飲み干そうとしている。ジャック＝ルイ・ダヴィッド画、メトロポリタン美術館蔵

自然によって、ぼくが死刑を宣告されていたのだということがね。いや、たしかに、これがもし、これから善いことが押し寄せてくるというのに、ぼくがそれよりも先に死ぬというのだったら、ぼくにしても、ぼくに好意を寄せてくれている者たちにしても、悲しんで当然だろう。だがぼくの思うところでは、これからもろもろの辛《つら》いことが予想されるときにぼくが生を終えるのは、ぼくにとって幸いであると考えて、きみたちはみな喜んでくれなければいけないのだ。（同前）

なるほど考えてみれば、われわれは皆、生まれると同時に死ぬことを宿命づけられているわけです。また貯金は増えることがあっても、持ち時間は減る一方なのです。だからこそ、酔生夢死《すいせいむし》に終わらぬよう、時間を大切にすることが必要なのでしょう。

ところでクセノフォンは、先ほどのソクラテスの言葉のあとにアポロドーロスという青年――第21講に登場したアポロドーロスとは別人――とソクラテスのあいだに交わされた、ウイットに富んだやり取りを紹介しています。まず、アポロドーロスが「喜んでくれ」と言われても喜べない理由を語ります。

しかし、少なくとも私にとっては、そのこと、つまりあなたが不当な裁きのゆえに亡くなられるのを見るのは、このうえもなく辛《つら》いことです。（同前）

これに対してソクラテスは、彼の頭をなでながら、こう答え、微笑したのでした。

親愛なるアポロドーロスよ、きみはぼくが不当な裁きの結果、死ぬのを見るよりも、正当な裁きの結果、死ぬのを見るほうがよいのかね。（同前）

（1） 訳は、三嶋輝夫・田中享英訳 プラトン『ソクラテスの弁明・クリトン』（講談社学術文庫）に併録されたクセノフォン『ソクラテスの弁明』による。以下の引用も同書による。

（2） 訳は、前註に挙げた三嶋・田中訳による。

第25講　運命の転変と幸福――クロイソスの場合

第23講で、自殺の是非をめぐる哲学者たちの見解をご紹介した際、アリストテレスが貧乏や失恋や病気を苦にしての自殺を卑怯《ひきょう》な振る舞いとして非難しているのを見ました。しかし考えてみれば、人間の人生というものには運命の転変がつきもので、かつては羽振りがよかった人が没落したり、逆にお金がなくてピーピーしていた人がすっかりリッチになったり、人一倍元気だった人が早死にしたり、病弱だった人が長生きしたりということもままあるようです。しかも、そうした身の浮き沈みが必ずしも自分だけの責任でないとすれば、いったい人間はどのような気持ちで生きていけばよいのでしょうか。オイディプス王の妃《きさき》のイオカステ（⇩四三頁）のように、「成り行きまかせ」に生きるほかはないのでしょうか。

今回はヘロドトスの伝えるリュディア王クロイソス（在位、前五六〇ころ～前五四六ころ）の物語を手がかりに、人間の運命の転変と幸福について考えてみることにしましょう。

ソロンとクロイソスの対話

ヘロドトスによれば、昔、アテナイの政治家にして詩人として有名なソロン（前六四〇ころ～前五六〇ころ）がリュディアの首都サルディスを訪れたことがあり、そのとき、彼とクロイソス王のあいだに次のようなやり取りがあったそうです。クロイソスは家来に案内をさせてソロンに宝物でいっぱいの蔵を見物させたあとで、こう訊《たず》ねたそうです。

アテナイの客人よ、そなたのうわさはこの国へも雷のごとく響いておる。そなたの賢者であることはもとより、知識を求めて広く世界を見物して回られた漫遊のことも聞き及んでおる。そこでぜひ、そなたにお訊ねしたいと思ったのだが、そなたは誰かこの世界でいちばんしあわせな人間に会われたかどうかじゃ。

（ヘロドトス『歴史』[1] 巻一 三〇節）

言うまでもなく、クロイソスとしては自分の名前が挙げられるだろうと思って、そう訊ねたのですが、あにはからんや、ソロンはテロスという聞いたこともないようなアテナイ人の名前を挙げます。予想外の答えに勢い込んでその理由を訊ねるクロイソスに対して、ソロンは落ち着いて次のように答えます。

テロスはまず第一に、繁栄した国に生まれて、すぐれた良い子供に恵まれ、その子らにまたみんな子供が生まれ、それが一人も欠けずにおりました。さらにわが国の標準からすれば生活も裕福でございましたが、その死に際がまた実に見事なものでございました。すなわちアテナイが隣国とエレウシスで戦いました折、テロスは味方の救援に赴《おもむ》き、敵を敗走せしめたのち、見事な戦死を遂げたのでございます。アテナイは国費をもって彼をその戦没の地に埋葬し、大いにその名誉を顕彰したのでございます。

（同前）

このソロンの答えからうかがえる幸福とは、栄えている国に生まれ、子ども運に恵まれるとともに、多少ゆとりのある暮らしを送り、さらにはその仕上げとして立派に死んで、名誉に与《あずか》るというもののようです。このような幸福観は、現在でもかなり一般的なのではないでしょうか。

さてクロイソスとしては、せめて二等にはなりたいと思って二番目にしあわせな人間は誰かと訊ねるのですが、今度もまた期待を裏切られます。「寿司食いねえ」の台詞《せりふ》で知られる講談・浪曲の「森の石松」ではありませんが、自分の名前が出てこないのに痺《しび》れを切らしたクロイソス、ついに我慢しきれなくなって、ソロンに食ってかかります。

アテナイの客人よ、そなたが私をそのような庶民の者どもにも及ばぬとしたところを見ると、そなたは私のこの幸福は何の価値もないと、思われるのか。（同前　三二節）

この難詰《なんきつ》に答えて、ソロンは言います。

クロイソス王よ、あなたは私に人間の運命ということについてお訊ねでございますが、私は神と申すものが嫉《ねた》み深く、人間を困らすことのお好きなのをよく承知いたしております。人間は長い期間のあいだには、いろいろと見たくないものでも見ねばならず、遭いたくないことにも遭わねばなりません。人間の一生を仮に七十年といたしましょう。七十年を日に直せば、閏月《うるうづき》はないものとしても二万五千二百日になります。もし四季の推移を暦に合わせるために、一年おきに一か月だけ長めるといたしますと、七十年間に三十五か月の閏月が入ることとなり、これを日に直せば千五十日となります。

さてこの七十年間の合計二万六千二百五十日のうち、一日としてまったく同じことが起こるということはございません。さればクロイソス王よ、人間の生涯はすべてこれ偶然（symphorê）なのでございます。（同前）

ここではまず、人間の運命を操る神が決して人間に好意的ではないこと、まさにイオカステの言葉にもあったように、この世を支配するのは偶然であることが強調されています。そしてソロンはこのような世界観に立って、クロイソスの身の上についても次のような批評を加えます。

あなたが莫大な富をお持ちになり、多数の民を統《す》べる王であられることは、私にもよく判っております。しかしながら今お訊ねのことについては、あなたが結構なご生涯を終えられたことを承知いたすまでは、私としましてはまだ何も申し上げられません。どれほど富裕な者であろうとも、万事結構ずくめで一生を終える運に恵まれませぬかぎり、その日暮らしの者より幸福であるとは決して申せません。腐るほど金があっても不幸な者もたくさんおれば、富はなくとも良き運に恵まれる者もまたたくさんおります。（中略）

いかなる事柄についても、それがどのようになってゆくのか、その結末を見極めるのが肝心でございます。神様に幸福を垣間見させてもらった末、一転して奈落に突き落とされた人間はいくらでもいるのでございますから。（同前）

少し引用が長くなりましたが、まさに「古代ギリシアの知恵」と呼ぶにふさわしい洞察に満ちた言葉ではないでしょうか。しかし、もちろんこうした言葉が権勢の絶頂にあるクロイソスに通じるはずはありません。ヘロドトスによれば、クロイソスは彼からすれば馬鹿げたことばかり言っているソロンを早々に立ち去らせたとあります。

クロイソスの叫び

ところがソロンが去ったあと、その言葉を裏書きするように、やつぎばやに災いがクロイソスを襲います。最初の不幸は、彼の二人の息子の一人で人並みすぐれた才能をもつアテュスの事故死でした。クロイソスは夢でその息子が鉄の槍にかかって死ぬことを告げられると、あらゆる武器をしまわせ、嫁を取らせて彼を外に出させないように図ります。しかし、ある地方から猪《いのしし》が暴れるので退治してくれとの要請を受けた王は、息子の願いを拒みきれず、息子が猪退治のために派遣される一行に加わることを許してしまいます。ところが皮肉なことには、息子は護《も》り役につけた男――実は、この男は他の国で身内を殺して流れてきたのをクロイソスが助けてやった男なのですが――が猪目がけて投げた槍に当たって死んでしまいます。

その後しばらくはクロイソスも落ち込んでおとなしくしていたのですが、やがてキュロス王(在位、前五五九~前五四六)率いるペルシアの勢力が拡大するのを見て、戦うことを決意します。その戦に先立って彼は例のデルフォイに使者をやって神託を請わせるのですが、すると神託は、「クロイソスがペルシアに出兵すれば、大帝国を滅ぼすことになろう」(同前 五三節)と答えたのでした。

これを聞いてすっかり喜んだクロイソスは、兵を率いて出発し、キュロスのペルシア軍と対戦します。結局、激しい攻防の末、リュディア勢は敗れ、クロイソスも捕虜にされてしまいます。キュロスは家来に命じて巨大な薪《まき》の山を作らせると、クロイソスを犠牲のリュディア人の子どもたちと一緒にその上に登らせて、火あぶりにしようと考えます。こうして絶体絶命の危機に陥ったクロイソスの反応を、ヘロドトスは次のように語っています。

キュロスはこのような措置をとったのであるが、一方、薪の上に立ったクロイソスは、これほどの悲運に面しながら、このとき、ふとソロンの言った「人間は生きているかぎり、何びとも幸福であるとはいえない」という言葉が、いかに霊感にみちた言葉であるかということに思い至ったという。そう思いつくと、今まで一言もいわず沈黙を守っていたクロイソスが、深い溜め息をもらし、悲しみの声をあげ、三度までソロンの名を呼んだ。キュロスはそれを聞いて、通訳に命じて、クロイソスが名を呼んでいるのは、いったい何者であるかを訊ねさせた。通訳が傍らへ行って訊ねると、クロイソスははじめ答えなかったが、やがて答えを強いられると、こう言ったという。「その人こそは、この世のあらゆる王なる人びとと会って話をしてくれたならば、千

万金も惜しくないと私が思っている人物じゃ」。（同前　八六節）

重ねてその意味を訊ねる通訳たちにクロイソスは、かつて自分のもとを訪れたソロンと自分のやり取りの一部始終を物語ったうえで、まさにソロンが言ったとおりのことが自分の身に起きてしまったけれども、ソロンはクロイソスのことだけを念頭に置いて言ったのではなく、おそらくは自分は幸福だとうぬぼれている人間すべてについて言おうとしていたのだろうと語ります。そうこうするうちに薪に火がつけられ、燃えはじめるのですが、通訳からクロイソスの話の内容を聞いたキュロスの心に変化が起きます。

クロイソス王の危難（壺絵）
“*Reading Greek*”（ケンブリッジ大学出版会）

キュロスは通訳からクロイソスの語った話をきくと気持ちが変わり、自分も同じ人間でありながら、かつては自分に劣らず富み栄えたもう一人の人間を、生きながら火あぶりにしていることを思い、さらにはその応報を恐れ、人の世の無常をつくづくと感じたので、燃えている火をできるだけ早く消し、クロイソスと彼の道連れの子供たちを降ろすように命じたという。（同前）

しかし時すでに遅し、今や火は燃えさかり、消し止めようにも消せません。あとは神頼みあるのみです。

ここにおいて――とリュディア人の伝承はつづくが――キュロスの気持ちの変化を知ったクロイソスは、火を消そうとする皆の努力にもかかわらず、もはや火勢を抑えることのできぬのを見ると、アポロンの名を高らかに唱え、いやしくも自分のかつて奉納したもので、神意にかなったものがあったのならば、神助を垂れ、この危難より救い給え、と祈ったという。クロイソスが涙を流しつつ、神の名を呼んでいると、晴れ上がって、そよとも風のなかった空に、突如、雲が集まると見るまに嵐がまき起こり、車軸を流す勢いで雨が降ってきて、薪の火は消えてしまった。（同前　八七節）

こうして危機一髪のところでクロイソスは救われ、その後はキュロスにその人柄と知恵を見込まれて助言者として彼に仕えることになります。しかし、かつて遠征前に自分に下されたデルフォイの神託のことがどうしても腑《ふ》に落ちないクロイソスは、キュロスの許しを得て、使者をデルフォイに派遣して、神託が自分を欺《あざむ》いたのかどうか訊《たず》ねさせます。すると、デルフォイの巫女《みこ》は次のように答えたとされます。

定まった運命を免れることは、神にすらできぬことじゃ。クロイソスは四代前の先祖の罪を償ったまでじゃ。その男はヘラクレス王家の近習《きんじゅう》の身でありながら、女子の企《たくら》みに加担して主君を弑《しい》し、主君に代わり彼には相応《ふさわ》しからぬ栄位に就いたのであった。（同前 九一節）

要するに今回のクロイソスの敗北は、先祖が犯した罪の償いをしたまでだというのですが、肝心の神託、つまり「大帝国を滅ぼすであろう」という点については、どうなったのでしょう。巫女はその点にも触れて、次のように述べます。

また下された託宣に対するクロイソスの非難は、筋違いであるぞ。ロクシアス（アポロンのこと）は、クロイソスがペルシアに出兵いたせば、大帝国を亡ぼすとのみ預言なされた。クロイソスはそれに対し、慎重に慮《おもんぱか》るつもりであれば使いをたて、神の申される大帝国とは、己《おのれ》の国を指すのか、それともキュロスの国の謂《いい》（いわれ）であるのかを訊ねさせるべきであったのじゃ。託宣の意味も悟らず、また問い直しもしなかった自分に罪を帰せるがよい。（同前）

なんと、亡ぼされるはずだった大帝国とはペルシアのことではなく、自分の国のことだったというのです。それを早とちりして、勝手に自分につごうのよいように解釈したお前が悪い、というわけです。第7講でトゥキュディデスの『戦史』に出てくる有名な「メロス島の対話」をとり上げたときに、いわゆる希望的観測の危うさについて述べたことがありますが（⇩一一二～一一七頁）、クロイソスの場合にも同じことが言えそうです。ただ一説によると、デルフォイの神託というのは、往々にしてどちらとも取れるような曖昧さが特徴だったとも言われます。たしかに、どちらが勝つか分からないような場合には、わざと曖昧にしておいたほうが得策だったのかもしれません。

それにしても、クロイソス自身に慎重さが欠けていたのは彼の責任だとしても、もし彼の帝国の滅亡が先祖が犯した罪に対する罰として、あらかじめ運命によって定められていたのだとすれば、たとえ彼がソロンの忠告に素直に従っていたとしても、どうにもならなかったということになってしまいます。とすると、結局、人間は運命の意のままに操られるだけの無力な存在にすぎないのでしょうか。この運命と自由という問題については、次講で改めてとり上げることにして、ここで少し話をさかのぼり、そもそもクロイソスの没落の原因とされていた先祖が犯した罪とはどういうものだったのかについて探ってみることにしましょう。

もう一人のギュゲスの物語

ギュゲスと言えば、皆さんはすぐ、あの不思議な力をもつ指輪を見つけ、その力を利用して美女と権力を手に入れた、プラトン『国家』に出てきたギュゲスを思い出されることでしょう（⇩八七～八九頁）。ところが、ここに登場するギュゲスは、別の人物なのです。しかし、こちらのギュゲスにまつわる話もまた、なかなか興味ぶかい内容なのです。

ヘロドトスの伝えるところによれば、その昔、サルディス一帯のリュディア人を支配していたのは、ヘラクレス家のカンダウレスという人物でした。ところがこのカンダウレスという人物、自分の奥さんがこの世で一番の美女であると思い込んでいたのはよいのですが、側近のギュゲスにも彼女がいかに美しいかを自慢したあげくに、こんなことを言いだしたのです。

ギュゲスよ、お前はわしが妃《きさき》の容色について話してやっても信じないようだが――いかさま人間は、眼ほどには耳を信用しないというからな――、ひとつ妃が着物を脱いだところを見てみるがよい。

（『歴史』巻一 八節）

世の男性のなかには、こういう提案をされたら内心喜ぶ人もいるかもしれませんが、そこは律儀者のギュゲス、とんでもないことを提案する王を次のように諫《いさ》めます。

殿様、私にとっては主君にあらせられるお妃様の素肌を見よとは、何と分別のないお言葉でございましょう。女と申すものは、下着とともに、恥じらいの心をも脱ぎ去るものでございます。私どもが則《のっと》らねばならぬ名言の数々が古人によって言われておりますが、そのなかの一つに、「己《おのれ》のもののみを見よ」と申す言葉がございます。私はお妃様がこの世で最高の美女であらせられることを確信いたしております。されば、なにとぞ私に無法なことをお求めくださいませぬよう。　（同前）

ところがカンダウレス王のほうは、せっかくの部下の賢明な助言に耳を貸すふうもなく、自分がすべてお膳立てしてやるから心配するなと言って、その「名案」を明かします。

お前をわしらの寝室に入れ、開け立てた扉の後ろに潜ませてやろう。わしが入ったあとから、妃も寝室に来る。入り口の傍《そば》に椅子があるが、妃は身につけたものを一つ一つ脱いで、その上に置く。それでお前は十分にゆっくりと眺めることができるわけだ。妃が椅子を離れて寝台に向かって歩み、お前に背を向けたならば、そのとき妃の目にとまらぬように気をつけて、扉の外に出るのだぞ。　（同前　九節）

あきれるほどにお人好しとも言える王様ですが、ギュゲスは断り切れずに、その言いつけに従い、部屋の隅に隠れて一部始終を観察します。もちろん、彼は目をつぶったままでいることもできたでしょうが、どうも、そうはしなかったようです。しかしお妃は、密《ひそ》かに部屋を出ていくギュゲスの姿に気づき、自分に恥をかかせた夫に対して心のなかで復讐を誓います。翌日、彼女は自分に忠実な家臣を呼び寄せて用意を調《ととの》えさせたうえでギュゲスを呼び出し、そうとは知らない彼に向かって、次のように言い渡します。

ギュゲスよ、そなたには今、進むべき道が二つあるが、そのいずれを採るかの選択は、そなたにまかせましょう。すなわちカンダウレスを殺して、私とリュディアの王国をわがものとするか、さもなくばそなたは、この場でただちに死なねばならぬ――このあともことごとくカンダウレスの言うがままになって、そなたの見てはならぬものを見るようなことのないようにじゃ。かようなことを企《たくら》んだあの人か、私の肌を見て許されぬことを仕出かしたそなたか、いずれかが死なねばならぬ。（同前 一一節）

思いもかけぬお妃の言葉にギュゲスはしばし呆然としますが、そのような酷な選択を強いないよう懇願します。しかしそれが無理と分かると、結局のところ、主君を殺して自分が生き延びるほうを選んだのでした。

人間の本性は変わらない？

結果的には、クロイソスの先祖にあたるこちらのギュゲスも、あの指輪のギュゲス同様、美女と権力を手に入れたことになりますが、二人が置かれていた状況はまったく逆と言えるでしょう。姿を消すことのできる指輪を手に入れたギュゲスのほうは、いわば何でも思いどおりのことをする絶対的な自由を手に入れたとも言えるのに対して、こちらのギュゲスは自由どころか、王を殺すか自分が死ぬかの二者択一を迫られているからです。このように二人が置かれた立場は対照的ですが、興味ぶかいのは、最終的に両者がとった行動はまったく同じことです。つまり二人とも、王を殺してお妃と王国の支配権を手に入れたのでした。

このことは、結局、人間の本性は変わらないものであり、実行はできないものの、心の底では、つねに自分の欲望を満たすことしか考えていないという事実を物語っているのでしょうか。またクロイソスの没落のそもそもの原因は、このギュゲスの行為にあるとされていたのですが、はたして、人はそのような自分に直接関係のない事柄にまで責任を負わなければならないのでしょうか。これらの点について、プラトン『国家』に出てくるエールの物語を材料として考えてみることにしましょう。

（1）訳は、松平千秋訳『歴史』上（岩波文庫）による。

第26講　運命と自由——自己を選ぶ

いよいよ最終講義を迎えましたが、最後にもう一度、これまでにもたびたび問題となった「運命」について、人間の自由との関わりで考えてみたいと思います。前講で引用したデルフォイの巫女《みこ》の言葉のなかにも、一度決まった運命（moira）は神でも免れることはできないとありましたが、もしそうだとすれば、人間には自由もなければ責任もないということになりそうです。しかし、はたしてそうでしょうか。まずはプラトンの『国家』の最後で語られるエールの物語を材料に、この問題について考えてみることにしましょう。

エールの物語における運命と自由

『国家』第十巻の後半ではそれまでの議論を受けて、正義の人びとに与えられる報酬について論じられますが、死後に彼らを待ち受けている報酬は数においても規模においても、比較にならないぐらい大きいとされます。そこで、死後に魂がたどる旅路が報告されるのですが、そのレポーターとなるのが、エールという人物なのです。この人物はいったん戦争で死ぬのですが、火葬にされようとした瞬間、生き返って、あの世で見聞したことを物語ったとされます。今日流に言えば、臨死体験者ということになるでしょうか。

さてエールの語るところによると、彼の魂は死んだあと、つまり肉体から分離したあと、他の死者の魂とともにある場所に到着したとされます。そこの地面には大きな穴が二つあいており、また天にも二つ穴があって、そのあいだに人間の魂を裁くための裁判官たちが座っていたと言います。裁判の結果、正しいと判断された人びとは天上に通じる道に——いわば、ご褒美《ほうび》としての天国ツアーということになるでしょうか——進むように、反対に不正な人間と判断された者は地下に通じる道へ——こちらはさしずめ罰としての地獄巡りといったところでしょうか——進むように命じられたと言います。エール自身は、また生き返ってあの世のことを報告する役目なので、よく見物しておくようにと命じられたそうです。

そこで彼が見守っていると、一方では正しいとされた人たちとそうでないとされた人たちが、それぞれ自分たちに指示された穴の入り口に入っていき、他方では天と地のもう一つの穴から別のグループが姿を現したとのことです。天国ツアーから戻ってきた人びとのほうは清らかな姿で、他方、地獄巡りご一行のほうは汚れと埃《ほこり》まみれになって出てきたとのことです。その後、次のような光景が展開したそうです。

こうしてつぎつぎと到着する魂たちは、長い旅路からやっと帰ってきたような様子に見え、うれしそうに牧場へ行き、ちょうど祭典に人が集まるときのように、そこに屯《たむろ》した。知り合いの者どうしは互いに挨拶を交わし、大地のなかからやって来た魂は、別の魂たちに天上のことをたずね、天からやって来た魂は、もう一方の魂たちが経験したことをたずねるのであった。こうしてそれぞれの物語が取り交わされたが、そのさい一方の魂たちは、地下の旅路において——それは千年つづくのであったが——自分たちがどのような恐ろしいことをどれだけたくさん受けなければならなかったか、目にしなければならなかったかを想い出しては、悲しみの涙にくれていたし、他方、天からやってきた魂たちは、数々のよろこばしい幸福と、計り知れぬほど美しい観物《みもの》のことを物語った。

（プラトン『国家』(1) 614e〜615a）

どうやら、あの世での信賞必罰は徹底しているようです。自分がどちらに判定されるかあまり自信のない身としては、天国ツアーよりも地獄巡りのほうが気になるところですが、どうもこちらのメニューは相当厳しいもののようです。何せ、それぞれが犯した罪に応じた刑罰が十回繰り返されるそうで、一回の人生を百年と見なして、その十倍の千年間罰せられるというわけです。しかも、これはそれほど重大でない犯罪に対するもので、神々や両親に対する不敬や直接人を殺した者に対する罰はさらに厳しいとのことです。これでは親父さんを殴《なぐ》ったフェイディッピデースなどもお仕置きされそうですが、アルディアイオス大王という、年老いた父や兄を殺したうえに、ほかにも多くの悪事を働いた者などの場合には、地獄巡りから永久に帰ってこられないだろうとも言われます。

ある目撃者の証言によれば、このアルディアイオスも他の独裁者たちと一緒にやっと地の穴の出口近くまで戻ってきたそうです。ところが彼らが出口に近づくと、出口が恐ろしい声で咆哮《ほうこう》し、それに応じてものすごい形相《ぎようそう》の門番たちが出てきて彼らを捕まえたあげくに、アルディアイオスと他の何人かについては、手足を縛りあげて皮を剝《は》ぎ、引きずっていって棘《とげ》の上で、その肉を引き裂いたというのですから恐ろしくなります。

そして、無事に戻ることができた人間たちに言わせると、いちばん怖かったのは、自分が上に出ようとしたときに出口が咆哮しはすまいかということだったそうです。近年、テロ対策で空港の金属探知機のゲートの感度が上げられて、私なども何度か引っかかっては、そのつど身につけている金属類を提示させられたのですが、その程度のことでもまたブザーが鳴るのではないかと、けっこうひやひやするのですから、この地獄巡り体験者の気持ちは察するにあまりあります。

次の生の選び

エールの物語るところによれば、牧場に集まった一行は、八日後にそこを発《た》ち、それから五日目に天地を貫く光の柱の下までやって来たと言います。そして、そこで必然の女神アナンケとその三人の娘たち――モイラつまり運命の女神と呼ばれるラケシス、クロト、アトロポスの三人――が全宇宙の回転をつかさどっている様子を観察したあと、娘の一人であるラケシスのもとへ行くように命じられます。彼らがそこに行くと、神官がラケシスから籤《くじ》とさまざまな生涯の見本を受け取ってから、皆に次のように言ったとのことです。

これは女神アナンケの姫御子《みこ》、乙女神ラケシスのお言葉であるぞ。命はかなき魂たちよ、ここに死すべき族《やから》がたどる、死に終わるべき、いまひとたびの周期が始まる。運命を導くダイモーン（神霊）が、汝《なんじ》らを籤で引き当てるのではない。汝ら自身が、みずからのダイモーンを選ぶべきである。

第一番目の籤を引き当てた者をして、第一番目にひとつの生涯を選ばしめよ。その生涯に、以後、彼は必然の力によって縛りつけられ、離れることができぬであろう。徳は何ものにも支配されぬ。それを尊ぶか、ないがしろにするかによって、人はそれぞれ徳をより多くあるいは少なく、自分のものとするであろう。

責めは選ぶ者にある。神にはいかなる責めもない。（617d～e）

何かプロ野球のドラフト、新人選手選択会議を連想させる話ですが、こう言うと神官は手にもった籤をばらまいたそうです。各人は自分の足下に落ちた籤を拾うしかなかったようで、そうだとすると、そこには本人の選択の自由はなかったことになります。

神官は籤をまき終わると、さまざまな生涯の見本を地上に並べたそうですが、今度は各人が籤順にしたがって自分の気に入った生涯を選ぶことができるわけですから、ここには人間の自由が認められていると言ってよいでしょう。また生涯の見本の数は、そこにいた人間の数よりも多かったとされていることからすれば、たとえ、いちばん最後の順番の籤を引き当てた者であっても、多少の選択の余地は残されていたことになります。

それでは、どういう見本があったかというと、動物もあれば人間もありで、さらにそれが細かく分かれていたと言います。例えば同じ独裁者の生活でも、一生続くものもあれば、途中で滅びたり、失脚して追放されたりと、実に多様な見本があったようです。

そしてソクラテスによれば——ここではもはやエールではなく、ソクラテス自身が一人称で語るのですが——まさにこの瞬間こそが運命を決するいちばん重要な瞬間なのであり、そのときに選択を誤らないためにこそ、善い生と悪い生を識別する能力を身につけなければならないとされます。

さて、再びエールの報告するところによれば、神官は見本を並べ終えると、こう言ったそうです。

最後に選びにやって来る者でも、よく心して選ぶならば、彼が真剣に努力して生きるかぎり、満足のできる、決して悪くない生涯が残されている。最初に選ぶ者も、おろそかに選んではならぬ。最後に選ぶ者も、気を落としてはならぬ。（619b）

ところが、このせっかくの神官のアドバイスにもかかわらず、第一番目の籤を引き当てた男は、最大の独裁僭主《せんしゅ》の生涯を選んだとされます。これはまさに二人のギュゲス（⇩四五一頁）が選んだ道にほかなりません。ただ彼らの場合は、その後どういう生涯を送ったかについては情報がないのでよく分からないのですが、この男が選んだ独裁者の人生には、自分の子の肉を食べることをはじめとして幾多の災いが満ち満ちていたそうです。そうとは知らずに欲に目がくらんでそれを選んだのですが、よく調べてそのことに気づくと、今度は自分で選んだくせに自分の責任は棚に上げて、自分以外のすべての者に当たり散らしたとされます。

あの世ならぬこの世でも、「おれの責任でやるんだから余計な口出しするな」と大きなことを言っておきながら、巧《うま》くいかないと、「お前が変なことを言うからだ」などと責任をなすりつける人間がけっこういるように思うのですが、この独裁者の生を選んだ人物は、実は地獄ツアーではなくて、天上ツアーから戻ってきた一人だったとされます。だとすれば、死後の裁きでも正しい人と判定されたはずなのに、どうしてこんな結果になってしまったのでしょうか。その理由は、次のように説明されます。

彼は前世において、よく秩序づけられた国制のなかで生涯を過ごしたおかげで、真の知を追求する（哲学する）ことなく、ただ習慣の力によって徳を身につけた者だったのである。概していえば、これと同じようなしくじりに陥った少なからざる者が、天上からやって来た者たちであった。彼らは、苦悩によって教えられることがなかったからである。これに反して、地下からやって来た者の多くは、自分自身もさんざん苦しんできたし、他人の苦しみも目《ま》のあたりに見てきたので、決して徒《あだ》やおろそかに選ぶようなことはしなかった。（619c〜d）

要するに天上ツアーから戻ってきた人たちのほうには、いわば苦労知らずのお坊っちゃん、お嬢さんが多かったのに対して、他方、地獄ツアーから戻ってきた人たちには苦労人が多く、この違いが次回の生の選択では大いに影響したということになります。また興味ぶかいのは、先の人物に関して、平和な社会に暮らしていたので単に習慣の力によって徳に与《あずか》ったにすぎないとされていることです。習慣という言葉の原語は"ethos"ですが、この人にはエトスとしての徳はあっても、エートス（ēthos）つまり、人柄として内面化された徳はなかったということになります。たしかに世の中が乱れるのも困りますが、あまりに落ち着きすぎていても人はものを考えなくなってしまうのかもしれません。
さて、以上のような悲喜こもごもの生涯選択会議の模様を踏まえて、次のような教訓が導かれます。

このような事情により、ひとつにはまた籤運も手伝って、多くの魂にとって善い生涯と悪い生涯とが入れ替わることになったのである。しかしながら、もし人がこの世の生にやって来るたびごとに、つねに誠心誠意、知を愛し求め、そして生の選択のための籤が最後のほうの順番にさえ当たらなければ、おそらくはこうしたあの世からの報告から考えて、その人は、ただこの世において幸福になれるだけでなく、さらにこの世からあの世へ赴くときも、ふたたびこの世に戻ってくるときにも、地下の険《けわ》しい旅路ではなく、坦々《たんたん》としてなめらかな天上の旅路を行くことになるだろう。（619d〜e）

籤が最後のほうの順番に当たらなければという点が気になりますが、そう悲観することもなさそうです。というのも、この言葉のあとに、実際に人びとがどのような生を選んだかが報告されていて、あのオデュッセウス（⇩第8講）の魂はいちばん最後の籤が当たってしまったものの、彼なりに満足のいく生涯を見つけることができたとされているからです。エールの報告によると、オデュッセウスは前世での苦労が身にしみていたので、名誉心もなく、煩《わずら》わしさとは無縁の一私人の生涯を選んだそうです。はたして、ソフォクレスの悲劇に登場したフィロクテテス（⇩第8講）がその場に居合わせたら、どんな顔をしたか、興味ぶかいところです。おそらく、彼自身も苦難に満ちた弓の名手の生涯などではなく、平凡な一農夫の生活を選んだことでしょう。

さて、以上のエールの物語から読み取ることのできる運命と人間の自由との関係は、どのようなものでしょうか。それは簡単に言えば、限定された自由ということになるでしょう。なぜなら、なるほど人は与えられた見本のなかから自分の好きな生き方を選ぶことはできるのですが、しかし選ぶ順番を決める籤のほうは、たまたま自分の足下に落ちたものを拾うしかないとされていたからです。このことは選択の可能性の幅が籤運しだいで、広くなったり、狭くなったりすることを意味しています。

たしかに今日の世界においても、生まれた国や家庭によって、教育を受ける機会や質に大きな差があることも事実です。あるいは男に生まれるか、女に生まれるかによって差が生まれてくる場合もあるでしょう。その意味では、著者プラトンは、この物語をあの世の話としながらも、この世の現実を冷徹に見つめているのです。そして、各個人の意志にもとづく選択があくまでもこのような初期条件の違いを前提とするものであることを認めたうえで、なおかつ本人の努力しだいでは、相当程度まで不利を克服しうる可能性があること、逆にまた、せっかくの好条件に恵まれながら、それを生かすどころか、ふいにしてしまう人間も少なくないことを説いているのだと言えるでしょう。

しかし、本人は最善の努力を払っているにもかかわらず、不運に見舞われることもあるのではないでしょうか。オイディプス（⇩第2講）にしても、なるほど多少の驕《おご》りや性格的欠点はあったかもしれませんが、あれほど悲惨な目に遭うのは可哀想な気がします。しかし、いったんそのような不運に見舞われたとき、人はそれでもなお自分の意志を発揮することができるのでしょうか。最後にわれわれは、避けがたい運命に直面したときに、いかに対処すべきなのかについて、アリストテレスを手引きとして考えてみることにしましょう。

徳は運命よりも強し

アリストテレスの幸福論については、第10講で簡単に触れましたが（⇩一六九頁）、『ニコマコス倫理学』の終わりのほうで彼は次のような問いを立てています。

われわれは、いかなる人をもその生存中に幸福であると言うべきでなく、ソロンの言葉にしたがっていえば、「その最期を見とどける」ことが必要なのであろうか。もしそんなふうに言うことがはたして正しいとしても、それは、しかし、人は死んでしまってから初めて幸福なのだという意味なのであろうか。もしかかる意味だとするならば、それはまったくおかしいこととなりはしないか。ことにわれわれとしては、幸福とは一定の活動だと言っているのであってみれば――。

（アリストテレス『ニコマコス倫理学』[2] 第一巻 第十章）

アリストテレスがここで述べているように、仮にクロイソスに対してソロンが語った言葉が、人は死んで初めて幸福になれるという意味であるとすれば、幸福を「徳に即した精神の活動」とする彼の定義と矛盾してしまいます。そこで、彼は次のように考えます。

われわれは、すなわち、人の最期を見とどけることが必要であり、そうしてそのときに至って初めて――それはもちろん死者が至福であるという意味においてではなく、彼がこれまでそうだったという意味において――彼を至福な人と呼ぶべきだということは事実であろう。しかし、彼が現に幸福である場合に、（中略）同一の人間についてもしばしば運不運の循環が見られるという理由にもとづいて、彼の幸福であるという事実が真とされないのであるならば、それはおかしくはないだろうか。

（同前）

アリストテレスは、もし運・不運に応じて人を幸福な人と呼んだり、不幸な人と呼んだりするのであれば、それは幸福な人をカメレオン扱いするようなものだと述べ、幸福を運・不運に依存すると考える発想自体を退けて、幸福にとっての徳の決定的重要性を力説します。アリストテレスによれば、その人の身にそなわる徳にもとづく活動ほど持続性と安定性に富むものはなく、その限りにおいて、幸福な人が幸福であることをやめることはないのです。

このように主張しながらも、その一方でアリストテレスは、経験的事実として大小さまざまな偶然が人間を襲い、大きな不運に見舞われる場合には至福が損なわれうることも認めます。しかし、まさにそのような運命の苛酷な試練に臨んだときにこそ、人間の高貴さ、偉大さが発揮されるのだと彼は言います。

もしわれわれの述べたごとくわれわれの生に対して決定的な力をもつものは活動なのであるとするならば、幸福な人は誰も惨めな人間となることはできない。いかなる場合においてもかかる人は憎むべきこと、劣悪なることを行わないだろうからである。まことに、真の意味における善き人、賢慮の人は、われわれは思うのであるが、いかなる運命をも見事に耐え忍び、与えられたものをもととしてつねに最もうるわしきを行うものなのであって、それはあたかも、よき将軍は手許にある軍隊を用兵上最も巧みに使用するし、また靴工は与えられた皮革から最もうるわしい靴をこしらえ、他の工人たちもすべてそうであるのと一般である。もし然《しか》りとすれば、幸福な人はいかなる場合においても決して惨めな人間たりえないのであり、ただプリアモスのごとき運命に陥った場合には少なくとも至福とは言いえないにとどまる。（同前）

なかなか巧みな比喩《ひゆ》を用いながら、きわめて説得的に語っているのではないでしょうか。最後に言及されているプリアモスというのは、ご存じの方も少なくないでしょうが、ギリシア勢に亡《ほろ》ぼされたトロイアの王様です。彼は栄華を極めながら、その人生の最後でみずからの命をはじめとして、すべてを失ったのでした。しかし、だからと言って、それで彼のそれまでの人生がゼロになった、あるいは彼は一生不幸であったと言うのは、いささか運命の女神に対して公平さに欠けるのではないでしょうか。

「終わり良ければ、すべて良し」というのは心理的には事実でしょうし、それはそれで結構なのですが、「終わり悪ければ、すべて悪し」というほうについては、たとえ当人の心理からすれば事実であるとしても、少し身勝手な言い分に感じられます。その点からすると、アリストテレスがプリアモスのようなケースについても不幸とは見なさず、至福とは言いえないにとどまる、としているのもうなずける気がします。

さて、プリアモスやクロイソスほどお金も権力もないわれわれではありますが、そうは言っても、病気から失業や倒産に至るまで大小さまざまな不運に見舞われることは避けられません。しかし、たしかにアリストテレスの言うように、身にそなわる徳だけは失われることが最も少ないものなのです。たとえ、借金のかたに家屋敷から洋服までもっていかれたとしても、その人自身の人柄や身につけた教養や技能――語学力からゴルフの腕前まででも含め――まで持ち去るわけにはいかないのです。その意味において、老若を問わず、この世でいちばん大切なのは、歯や靴を磨くことでもなければ車を磨くことでもなく、ソクラテス言うところの「魂」、つまり自分自身を磨くことではないでしょうか。

（1）訳は、藤沢令夫訳『国家』下（岩波文庫）による。

（2）訳は、高田三郎訳『ニコマコス倫理学』上（岩波文庫）による。

古代ギリシアの哲人　関連年表

※人物の生没年、事項の時期は、史料や参考文献により諸説のある場合が多い。本文で人物の生没年にある「ころ」は省略した。

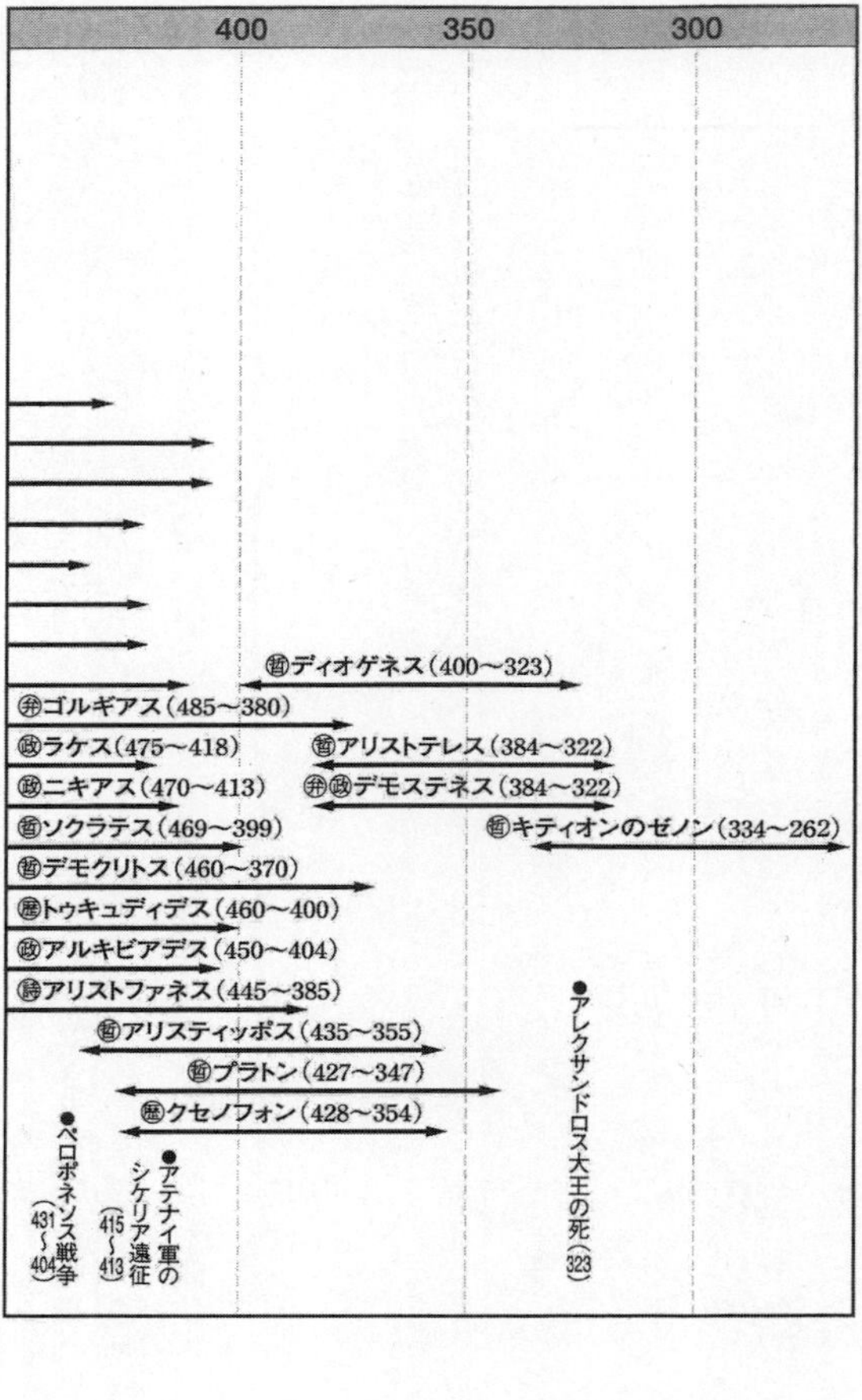

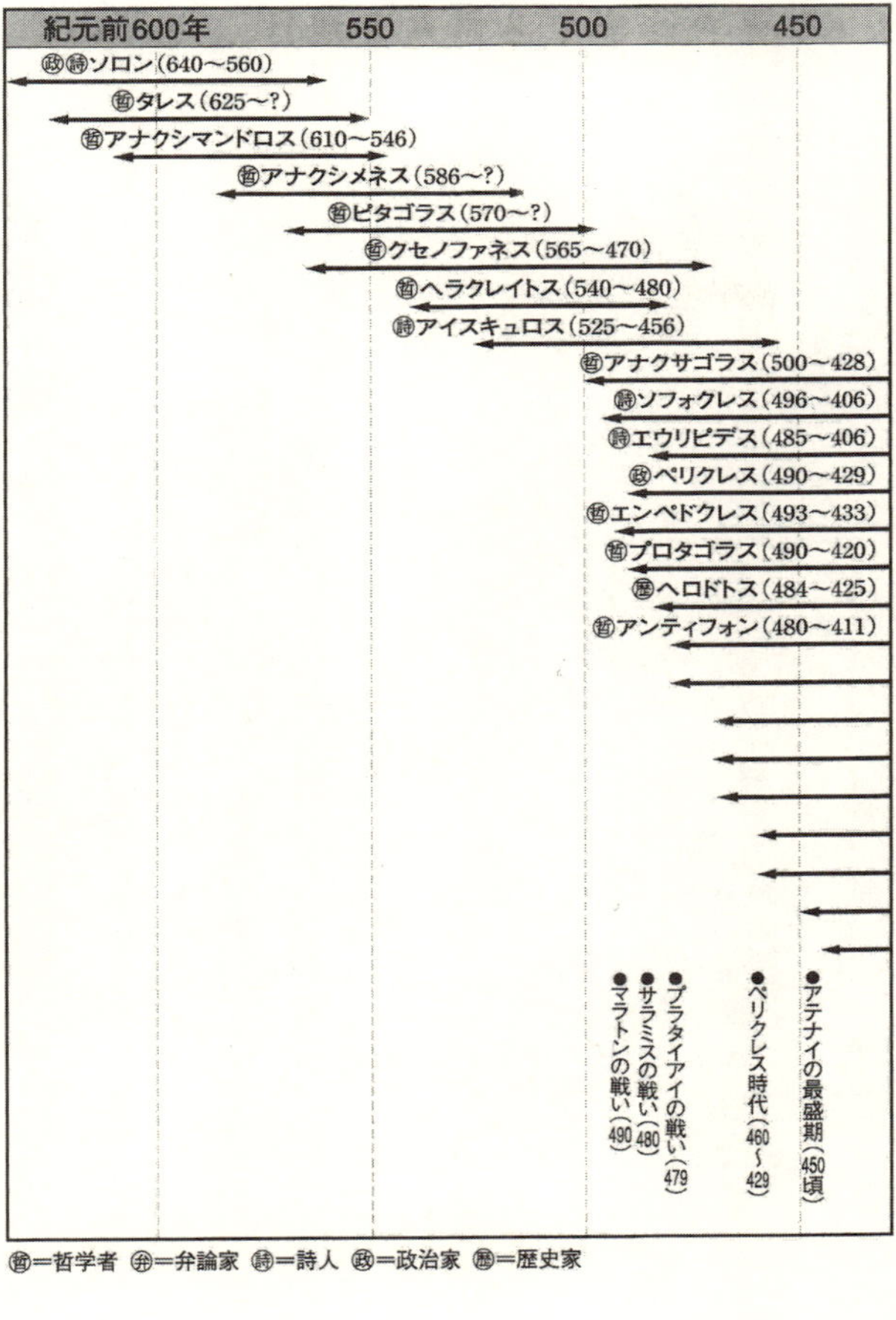

㊌＝哲学者　㊑＝弁論家　㊏＝詩人　㊎＝政治家　㊐＝歴史家

ローマ
アドリア海
トラキア
アンフィポリス
マケドニア
ポテイダイア
ヘレスポントス海峡
トロイア
テッタリア
レムノス
イオルコス
ペルシア帝国
パレルモ
ボイオティア
ミュティレーネー
アルギヌーサイ
デルフォイ
デーリオン
クラゾメナイ
シケリア
テーバイ
リュディア
エリス
アッティカ
サモス
エフェソス
レオンティーノイ
アルゴス
メガラ
アテナイ
スーニオン
シュラクサイ
ペロポネソス
コリントス
デロス
エーゲ海
ミレトス
スパルタ
メロス
ロードス
クレテ
地中海
キュレネ
N
リビア
0
400km
古代ギリシア　関連地図

あとがき

本書は一昨年（二〇〇三年）の四月から九月にかけて、NHKラジオ第2放送講座『NHKこころをよむ』シリーズの一環として放送された「汝自身を知れ！ 古代ギリシアの知恵をいまに生かす」のテキスト（上・下）を一冊にまとめたものである。文庫化にあたり当初は文体も改める予定であったが、口語体の方が幅広い読者を想定した本書の内容にはふさわしいように思えたのでそのままにすることとした。本文の直し、註および参考文献の追加についても最小限に留めた。参考文献については、本シリーズ（NHKライブラリー）から刊行されている荻野弘之氏の『哲学の原風景』および『哲学の饗宴』の各章末に大変詳しい文献表が掲載されているので、さらなる情報を求められる方にはそちらを参照していただければ幸いである。

正直なところ、放送前には日曜日の午後に放送を聴いてくれる人がどれだけいるだろうかと心細い思いであったが、意外な人が、また意外に多くの方が聴いて下さっていたことを知り、とても嬉しく、また励みに思った次第である。

本書でとり上げた主題は古代ギリシアの哲学のみならず文学や歴史にまで及んでいるが、本来、哲学を主たる専門とする小生が多少背伸びをしてまで広範囲な主題を扱った第一の理由は、そうしたジャンルの区別そのものを無効にするような古代ギリシア精神の奔放さと、それが生み出した諸作品の面白さと深さを味わっていただきたいと思ったからである。と同時にまた、例えば翻訳といった地道な作業を通して、そのような貴重な文化に接近する道を拓いてきた日本における古典研究の先達たちの成果を広く世間の方に知っていただくことによって、ともすると無用視されがちなそうした研究の意義について、一般の方々に再認識していただければと思ったからである。

本書の編集にあたっては、放送用テキストに引き続きＮＨＫ出版教育編集部の増田正代氏に大変お世話になった。また放送段階での企画およびテキスト作成に際して貴重な助言とお力添えをいただいた田辺祥二、鵜飼泰宏、吉田隆一、加々美勉の各氏に対しても、この場を借りて篤く御礼申し上げたい。

二〇〇五年五月

三嶋輝夫

学芸文庫版あとがき

本書は、二〇〇五年にＮＨＫライブラリーから刊行された『汝自身を知れ――古代ギリシアの知恵と人間理解』（以下、旧版と呼ぶ）をアップデートしたものである。時代に合わなくなった部分は削除したが、旧版でとりあげた主題の重要性は、今日の世界にあっても変わらないと考える。それどころか、「力と正義」（第７講）や「民主主義と独裁」（第20講『国のかたち、人のかたち』）といった対立軸は、ロシアによるウクライナ侵攻以来、ますますその深刻さを増しているように思われる。まさに人間の本性（フュシス）が変わらない限り、こうした問題に真正面から取り組み続けることが求められるのである。その意味で、今回、筑摩書房のご好意で再刊される運びとなったのは、望外の喜びである。

ここで、再刊されるに至った経緯にふれると、昨秋、学芸文庫から、以前に解説を書いたアルド・レオポルドの『野生のうたが聞こえる』（講談社学術文庫、一九九七年。元は森林書房、一九八六年。環境倫理学の古典）が再刊されることになり、編集担当の守屋佳奈子氏より、学術文庫版の小生の解説をそのまま掲載してもよいかとのお問い合わせをいただいた。もちろん快諾したのであるが、その返信の中でちゃっかり、再刊候補のリストに旧版も加えてほしいと書き添えたところ、氏が第三編集室部長の松田健氏に刊行を提案してくだされ、それがきっかけとなって再刊に至った次第である。それ以前から再刊を望む声があり、小生自身もどうしたらよいか思案中だったので、まさに「渡りに船」の僥倖であった。

なお、旧版では本格的な研究書を挙げることはなるべく控えたのであるが、今回は、より学術的な文献も加えることとした。また、この間に刊行された邦訳についても、主なものは挙げたつもりである。ただし、原典からの引用については、この道の先達が遺された業績を広く紹介したいとの思いに変わりはなかったので、差し替えることはしなかった。これらのお仕事の土台があったればこそ、その後の世代の訳業も可能になったと言っても、過言ではないと思う。

最後に、再刊にあたってお世話になった皆様にお礼申し上げたい。小生の厚かましい申出を取り次いでくださった第三編集室の守屋佳奈子氏、また自ら本書の編集の労をお取りくださった部長の松田健氏、少なからぬ量のテキストを一から入力し直してくださった入力者の皆様、そして丹念にチェックしてくださった校閲の方々に厚くお礼申し上げる。

また、旧版の再刊を強く勧めてくれた上田勉、土橋康久両氏をはじめとする旧友たち（九七頁の写真の撮影者である小林直人氏もその一人）、体調が万全でない筆者を助け、校正も含め全面的に協力してくれた我が糟糠の妻に、心よりの感謝を込めて、本書を捧げたい。

二〇二五年四月　　三嶋輝夫

人名索引
（神々の名も含む）

サ　行

タ　行

ナ　行

ハ　行

マ 行

ラ 行

本書は二〇〇五年七月、ＮＨＫ出版より『汝自身を知れ――古代ギリシアの知恵と人間理解』（ＮＨＫライブラリー）として刊行された。

ちくま学芸文庫

古《こ》代《だい》ギリシア哲学講義《てつがくこうぎ》　生《い》きるヒントを求《もと》めて

二〇二五年五月十日　第一刷発行

著　者　三嶋輝夫（みしま・てるお）

発行者　増田健史

発行所　株式会社　筑摩書房
東京都台東区蔵前二―五―三　〒一一一―八七五五
電話番号　〇三―五六八七―二六〇一（代表）

装幀者　安野光雅

印刷所　株式会社精興社

製本所　加藤製本株式会社

乱丁・落丁本の場合は、送料小社負担でお取り替えいたします。
本書をコピー、スキャニング等の方法により無許諾で複製することは、法令に規定された場合を除いて禁止されています。請負業者等の第三者によるデジタル化は一切認められていませんので、ご注意ください。

© MISHIMA Teruo 2025 Printed in Japan
ISBN978-4-480-51307-6 C0110